小学语文教学的优化策略

XIAOXUE YUWEN JIAOXUE DE YOUHUA CELUE

主　编　宋秋前　余春丽

副主编　赵飞君　金海芬

编　委　俞世燕　庄宇行　施碧云　王波儿　夏玲玲

上海交通大学出版社

SHANGHAI JIAO TONG UNIVERSITY PRESS

内容提要

本书以现代有效教学理论为指导，紧密结合当前小学语文教学实践，通过“问题分析—策略制订—实践探索—总结反思”的行动研究模式，分识字写字教学、阅读教学、习作口语交际教学、学习方式方法等四编，对小学语文教学的优化策略进行了专题实践研究和理论阐述。

全书理论与实践相结合，可操作性强，对广大小学语文教师、师范小学教育专业学生具有重要的学习参考和借鉴价值。

图书在版编目(CIP)数据

小学语文教学的优化策略 / 宋秋前，余春丽主编
. — 上海 : 上海交通大学出版社，2019
ISBN 978-7-313-22361-6

Ⅰ. ①小… Ⅱ. ①宋… ②余… Ⅲ. ①小学语文课—教学研究 Ⅳ. ①G623.202

中国版本图书馆 CIP 数据核字(2019)第 261687 号

小学语文教学的优化策略
XIAOXUE YUWEN JIAOXUE DE YOUHUA CELüe

主　　编:宋秋前　余春丽
出版发行:上海交通大学出版社　　地　　址:上海市番禺路 951 号
邮政编码:200030　　电　　话:021－64071208
印　　制:北京虎彩文化传播有限公司　　经　　销:全国新华书店
开　　本:710mm×1000mm　1/16　　印　　张:24
字　　数:347 千字
版　　次:2020 年 12 月第 1 版　　印　　次:2020 年 12 月第 1 次印刷
书　　号:ISBN 978-7-313-22361-6/G
定　　价:118.00 元

前言

近年来，随着教师专业发展培训作为一项基本制度在我国中小学的普遍实施，怎样提高培训的针对性和实效性，日益成为社会关注的一个突出问题。为此，从2017年下半年开始，浙江海洋大学教师教育学院与岱山县教育发展研究中心紧密合作，充分发挥各自优势和特长，从小学语文教师普遍关心的课堂教学问题和专业成长需要出发，以“小学语文教学的优化策略”为主题，协同开展小学语文教师90学时专业发展培训与课堂教学改进实践研究，取得了理想的实际效果。

教师专业发展培训存在的一个问题是培训与教学分离，两者缺乏内在的有机联系，往往是培训归培训，教学归教学。培训课程结束，教师学分到手，培训也就到此为止，培训对教学改进的实际意义和作用并不明显。

针对这一缺陷和问题，浙江海洋大学与岱山县教育发展研究中心协同创新，把教师培训与教学改进作为整体进行设计和实施。教师培训课程是教学改进的开始，是对教学问题的诊断与解决策略的理论回应与反思建构；教学改进则是培训课程的延伸和培训成果的课堂创新和实践运用，是教师课堂中的“做中学”和“现场研究”。在这个过程中，大学教师和地方教研人员作为教师课堂改进的协同、辅助和咨询力量而继续发挥重要作用。为了使90学时专业发展培训有效地向课堂延伸，使协同创新深入持久地展开，双方成立了“小学语文教学优化”校地协同创新核心研究团队从机制上加强对培训成果课堂运用与实践创新的组织和协调，确保训后课堂研究的有效开展。

现在，经过一年多的训前准备、培训学习、训后课堂运用与改进、反思总结，饱含小学语文一线教师实践智慧的《小学语文教学的优化策略》呈现在广大读者面前。它是高校与地方教育部门紧密协作，教师专业培训与课堂教学改进融合一体研训机制取得的一项典型成果。

本书共四编：第一编为“识字写字教学”；第二编为“阅读教学”；第三编为“习作、口语交际教学”；第四编为“学习方式方法”。

在本书的构思和编写过程中，我们力图体现以下特点：

第一，导向性。教育要着眼未来，着眼学生核心素养的形成。本书的每一篇文章都是站在学生的立场，聚焦学生实际获得感的教育教学研究成果。从目标达成上，指向的是核心素养；从方式方法上，构建的是学本课堂。这对当前小学语文教学具有一定的导向作用。

第二，科学性。教育要遵循学科发展和学生成长的客观规律。教育的专业性就体现在科学性上。小学阶段的儿童正值语言学习与运用的关键期，教育的科学性格外重要。为此，本书阐述的“识字写字教学”“阅读教学”“习作、口语交际教学”“学习方式方法”，都以当代先进教学理论和实践经验为基础，符合小学语文学科教学的基本规律。

第三，实践性。经过实践论证的研究才是真正富有成效的研究。本书每一篇文章的撰写者都是来自一线的语文教学骨干，每一篇文章都能基于学情从“现状分析”“问题归因”和“改进策略”等方面进行阐述，这样的研究才是真正“从学生中来，又回到学生中去”的研究。

第四，实用性。在本书的每一篇文章中，读者可以通过一则则案例，进一步引发对“识字写字教学的趣味性如何激发”“阅读教学如何基于学生的学习起点提升阅读素养”“写话习作教学如何进一步优化”“如何有效指导学生自主、合作、探究学习”等问题的思考，实用性较强。

衷心希望本书能带给小学语文教学同仁多样化、深层次和成长性的启发，引导广大教师转变教学观念，改进教学方法，促进自身专业成长。

本书是浙江省"'十三五'师范教育创新工程"建设项目"层式联动·协同创新·特色发展——卓越教师培养模式研究与实践探索"的研究成果，在编写和出版过程中，得到了浙江海洋大学谢永和副校长、教务处王健鑫处长，舟山市岱山县教育发展研究中心同仁的大力支持和帮助。在此，本书全体编写者向他们表示衷心的感谢。

本书在编写过程中参阅和引用了大量相关的研究成果，在此谨向有关作者表示诚挚的谢意。

尽管我们在编写过程中一直本着严谨和科学的态度不断修改和矫正，但由于水平所限，书中存在的纰漏和谬误，恳请各位专家和教师不吝赐教。

宋秋前

2018.12.10

目录

第一编　识字写字教学

第二编　阅读教学

第三编　习作、口语交际教学

第四编 学习方式方法

第一编

识字写字教学

小学低段集中识字的优化策略

庄茜茜

《义务教育语文课程标准(2011年版)》明确提出:“识字是阅读和写作的基础,是一至二年级的教学重点。”由此可见,集中识字是小学语文低段识字教学的重要内容之一。多识字、早识字有利于学生及早进入阅读阶段,给他们打开一个丰富多彩的文本世界,但对于低年级学生来说,识字不像看动画片、听故事那么有趣,教师需花大量时间进行集中识字教学。如果一、二年级没有科学有效地集中识记生字,到了三年级,很多学生就会出现错别字连篇的现象。因此,识字是一项重要的任务。低年级学生识字量不足,将严重制约其读写能力的发展。集中识字教学的速度和质量直接影响着语文教学的速度和质量。

为了帮助教师解决实际教学困难,提高识字教学效率,使学生短期内集中识记大量的汉字,本文以统编语文教材二年级下册的识字单元为例,谈谈小学低段集中识字的优化策略。

一、统编语文教材二年级下册识字内容概貌

统编语文教材二年级下册共识记生字450个,教科书十分重视培养学生自主识字的能力,遵循“认写分开,多认少写”的原则,科学安排识字的顺序。在一年级对偏旁、结构、汉字的构字原理有了初步了解的基础上,针对二年级合体字增多的情况,教科书进一步强化了形声字形旁表义、声旁表音规律的教学,并充分利用这些规律,引导学生大胆地猜读生字,自主学习课文。

二年级下册教材的识字采取分散识字和集中识字相结合的方式,既随文

识字，也通过专门的识字单元以及“语文园地”中专设的识字栏目《识字加油站》进行集中识字。其中，识字单元以弘扬传统文化为主题，让学生通过学习童谣、传统民谣、介绍汉字文化与中国美食的文章，在了解祖国博大精深的传统文化的同时，集中识字 71 个。总体而言，这一册教材遵循儿童身心特点及语文学习规律，在提高识字效率、落实文化传承等方面特色鲜明。

二、集中识字单元教学建议

“语文学科是一门学习语言文字运用的综合性实践性课程。”课程特质就是学习、积累、运用祖国的语言文字。本单元编排了 4 篇课文，其中《神州谣》是一篇识字韵文，课文借用《三字经》的形式，三字一句，四句一节，节节换韵，读来朗朗上口；《传统节日》是一首民谣，句式长短相间，变化丰富，读来押韵合辙，一韵到底，首尾呼应，圆融一体；《“贝”的故事》是一篇识字小故事，旨在让学生在有趣的故事情境中认识生字，在识字的同时感受形声字的构字特点，并借助规律来认识生字，初步感受古人造字的智慧和中国汉字文化的博大精深；《中国美食》和《识字加油站》均从儿童已有经验出发，引导学生树立在生活中识字的意识。这样的编排不仅能使学生在富有节奏情韵的朗读中识字，也能在琅琅读书声中获得中华传统文化的熏陶浸染。

教师进行本单元识字教学时应注意：一是识字为本，主题为境，引导学生在生动有趣的生活与故事情境中轻松愉快地完成识字学习；二是注重发现，感悟规律，引导学生在课文学习、课后练习以及“语文园地”的《字词句运用》《我的发现》中感受汉字的造字规律及魅力；三是注意拓展，学会运用，引导学生结合《语文园地》中的《识字加油站》和课后练习调动生活经验，建构语文与生活的关联，强化积累，提升语言表达能力。

三、集中识字的教学策略与方法

1. 归类识字

统编教材课文的生字统一呈现在生字条中，并按照在课文中出现的先后顺序编排。这种编排方式便于学生在阅读课文时依次查找，但是这样的顺序并不一定是学习生字的最佳顺序。在课堂上，教师可以打乱这一顺序，对生字进行归类识记。归类时，可以根据生字的不同情况而有不同的归类标准。

(1)根据生字的难易程度进行归类。每篇课文均有十几个生字需要学生认识，尽管都是生字，但对于学生来说，陌生程度还是不一样的，有较常见的，也有相对陌生的。对较为陌生的字，教师要带领学生多读、多认；对相对常见的生字，就可以少花些时间。

例如《神州谣》一课中就有以下生字：州、涌、峰、耸、湾、隔、峡、与、陆、谊、浓、齐、奋、繁、荣。在这15个生字中，“州、湾、与、陆、浓、齐、奋”相对来说比较容易，而“涌、隔、繁”等字较难认识。在课堂上，教师就要对这几个字多用些精力进行针对性教学。

(2)按照生字的结构特点归类。汉字是表意文字，不同的结构和部件有着不同的意义。在课堂上，教师可根据汉字不同的结构特点引导学生对所学生字进行归类，从而系统地识记字形。本单元出现的生字大部分是形声字，教师可以围绕形声字的特点多维度地进行教学。

《中国美食》一课中有16个生字：菠、煎、腐、茄、烤、煮、爆、炖、蘑、菇、蒸、饺、炸、酱、粥、蛋。其中，“煎、烤、煮、爆、炖、蒸、炸”7个字都是制作美食的方法，教学时，教师可先引导学生结合图片认真观察生字，想一想如何记住这些生字的字形，找出规律。其次，教师可以提醒学生抓住生字的偏旁，通过偏旁与字义相结合的方式记住生字。例如，根据字形猜一猜“灬”表示什么，无论是“灬”还是“火”，它们都与火有关，都是烹制食物的方法，需要用到“火”。也可以适时引导学生观察“灬”，从字形入手，想象识记，“灬”不正像一团小火苗在食物下面烤吗？“煮、蒸”的翘舌音一定要读准，“蒸”不仅是翘舌音，还是后鼻音，“炸”是多音字，在这里读二声。在识字基础上，结合课后习题第二题，班级组织开展“我是小厨师”比赛活动，引导学生简单说出制作美食的方法，如“鸡蛋”可以有多种制作方法：“煎鸡蛋”“炒鸡蛋”“煮鸡蛋”“蒸鸡蛋”等。结合生活经验，巩固识记。

认读“菠、茄、蘑、菇”4个字，同样可以借助偏旁加字义的形式来识记。它们都是带有草字头的字，且都是形声字，宜采用“拆分法”教学。如“菠”是形声字,拆成"艹"和"波";"蘑"拆成"艹"和"磨";"菇"拆成"艹"和"姑",结合图文认字,即有"艹"的字都与植物蔬菜有关,进而拓展到生活中,积累带有草字头的字。带草字头的字对二年级的学生来说已经不陌生了,经过一年半的学习和积累,他们能脱口说出很多带有这个偏旁的字。另外,教师对"菇"的读音要进行强调,单独读一声,放到"蘑菇"一词中读轻声。

认读"腐、饺、酱、粥、蛋"5个字,可以将字的音、形、义结合起来,先借助拼音读一读,再用字组词说一说,根据字形记一记。例如"饺"字,先根据偏旁来理解意思,带食字旁的字多跟食物有关,然后用"饺"组成"饺子""蒸饺"等词语,再用"加一加"的方法记住字形:"饣+交=饺"。为更好地强调偏旁的意义,教师还可以带领学生进行"换偏旁"游戏,或者想想哪些字还带有食字旁。"腐"字读音要注意,单独读三声,而放在"豆腐"这个词语里则读轻声。

这一课的每一个字都是一道中国特色菜肴,分别从素菜、荤菜及主食等方面来体现中国美食的丰富多彩。二年级下学期,学生处于从以识字为主向以阅读和口语表达为主的过渡阶段,教学时,教师要尽可能地将识字与口语表达相结合。因此,在熟读的基础上,教师还应带领学生发散思维,由文中的美食逐步拓展,说一说生活中品尝过的美食,特别是家乡美食,鼓励学生像课文一样也从素菜、荤菜和主食这几个方面来说。另外,也可以在班级里开展美食名片制作活动,组织识字比赛。学生将课外搜索到的美食,借鉴课文,以图片加文字的形式呈现,碰到不认识的字,注上拼音,开展"看美食,识汉字"比赛。

对于识字教学,一定要根据生字特点进行归类,这一归类学习的过程无疑让学习更有条理和规律,便于学生识记。识字也不只是单纯地记忆,要让生字和词语融合,让生字和句子融合,让生字和课文融合,让生字和生活融合。

2. 字源识字

任何一种语言文字本身就是一种文化,汉字尤其如此。小学生由于受年龄、认识能力等方面的制约,对汉字源远流长的发展历史及汉字的艺术美不甚了解,但对这方面的知识却非常好奇,如最早的汉字是什么样的、汉字是怎么发明的……在进行集中识字教学时,教师应该充分利用学生的好奇心,让学生了解汉字的特点、汉字的文化。

课文《“贝”的故事》分两个自然段：第 1 自然段和插图讲述了“贝”字形的来源和“贝”字的古今演变过程；第 2 自然段讲述了“贝”的字义来源和以“贝”作偏旁的字在表意上的共同规律。文中有一句话：“所以，用‘贝’作偏旁的字大多与钱财有关。”为什么用“贝”作偏旁的字大多与钱财有关呢？针对这个疑问，有必要让学生充分认识了解“贝”字。为达到这一目的，教学时，教师先板书“贝”的象形文字，让学生猜一猜这是什么字，预习过课文的学生一下便能猜出。接着出示课文里的贝壳插图，古人根据贝类两扇壳张开的样子创造出了甲骨文“”。像这样用一幅图来表示汉字，是最原始的造字方法，这类汉字就是最早的象形文字。最后结合字义，引导学生认读：“财、赚、赔、购、贫”，并且仔细观察这些生字的共同点，分别为这些生字找朋友，结合课文内容及课后习题“读一读，记一记”，学生自然而然认识到了用“贝”作偏旁的字大多与钱财有关。在古代，“贝”正是被当作钱财使用的。

《传统节日》一课中的“舟”字教学，也可采用同样的方法，结合字源字形来理解。根据课文“过端午，赛龙舟”，教师先在黑板上画好“龙舟”的简笔画，再出示古文字“舟”，让学生观察两者之间的联系，学生很快就知道图和字的相似之处，认识并了解这个生字。《神州谣》一课中的“齐、奋、繁”3 个字也可以结合字源演变感知字形、理解字义，进行集中教学。与此同时，教师可以利用课堂几分钟时间对象形文字进行拓展，让学生进行知识迁移，识记更多象形文字。教师出示图片，学生依次猜读，在这个过程中，学生会觉得汉字非常有意思，大大提高了识字的兴趣。

3. 语境识字

一个汉字就是一个故事，在进行生字教学的时候，教师要抓住契机努力赋予汉字浓厚的情感色彩，使学生得到情感陶冶。对于低年级的集中识字教学，教师巧解汉字，赋予汉字以生命和时代意义是开启儿童心扉的好办法。

例如《神州谣》一文中“耸、隔、与”3 个生字的集中教学，可以结合课文语境识记理解。“珠峰耸”可以通过数字来说明，辅以图片强化认知，在看图的基础上补充“高耸入云、耸入云端、高高耸立”等词语，借此理解“耸”；“隔海峡”，通过地图，指认台湾、大陆以及中间的部分——海峡，用上“隔”字说一说台湾和大陆的位置关系；“与大陆”可换一词（“和大陆”），借此理解“与”。在识字的基础上再朗读课文，学生便能深刻体会“珠峰的高高耸立”“大陆和台湾本是一家”，朗读的感情自然生成。

《传统节日》里的这3个生字——“乞、巧、郎”同样宜采用情境识记。教师带领学生听《牛郎织女》的故事，了解“乞巧”是七夕节的习俗，这一天牛郎和织女也在鹊桥相会。这种有人情味的识字方式对激发学生热爱祖国文字的情感所起的作用是不容小觑的。

4. 活动识字

学生是学习的主体，课堂要让学习真实发生，就必须让学生在学习活动中主动经历、体验、实践。

本单元的《识字加油站》有一组关于食物味道和口感的词语，词语格式均为ABB式。其中“甜、酸、香、软、硬”是学生已认识的字，“津、溜、辣、乎、喷、腻、绵、脆、邦”需要借助拼音认读。教学以“我是小小美食家”活动拉开序幕。首先，学生自由谈平时最喜欢吃的食物，形容它的味道；然后教师出示8个词语，学生自由读，边读边思考由这些词语能联想到什么食物，借助图片并结合生活经验感受这些词语在描述食物味道和口感方面的妙处；接着同桌合作，进行美食大比拼，一人读词语，一人说食物名称，再交换，比比谁读得快，说得快；最后进行巩固识字第二轮小游戏：美食列车开起来。教师依次出示词语，学生回答，用上“我吃过（　　）的（　　）”的句式，评选“最佳美食列车组”。这种同桌合作个性识字、在游戏中复习巩固生字的教学方式不仅激发了学生的识字热情，而且丰富了语言的积累。学生学得有趣，学得扎实。

5. 复现识字

艾宾浩斯遗忘曲线告诉我们，遗忘规律是先快后慢，特别是识记后48小时之内，遗忘率高达72%。低年级学生的记忆多属于无意记忆，容易遗忘。教师一定要把握这一规律，在教学生字时，多次复现生字，让学生与生字反复见面，达到“见形能读音”的目的，充分利用无意记忆。这一循环往复的过程是生字复现的过程，也是巩固记忆、避免遗忘的过程。

本单元的《神州谣》和《传统节日》分别为韵文和民谣，读起来朗朗上口。在识字的基础上，教师应有侧重性地采用师生接读、生生对读、男女生赛读等各种形式的朗读，给学生创造和汉字不期而遇的机会，加深学生对汉字的记忆。

综上所述，对于识字单元的集中识字教学，教师要充分发挥指导作用，准确把握编排意图，基于学情，遵循规律，促进学生语文素养的整体提高和协调发展，从而使枯燥的集中识字教学成为学生培养兴趣和热情探索的热土。

参考文献

[1] 中华人民共和国教育部. 义务教育语文课程标准（2011 年）[M]. 北京：北京师范大学出版社，2012.

[2] 吴忠豪，薛法根. 小学语文名师文本教学解读与教学活动设计二年级下册[M]. 上海：上海教育出版社，2018.

[3] 韩素静. 谈谈随文识字教学的几个意识[J]. 小学语文，2018(4)：8-10.

（作者单位：岱山县岱西镇怀慈小学）

小学低段随文识字的优化策略

王静芬

《义务教育语文课程标准(2011 版)》明确提出:识字写字是阅读教学的基础,是第一学段的教学重点。小学阶段,学生要认识 3500 个左右常用汉字,而统编语文教材一年级就要识记生字 700 个,其中 35 篇课文承担着识记 404 个生字的任务,平均每篇课文要识记十多个生字。统编二年级教材课文中要识记的生字更多。由此可见,低年级的课文既是阅读材料,更是识字材料,因此教师在阅读教学中要兼顾识字的任务。

在低年级的阅读教学中,为了降低学生识字的难度,我们都会采用"随文识字"的方式教习生字,即学生在教师的引导下积极主动地参与到具体的语言环境中识字。生字的识记分散在阅读教学过程中可以激发学生识字的兴趣,提高识字效率,并对学生进行语言与思维的训练。

一、随文识字的问题分析

小学低段的语文课堂上,老师们开始注重"随文识字",但在实际教学中仍然存在许多问题。

1. 随文识字的语言环境仅限于课文

部分教师对随文识字中的"随文"有所误解,把随文识字直接理解为"随课文识字",在课堂教学过程中,碰到要识记的生字,就带领学生进行学习、记忆。这样的"随文识字",学生对生字的认识仅限于课文之中,无法对生字的其他语言环境有更多的了解,学生只是在课文的这句话中与这个生字见面,

无法在一节课中尽可能多地接触生字。事实上,随文的“文”不仅仅是课文,还是一种语言环境。课堂上,教师说的每一句话,都有可能成为学生学习生字的语言环境。

2. 随文识字等同于记忆生字

一篇课文生字的学习,以前的做法是让学生圈生字,读字音,说记忆方法,加一加,减一减,编字谜,等等,然后使用生字组词,说句子,生字的学习至此就结束了。在课文阅读理解的阶段,识字与学文是截然隔开的。老师们逐渐认识到这样的识字方式使学生学习的兴致不高、效率不高后,纷纷采用随文识字的方法。但随文识字也总限于形式,学习中遇到生字读一读,组个词语,说说怎么记,最终只是改变了生字教学的顺序。每个生字的学习方法还是没有改变,对很多学生来说,不仅不能完全掌握生字,还会让阅读变得支离破碎,影响思考。

3. 随文识字中忽略集中识字

部分教师认为,集中识字不能出现在随文识字中,课堂上整体出示一课全部生字的做法似乎是极不可取的。但是,随文识字让每个生字都成了单独的个体,让学生忽略了生字的构字规律,无法发现一篇课文中生字的相互联系以及这些生字与已学生字的联系,无法检测学生对这一课生字的掌握情况。可见,教师在“随文识字”的教学环节设计上存在着一定的问题。这样的随文识字既不利于学生识字效率的提高,也不利于其语文素养的提升。

二、随文识字的优化策略

学生所学习的生字都具有一定的语言环境,为了让随文识字更加有效,我们在将识字教学融于文本阅读时,应最大限度地提高生字在学生头脑中的出现频率。

1. 随文识字要把握时机

随文识字强调字不离词,词不离句,句不离文,将识字与理解、朗读有效地结合在一起。那在不影响阅读教学的情况下,如何把握识字的时机呢?

(1)导入时随机识字。低年级课文、课题中往往有需要识记的生字,有的在揭示课题的过程中会有其他生字出现在语境中,就可以在导入新课时随机识字。例如,学习统编教材一年级上册《青蛙写诗》一课,导入时我们创设了听雨声的情境,从而引出词语:雨点儿。“点”是这一课的生字,虽然出现的位置是在课文中,但是在此处学习“点”字更为合适。

(2)初读时随文正音。读准字音是识字教学的第一步,最常用的就是听别人读和借助拼音自己读。一年级上学期,教师经常会采用范读的方式让学生对一篇课文整体感知。随着课文篇幅的加长,学生拼读能力的提高,初读课文就可以让学生自己朗读。在初读课文时我们提出这样的要求:不认识的生字拼一拼,难读的生字多读几遍。学过的生字可以直接读出来,要学习的生字圈出来,朗读时关注字音,不要求认识的生字根据拼音拼读。学生根据要求自由读课文,大声读给自己听,在这个过程中学生其实已经自己在正音了。一年级时,对于课文篇幅比较短的文章,我们会抽学生朗读课文(或分段朗读),朗读的过程中,对其读错的字音进行纠正,或对于难读的字音进行集体跟读。对于课文篇幅比较长的文章,个别难读生字则在巡视中随机进行正音,随文理解学习。

(3)细读中字随文动。每一篇课文的学习,只要我们从音、形、义三方面认真分析生字的特点,总能够将生字与课文的学习进行同步。字随文动,生字学习与朗读理解课文交织,识字与学文共同推进,互相促进,这是随文识字的“主场”。平时积累的多种识字方法都可以在学习课文的过程中加以运用,同时巩固识字方法,提高学生主动识字的能力。

(4)活动中巩固识字。识字是一个不断深化的过程,生字需要不断复现。在每节课的结束阶段,我们就可以安排一些识字、写字活动,让生字尽可能复现,也以整体“登场”的方式让生字与学生见面,以巩固本节课所学的生字。统编教材一年级下册《树和喜鹊》一课,我们运用多媒体课件设计给喜鹊造窝的活动,把生字写在树枝上,以游戏方式引导学生进行识记;《小猴子下山》一课的动词比较多,我们创设了“你说我做”的游戏来巩固动词的识记。根据生字的特点,我们有时还可以通过编字谜猜一猜、编儿歌读一读、一字开花、挖金子等学生喜欢的活动开展生字教学。

运用随文识字，教师应当关注课文中每一个生字的特点，准确把握学习生字的时机，让生字学习更有趣味，将识字、学词、朗读有机整合。

2. 随文识字不能止于记忆生字

(1)在随文识字中积累词语。积累词语是第一学段学生学习语言表达的初级阶段，统编一年级教材的课后习题中就有很多词语积累练习。词语的积累最终是为了使学生在语言表达中熟练运用，那么，我们在随文识字教学中就应该根据低年级学生的特点及汉字的造字规律采用多种形式，选择恰当的时机，巧妙地复现生字，让学生有趣味地学习，将识字与积累相结合。

①构建思维导图。思维导图是一种图文并茂的学习工具，能很好地帮助学生高效地学习。在统编教材一年级上册“语文园地”中就已经出现了利用思维导图识字的形式。《明天要远足》这一课中，识记“海”字的时候，我们就引导学生从不同角度给“海”组词(见图 1-1)。

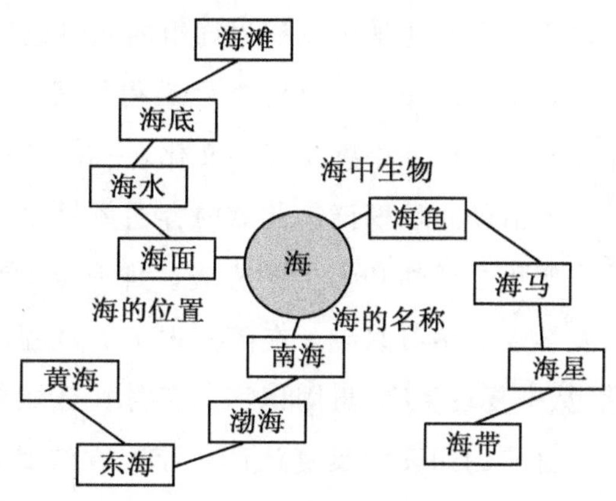

图 1-1 “海”组词思维导图

带“海”的词语在学生的脑海中本来是零散的，用思维导图的形式展现不同的关于“海”的词语，将词语碎片整理成了一个词语库，同时让学生在复现中记住了“海”字。这种直观形象的积累方式调动了学生学习的积极性，把无形的思考过程通过思维导图有形地展示出来，实现了知识的可视化。在平时的识字教学中，教师可以经常运用思维导图，学生也能通过这种思维方式拓宽识字和积累词语的渠道。

②利用汉字字理。每个汉字都蕴涵着丰富的意义，每个汉字都凝结着前人的智慧。字理识字就是运用汉字本身造字、构字规律进行识字，使识字形象化。适度考虑从字理来识字，可以化解识字的难点，激发学生识字的兴趣，有时还能达到识一个记一串的效果。如统编教材一年级上册《雪地里的小画

家》一课，对“竹”字的教学，我们可以先展示竹林的图片，继而引出甲骨文“[illegible]”，将其与图片中的竹叶进行比较，然后讲解“竹”字的演变，最后学习竹子的各个部分及用竹子做的器具：竹竿、竹叶、竹笋、竹篮、竹席等。图文结合，学生不仅认识了“竹”字，还积累了生活中跟“竹”有关的常用词语。又如在教学《青蛙写诗》一课的“串”字时，学生读准字音后，展示“串”字的甲骨文，让学生猜一猜古时候的人们是看到了什么东西才造出这个字的，然后解释古人是看到了连在一起的东西创造了这个字，慢慢演变成了今天的“串”字，而意思没有发生变化。教师在学生了解了“串”字的意义后提问：除了一串水珠，还可以说什么？让学生在积累词组的同时也积累了生活经验。

利用字理识字不仅使学生学得轻松愉快，而且大大提高了识字效率，还能让学生在识字中感受汉字文化，一举多得。

③借助儿歌朗读。儿歌内容通俗易懂，节奏简洁明快，读起来朗朗上口，深受低年级老师和学生的喜爱。课堂上，创造性地运用儿歌进行教学，可以激发学生的学习兴趣。在随文识字的过程中，我们经常会把会认的字编成儿歌，从中复现生字，巩固识字。有时甚至能把一个字编成一首儿歌，让学生在趣味盎然的朗读中反复认读生字。在统编教材一年级下册《要下雨了》一课中，认读“伸”字之后，我们就让学生做做“伸腰”的动作，朗读用“伸”字编成的一首儿歌：伸出小手拍一拍/伸开手臂摇一摇/伸长脖子扭一扭/学学小兔伸伸腰/伸个懒腰好舒服。这样既是对“伸”字学习的巩固，同时也积累了有关“伸”的词组，还让学生在课堂中得到了放松，活跃了气氛。

(2)在随文识字中了解字义。“在阅读中识记汉字”“通过汉字促进阅读”，这已成了“随文识字”的重要特征。在随文识字的过程中，要达到了解字义的目标，就要采用多种富有趣味的形式，在了解字义的过程中加深对课文内容的理解。

①直观感知。低年级学生以形象思维为主，在学习的过程中，他们对文本的理解基于对事物的感知。在具体的形象中感知，有助于学生了解字义。随文识字的过程中，我们就可以借助实物、图片等方式让学生直接了解字义。在统编教材一年级下册《树和喜鹊》一课的学习中，教师展示课文插图，要求

学生思考回答课文中的树和喜鹊是什么关系，有什么变化，使学生在整体感知中学习“邻”“居”这两个生字，并通过看图理解“邻居”一词的意思。又如在《池上》这首诗的学习中，“踪迹”的理解可借助于《雪地里的小画家》中小动物的脚印插图，“浮萍”则直接从课文插图中感知。

②动作表演。低年级学生活泼好动，课堂上适时地安排动作演示，符合他们的年龄特性，能让他们在词语学习中充分“动”起来，在亲身体验中领悟词语所表达的意思，使字词教学更有效。在统编教材一年级下册《小猴子下山》一课的学习中，根据课后习题“结合插图，说说小猴子看到了什么，做了什么”的问题，在学习每一个段落的时候，就让学生在文章中提取信息，圈出动词。在通读段落的基础上，让学生演一演小猴子的动作。通过动作表演，学生很容易理解和记住“掰、扛、扔、摘、捧、抱”这些生字，从中还能体会到学习词语的快乐。

③联结生活。《义务教育语文课程标准(2011 年版)》指出：“识字教学要将儿童熟识的语言因素作为主要材料，同时充分利用儿童的生活经验，注重教识字方法，力求学用结合。”学习《要下雨了》这一课的“潮湿”一词时，学生读到燕子与小白兔的对话，教师请一个学生来扮演燕子，在对话中学习生词“潮湿”。这时教师出示词卡，指导学生读准字音，再请学生观察字形——三点水的偏旁，猜猜字的意思，接着让学生回忆阴雨天的时候看到过什么地方有小水珠，唤醒学生的生活体验和认知，从而了解“潮湿”的意思就是空气中有很多小水珠。这样的教学方式能很好地调动学生已有的生活经验，连接生活与学习的通道。

字词教学是低年级的重头戏，字词的理解更是低年级语文教学的难点之一，利用图片、实物直接感知，借助动作表演，结合自己的生活经验等教学方式，让学生在具体的使用环境中熟悉、理解字词，更易于被低年级学生所接受。

(3)在随文识字中练习运用。随文识字的目的就是让学生能在具体的语境中感知字词，而多数汉字的意义也是在组合、运用中才得以体现。因此，我们应给汉字一个具体的语言环境，在具体的语境中识记，再运用到具体的语境中去，让汉字鲜活、丰富起来。

①拓展表达。在随文识字的过程中，我们会根据字的意思，进行适当的

扩展，进行组词或说话，让新学的生字得以即时运用，赋予它们具体的意义。在《要下雨了》这一课中，学习"山坡"的"坡"时，扩展学习"上坡""下坡""坡路"这样的词语，可以让识字不再单调。对于一些常用的词语，我们不仅要进行词语扩展，有时还要让这些生字"在语句中运用"，让词语的环境进一步具体化。统编教材一年级下册《小公鸡和小鸭子》一课中，学生朗读第一自然段"小公鸡和小鸭子一块儿出去玩"后，教师应指导学生读准"块"的字音，再用"一块儿"造句，思考并回答"小公鸡和小鸭子会一块儿玩些什么呢?"学生在想象中运用这个词语，让生字与句子融合，让句子和课文融合。

②随文书写。统编教材中虽说识写分开，但是每一课要求会写的字都是从文中选出来的已经认识的汉字。那么，我们就可以创设具体的语境，让学生在书写生字中再次做到"字不离词，词不离句"，让书写也在具体语境中进行。如《雪地里的小画家》一课的第二课时中，学生要学写"用""几"两个生字，就可以设计如下的作业：

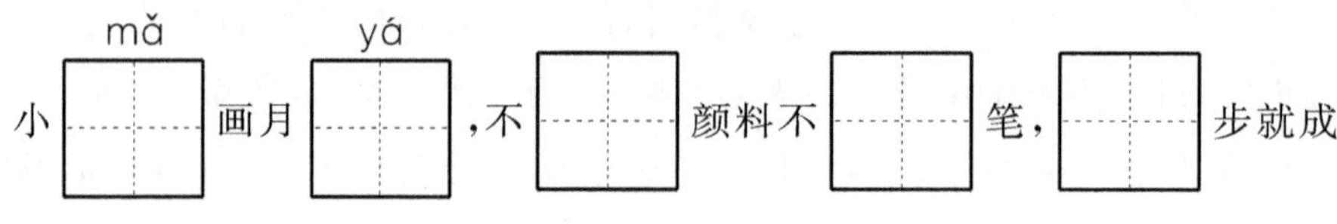

一幅画。

先请学生思考，田字格里该填什么字。前两个是有拼音的，且是上节课学写的生字，请学生认真写完；后三格要填的两个字是这节课将要学习的，就在课件中展示这两个生字，让学生识记、观察，进行常规的生字书写指导。然后，学生在生字抄写本中书写几遍后再填入句子中，最后再读一读。这样的练习能让学生感知单个生字在具体语境中运用的意义。

运用"随文识字"将字的音、形、义紧密结合，读、说、写完美融合，就能有效地促进学生语言与思维的发展。

总之，随文识字在降低识字难度的同时提高了生字的复现率。教师有选择地把生字集中起来，让学生获得更多的识字方法，可以激发学生主动识字的欲望，让识字与阅读双赢。

参考文献

[1] 沈惠芳.紧扣课后习题　着力语文要素[J].小学语文,2017(10):48-51.

[2] 韩素静.谈谈随文识字教学的几个意识[J].小学语文,2018(4):8-10.

[3] 余小鹏.例谈随文识字中的“寓解于境”[J].教学月刊小学版,2018(5):31-32.

[4] 中华人民共和国教育部.义务教育语文课程标准(2011 年版)[M].北京:北京师范大学出版社,2012.

(作者单位:岱山县高亭小学)

小学低段随文识字的问题分析与优化策略

陈　春

语文是一门基础学科，而识字是基础中的基础。识字是阅读和写作的基础，是第一学段的教学重点，也是贯穿整个义务教育阶段的重要教学内容。《义务教育语文课程标准（2011 年版）》要求第一学段的学生认字量是 1600～1800 个，会写 800～1000 个。对低年级学生来说，识字就是他们主要的语文学习任务。统编教材对于生字的学习安排清晰明了：识字单元集中识字，课文单元随文识字，“语文园地”板块性识字。在小学低年级阶段，大部分生字是随文出现的。如统编一年级教材里，总计要认识 700 个生字，其中安排在课文单元里的生字就有 429 个，占了认识生字总数的 61%。因此，阅读课中识字教学的方法直接影响着学生识字的效果。

随文识字也称分散识字，一般是指在教师的引导下，学生积极参与文本的语言环境识字。随文识字是符合小学生的认知规律的一种识字形式。在统编低年级教材中，文章基本上都有句子短、篇幅小的特点，读起来朗朗上口，且具有较强的故事性和趣味性，再加上精美的插图，对学生有很强的吸引力。教师从文本入手，引导和带领学生在具体的语境中识记生字、生词，学生可以边阅读、边识字，这既有助于学生掌握生字的音、形、义，又能使他们做到学用结合，提高识字效率。

一、阅读教学中随文识字的问题分析

在日常的阅读教学中，随文识字教学存在几个误区。

1. 识字方法追求时髦,华而不实

识字的方法多种多样,提高识字效率,找对方法是关键。可是部分教师在教学中往往会为了追求一种新的识字方法,不加斟酌而滥用,这就得不偿失了。如字理识字,“字理”即汉字构形的理据。字理识字本身是一种好的识字方法,它通过教师在教学中对汉字的构形和意义进行讲解,使学生理解汉字的基本构形原理和字形演变,降低字形理解的抽象度,从而提高小学低年级学生的识字效率。当下,字理识字被许多教师认同。因此,在课堂中,几乎每节识字课都会出现字理识字这一识字方法。可是有些字本身的字理非常复杂,它的使用超出了低年级学生所能接受的范围,过度运用反而使学生不容易理解该字了。因此,在识字方法上,教师还要努力研读教材,依据教材的内容选择最适宜的识字方法,做到实用而不追求时髦。

2. 为了随文而随文,没有联系语境

随文识字是从文入手的,学生面对的生字都不是孤立的,具有一定的语言环境。随文识字的最大特点是“字不离词,词不离句,句不离文”。这里所说的“文”不单单指“课文”,它指的是“一种特殊的语言环境”。统编教材的每一篇课文的生字几乎都在10～13个,为了能让学生在短短的课堂时间认识这些生字,有的教师往往为了讲求速度而没有很好地进行语言环境的设计,于是在阅读教学中总出现这样的现象:教师一边读课文带领学生一边认字,常常朗读一句话,就非要把里面的生字拿出来教学,为了生字的教学而打破课文学习的情境,从而导致学生对课文内容缺乏整体的感知和理解。

3. 在随文识字中脱离了集中识字,两者不能很好地结合

任何教学方法都不是十全十美的,随文识字固然有很多的优点,但也是有一定不足的。它不能成批识字,忽略了汉字本身的构字规律和科学系统,影响了识字效率。而集中识字是指遵循我国传统的“三字经、百家姓、千字文”的启蒙识字教育经验,以汉字构形规律为基础,如象形、会意、形声、指事等,重视一组字中的形、义、音的联系,也采用“基本字带字”的方法来进行教学。集中识字的特点是能让学生在学习生字的时候进行归纳学习,有利于学习方法的渗透。因此,教学要依据教学内容和学生已有的经验、教材特点进

行灵活结合，巧妙应用。

二、阅读教学中随文识字的优化策略

1. 合理选择识字方法

俗话说“不管白猫黑猫，会捉老鼠就是好猫。”这句话放在识字教学中也不尽然，我们不但要求“会捉老鼠”，还要“巧捉”“妙捉”。单纯地注重识字过程，而不讲究适当的方法，再多努力也只是无用功。恰当的识字方法能够激发学生识字的兴趣，促使学生具备独立的识字能力，养成主动识字的好习惯。

(1)联系生活识字。语文书中的汉字是枯燥的，但是如果将每个汉字放到学生生活中去，成为学生生活中出现的具体事物时，识字就变得具体可感，充满生机和活力。生活是识字的大课堂，生活经验是学生学习生字和运用生字的不竭源泉。教师在教学中，联系学生的生活经验，就能更好地进行生字教学。

如教学统编教材一年级下册《荷叶圆圆》一课的“摇篮”一词时，部分老师的教学过程如下：

(出示句子)小水珠说：“荷叶是我的摇篮。”

老师问：“小朋友们，见过摇篮吗？”

有学生说：“见过，我家就有，是我小弟弟的。”还有学生说：“我家也有，是我小时候睡过的。”

于是老师出示摇篮图片(一个婴儿睡在里面)，告诉学生：这个摇篮是用竹子编的，所以“篮”是竹字头。随后，把“摇篮”的词语条贴在图片旁边，让学生认读。再用课件演绎晃动的摇篮，问：那“摇”字为什么是提手旁呢？一个学生马上就说：“因为摇篮要用手来摇，我就是用手推弟弟的摇篮的。”老师立马让他上台来演一演怎么用手推才能让摇篮摇起来。又让全体学生也试着摇一摇。

老师又问：“小水珠为什么说荷叶是它的摇篮呢？”

有了刚才学习“摇篮”的生活情境再现，学生马上就找出原因：因为荷叶在风儿的吹动下，晃来晃去，就像摇篮摇来摇去一样。

可见，在随文识字的课堂教学中，教师要联系生活实际，运用符合学生心理特点的教学方法，让学生通过自己的生活经验来建构认识，提高识字效率。

(2)追溯字理识字。运用字理教学就是根据汉字的具体情况和学生的身心特点，并适当利用汉字的构字规律进行教学。由于汉字具有一定的图画性，追本溯源解析字理，把由点点画画组成的方块汉字变成形象生动的图画，可以激发学生的学习兴趣，提高识记的效果。

统编一年级上册《明天要远足》一文中学习生字“睡”，这个字笔画多，字形也较复杂，在一年级上册可以算是比较难的字了。下面介绍某位老师在教学这个“睡”字时，用字理认字的教学过程。

先正音，读准翘舌音，老师再问：“这个字笔画这么多，是不是很难记住呢？”学生都说是。老师说：“我有一个好办法，能让你们一下子记住这个字。”于是课件出示“睡”字的字理(见图 1-2)。

图 1-2 “睡”字的字理

老师说：“你们看，这是古人写的“睡”字，你们怎么记住呢？”

学生说：“左边的目字旁就表示眼睛，因为睡觉要闭眼睛。右边就像有人躺在床上睡觉。”

其他学生都表示同意，老师赞赏后告诉学生，右边正确的字理是人坐着在打瞌睡。然后再出示“睡”，问：现在你们能记住这个字了吗？学生们都说能记住了。

可是，也并不是所有的字都适合运用字理识字。如有的老师在教学“桥梁”的“梁”时，她也出示了“梁”的字理图片(见图 1-3)，让学生来认一认。由于这个“梁”字的结构实在太复杂，除了左边的部分表示水，学生能认出来，右边表示什么，各有各的说法，不能形成统一结论，结果在教学这个字时，时间花了不少，效果却不尽如人意。

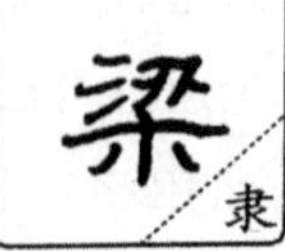

图 1-3 “梁”字的字理

(3)在游戏中识字。游戏对于低年级小学生来说具有较大的吸引力,活泼好动、天真烂漫是他们的天性,游戏能满足他们的表现欲望。游戏识字最大的一个特点就是能激发学生的兴趣。兴趣是调动学生思维、探求知识的内在动力,所以在教学中可以运用多种游戏来识字,如“找朋友”“编儿歌”“猜字谜”“开火车”等。

如在学习《江南》一文时,学习“东、南、西、北”这四个字,为了更好地帮助记忆和初步了解四个方位,老师就带着学生们模仿小鱼游动的样子,根据大屏幕上依次出现的“东、南、西、北”进行游戏,嘴里还唱着儿歌:“小鱼,小鱼,游呀游。游到东,吐泡泡;游到南,吐泡泡;游到西,吐泡泡;游到北,吐泡泡。”这样一来,学生的兴趣完全被调动了起来,并且可以把这个游戏作为课间操,缓解学生上课的疲劳。

又如,在学习《小猴子下山》一文时,有很多表示动作的生字,如“掰、结、扛、扔、摘、捧、抱、蹦、追”,就可以设计一个“我做你说”的游戏,由老师来做动作,学生来说生字,以检查学生是否认识并理解了字义。

识字方法多种多样,不管是哪种,教师都要根据文本和生字的特点选择好的方式,充分调动学生学习的兴趣,调动他们识字的积极性和主动性,从而提高识字的效率。

2. 巧设语境,激发识字兴趣

《义务教育语文课程标准(2011 年版)》提道“识字教学要注意儿童特点,将学生熟识的语言因素作为主要材料,结合学生的生活经验,引导他们利用各种机会主动识字,力求识用结合。”低年级的学生性格活泼纯真,理解能力与认知能力有待提升,为有效地提升识字教学的质量,教师在教学中要创设语言环境,激发孩子参与识字学习的兴趣。如可以把生字融入具体的故事情境中，让学生在听故事的过程中认识和学习汉字；也可以设置一些问题情境，通过问题吸引学生的注意力，对问题进行分析和思考，然后认识汉字；还可以在课堂上创设真实的生活情境，与小学生的实际生活有机结合，拉近识字教学与学生之间的距离，使课堂教学更具生活化色彩。

如学习《青蛙写诗》一文，就可以通过创设一个完整的故事情境来激发学生的识字兴趣。

老师：同学们，你们会写诗吗？你们见过会写诗的青蛙吗？（没见过）今天有一只青蛙要来写诗了！（出示课题：学习"写诗"两个字）

在接下去的随文识字中，一直以青蛙写诗作为故事背景和线索来进行识字教学。

课件演示下雨的情境，老师讲述故事：淅沥沥，沙啦啦，下雨了，下雨了，你们看谁来了？（图片中雨点儿掉下来，学习"点"字）

青蛙听着淅沥沥、沙啦啦的雨声，诗意大发，情不自禁地喊道：我要写诗啦！（学习"要"字）

青蛙第一次写诗，好多小伙伴都来帮忙了，你们看，都有谁呢？他们又是怎么帮忙的呀？（随文本学习"过、串、当"等生字）

通过故事的讲述，把识字教学穿插其中。学生在课堂中，被青蛙写诗的故事吸引，随着故事情节的发展，随文识字在整个故事情境中无声无息地融入，弱化了识字教学的枯燥，激发了学生识字的兴趣。

随文识字是让学生在语境中识字，在情境中理解、表达和运用，识字任务自始至终贯穿于课文的学习中。随文识字运用得好，能做到字的音形义紧密结合，读说写紧密结合，能有效地提高识字的数量和质量，促进学生语言能力的发展。可是，教材中并不是每一篇课文都能如《青蛙写诗》一样，能根据文本创设出一个完整的故事情节。因此在解读教材、进行教学设计时，教师要将课文中要学的生字、生词进行梳理，看看哪些生字是学生比较陌生的，可能成为其阅读障碍，哪些生字是需要放在特定的语言环境中让学生感知、理解、掌握的，哪些是学生比较熟悉的。然后将这些生字分散在课文学习的前、中、后三个阶段来学习，让识字与阅读相辅相成，相互促进。

3. 集中分散巧妙结合

因为生字在文本中较为分散，要进行随文识字只能随遇随学，因此识字的集中指向性不足，而集中识字则能弥补这一不足。集中识字利用生字的特点，如结构记忆法、笔画笔顺记忆法、联想记忆法、直观记忆法等，在学习时遵循一定的规律和梯度，有利于学习方法的渗透。在阅读教学中，虽然以随文识字为主，却也不能完全脱离集中识字。

(1)初读课文，集中识字的体现。学生接触一篇新的课文时，总是抱着好奇的心理想一口气读完。而低年级学生因为识字不多，就需要借助拼音来拼读音节。一篇课文中有十多个生字，对学生来说，就像是十几头“拦路虎”，学生要借助拼音读准这些字。有的学生读一两遍就会了，有的则需要多读几遍。这时学生已经在自己进行集中识字了，只不过识的是字音而已。

(2)阅读教学中，根据需要可以集中识字。随文识字不能成批识字，忽略了汉字的构字规律和科学系统，影响了识字效率。如果有的课文中相同结构或偏旁的生字比较多，那么用分散识字反而不妥，相同字形的字不停地在文本中分散出现，学生会厌烦，文本的整体性也得不到保证。

如统编一年级下册《小猴子下山》一文中有很多类似的表示动作的生字“掰、扛、扔、摘、捧、抱”等，这些字都和手有关。因此运用集中识字就能让学生找到这些表示动作的汉字的构字规律，并能通过对比理解字义。

在教学中，教师可以先出示小猴子的各种动作，并根据这些动作来猜猜小猴子在干什么。根据学生的猜测，逐个展示生字(见图 1-4)，然后让学生找找这些字都有什么特点。在学生得出这些生字都是和手有关的动作的结论后，请学生模仿这些动作。接下来，打乱生字，通过生字和图片连线再次巩固。最后，请学生说一说有哪些和手有关的表示动作的字。

图 1-4 《小猴子下山》动作

这样的集中识字遵循了汉字特点,可以激发学生自觉识字的兴趣。

总之,识字是开启学生学习知识的一把钥匙,随文识字是一种有效的识字的教学方法 ,能使学生在具体的语言环境和实践中学习和掌握生字、生词,提高学生的识字效率。但是我们也要认识到,任何教学方法都不是完美无缺的,无论是集中识字还是随文识字,都有其优点和不足。教师在进行识字教学中,不能急功近利,也不要指望用哪一种方法就能让学生马上认识、掌握生字,要允许学生之间有差异,帮助他们在今后的学习中不断巩固所学知识。

参考文献

[1] 王敬玲.浅谈小学集中识字与随文识字的教学策略[J].中国校外教育中旬刊,2014(5):59.

[2] 赵璐飞.小学低年级语文识字教学策略初探[J].宁波教育学院学报,2018(1):129-131.

[3] 邹馥阳.小学低年级识字教学策略探究——以“部编本”教材为例[J].学科导刊(下旬),2017(9):115-116.

(作者单位:岱山实验学校)

小学语文低段归类识字教学问题浅析与优化策略

陈海波

人的识字能力是学习能力的基础。识字教学是小学低年级语文教学的重点，也是难点。为了使学生在愉快轻松的气氛中主动地识字，教师要根据儿童年龄、思维特点，有意识地激发他们的识字兴趣，拓宽识字途径，培养识字能力。因此，采用科学的教学策略，提高小学生的识字能力，成为小学语文教师重要的教学任务。本文通过简要分析小学语文识字教学的现状，提出小学语文归类识字教学的有效策略，从而提高小学语文识字教学的质量，提升小学生的语文学习能力。

一、识字教学中存在的问题

1. 教学未依据汉字规律，学生对汉字的内涵不了解

小学语文教材安排了多种形式识字，如在韵文中识字、查字典识字、看图识字、读名言警句识字……目的在于编排丰富的内容，让学生了解汉字的内涵，激发学生的学习兴趣，提高学生的识字能力。然而在识字教学中，有的教师却往往忽略了这一点。

在教学《姓氏歌》(一年级下册)时，学生认读了生字读音后，教师让学生说说自己怎么记这些字的字形。

生：我这样记“姓”字，女字旁加个“学生”的“生”。

生：我记“双”字，两个“又”并排站。

生：“国”字，口字框里加个“玉”。

……

上述识字教学片段反映出部分教师对识记汉字的一种误解：把识字教学看作简单的依葫芦画瓢，仅是简单地想办法记住字音和字形，而对汉字所蕴含的深刻的文化意蕴只字不提。长久下去，学生虽然知道了汉字的字音、字形，却不清楚它丰富的内涵，这对传承优秀的中华文化，培养学生的语文素养将是一种缺失。低段学生主要通过“加一加，减一减”“熟字记生字”等方法识记汉字，但容易造成“小和尚念经——有口无心”的现象，识字效果不佳。

2. 教学形式脱离具体语境，教学方法单一

现行统编教材中提供了看拼音识字、看图识字、归类识字、随课文识字等形式多样的教学方法，但有些教师在教学中仍较多地采用“集中识字”或“离文识字”，使汉字脱离具体语境，学生不了解汉字内涵和用途，只是死记硬背，这就可能造成学生能知其形、读其音，而不能知其义，更无法灵活地运用。新《语文课程标准》的“结合上下文和生活实际了解课文中词句的意思，在阅读中积累词语”的教学要求没有引起部分教师的足够重视。脱离了课文的识字教学显得枯燥、乏味，会大大影响学生识字的效果。

3. 课后练习作业不合理

为了巩固课堂教学内容，教师通常会安排大量的课后练习作业，强制要求学生完成学习任务，以加深印象。这种训练方式不仅加重了小学生的学业负担，而且严重挫伤了小学生学习语文的积极性和主动性，进而导致语文教学的质量不高。另外，在抄写过程中，一些小学生以应付的心态对待练习作业，致使识字教学的实际效果较差。长此以往，学生机械性地识记，孤立而大量地抄写，抱着应付、敷衍的消极心态，则无法达到牢固掌握书写的目标。而低段的识字量非常大，写字有助于学生巩固已经学会的生字，是帮助学生识记字形切实有效的方法，因此，只有提高学生的识字兴趣，使其积极主动地完成书写作业，才能达到教学目的。如果教师没有做到这一点，那么这样的课堂是不健全、不和谐的，教师苦心经营的只是一座“空中楼阁”。

二、当前小学语文识字教学中存在的问题分析

1. 忽视学生入学实际,识字教学要求过高

父母是孩子的第一任教师,家庭是孩子最好的学校。对于小学低年级的学生来说,在他们入学之前,父母就通过各种形式教给孩子认识一些基础的汉字,如"日、月、水、火"等,由于孩子智力发育程度不同,孩子在入学之前掌握的汉字数量也有较大差异。在进入学校后,教师没有及时转变教学观念,仍然以"零基础"看待低年级学生,从最简单的生字教起,但是这些生字中的很大一部分学生已经掌握,白白浪费了教学时间。除此之外,当前小学教学大纲的要求也不尽合理:小学阶段需要认识和掌握3000个生字,而低年级的教学任务是掌握1500个,严重超出了小学生的知识学习和承受能力。欲速则不达,在繁重的教学任务下,小学生可能产生抗拒和反感心理,失去识字学习的兴趣。

2. 识字回生现象严重,识字效率难以提高

识字回生就是指学生对于已经掌握的汉字在一段时间后没有继续学习巩固,逐渐失去对该部分汉字印象的现象。识字回生是导致小学低年级学生识字教学效率不高的重要原因。这一问题主要由以下几方面原因造成:小学阶段的识字量较大,教师为了完成既定的教学计划和教学任务,很难有时间对已经学过的汉字进行巩固训练,通常是以家庭作业的形式让学生自行巩固;字音教学分离,注重识字教学,忽视了汉字拼音教学。汉字本身就是字音的结合体,在学习过程中,如果忽视了拼音教学,学生就会形成短暂记忆,一旦所学汉字数量增多,就容易出现混淆现象。

3. 盲目扩大识字数量,忽视语文素养培养

由于小学语文教学中要求"低年级语文教学以识字为重点",部分教师将其解读为尽可能多地加强学生对生字量的掌握。在这种片面教学观念的影响下,教师就会只注重对生字的记忆教学,如采用课堂听写训练、课后抄写所学生字等方式,巩固对生字的记忆。汉字教学作为小学语文的一部分,识字

教学要结合语文学习的特点。按照上述方法教学，学生虽然能够认识部分生字，但是换个语境、换篇课文，甚至是换一个位置出现，学生都对这些字感到陌生。因此，生字教学脱离语文语境，教学过程单调乏味，是学生识字效率低的主要原因。

三、提升小学语文归类识字效率的有效策略

1. 巧用构字方式，优化识字效果

一年级学生刚刚跨入义务教育最初阶段，他们对事物有较强的认识能力，对规律性的东西能简单归纳，对事物比较敏感，想象力丰富。因此，教师在识字教学中想让学生记住生字、记牢生字、多记生字，就必须针对一年级学生的特点精心设计，积极探索有效的教学方法。

(1)利用形声字的构字方式激发识字兴趣。一年级的识字教学不但要教会学生正确发音，还要教他们记牢字形，为读和说奠定扎实的基础。如果单纯地机械识字，学生会感到比较枯燥，必须结合生字的特点，通过配乐儿歌、讲故事等形式，合理有效地将一类形声字编排在一起，让学生找出这些字在读音和字形上的异同，巧妙地让他们了解形声字的构字方式：读音相同或相近，字形有一个共同部分。从激发兴趣到找出异同的过程，学生记住了汉字，强化了读音，区别了异同。如教师在教学以“青”为原字的形声字“晴、睛、请、情、蜻”时，可以采用生动活泼地讲故事的方式，首先提问：“同学们，黑板上这个“青”字大家认识吗?”他们一定会异口同声地回答“认识”。教师接着说：“那么，我给大家讲一个关于‘青’的故事。有个可爱的小朋友名叫小‘青’，有一天，他待在家里感到很寂寞，想出去找朋友。他找呀找呀，碰到了‘三点水’，他友好地说：‘三点水，咱们做个好朋友，好吗?’‘三点水’乐意地回答道：‘好呀。’于是，他们手拉着手，变成了‘清’(板书：清)，‘清’笑眯眯地说：‘你们知道吗? 我是最干净的，因为“三点水”把东西洗得干干净净’(板书：清洁)。”形象化的故事为学生的学习创设了美好的情境，提高了学习兴趣，使他们牢固地掌握生字新词。然后教师启发学生思考，如果加上日字旁、目字旁、竖心旁、言字

旁、虫字旁，它们会变成什么字，怎么读，并让他们充分发挥想象力，选择“晴、睛、请、情、蜻”中的一个自己最喜欢的字，为它创编一个类似“清”的故事。如此的教学法，充分利用形声字构字方式激发学生的识字兴趣，培养他们区别异同的判断能力、想象能力、表达能力，使他们自然而然地借助偏旁理解字、词意思，并初步了解形声字的构字规律，达到巩固所学生字的目的。

(2)利用象形字的构字方式让学生展开想象。刚入学的学生学习生字一般采用看图识字的方式，而作为教师如果重复使用该方法，就难以激发起孩子们的好奇，更不会产生多少相关的联想。但是教师完全可以借助汉字的象形特点进行分类，帮助学生展开丰富的想象。如“日”“月”都为象形字，学生很容易记忆，教师可以进行启发式追问：像这类汉字的形状和实际物体相似的字还有哪些？他们会脱口而出“口”“目”“木”等。教师可以进一步拓展，比如“龟”(特别是繁体的“龜”)字像一只龟的侧面形状，“马”字就是一匹有马鬣、四条腿的马，“门”(繁体的“門”更像)字就是左右两扇门的形状。接着进一步告诉学生：“太阳是不是很亮呀，月儿也很亮，如果把太阳和月亮放在一起，那就更亮了，这个字就是‘明’，明亮的明。”和日字旁相关的字还有“阳”“晴”“暖”等。这样很容易拓展学生在识字方面的想象空间，使他们在产生记忆联想后找到与这些汉字有关联的其他字，增加识字量。潜移默化中一条识字的记忆链逐步形成，学生的记忆更简单、更牢固。

(3)利用会意字的构字方式建立记忆系统。汉字学习记得又快又好的重要途径就是在学习中善于找到好的方法。对于一年级小学生而言，这种自我寻求学习方法的意识几乎为零。因此，就需要教师有目的地利用汉字的造字法秉承的体系为学生建立一个初步的记忆系统。如在给他们讲解生字“人”时，先用课件展示一个人的图片和“人”字，随即请已经记住该字的学生举手，因为该字笔画简单而且很多学生在幼儿园就认识了，不必耗费过多时间教学。接着展示两个人的图片和“从”字从古至今的演变过程，告诉他们像这样一个人在前面走路，后面的人跟着他做同样的动作，这就叫“跟从”；一个人发出了命令，另一个人只得听他的，这就叫“听从”。这样能帮助学生快速记住并理解生字意思。然后用同样的方法教学三个“人”的“众”，把“人、从、众”放在一起让学生感受中国汉字的独特的构成体系，这样就为他们展现了一个富

有魅力的记忆系统，使其牢牢地记住了生字。之后可启发学生："如果把四个人放到一起会是什么字呢？"激发他们的好奇心。这个"人"的奇妙之处就在于两个"人"是"从"，三个"人"是"众"，四个"人"叠在一起什么也不是。看学生学习兴致高，教师还可进一步引导：大家还见过哪些像"人""从""众"这样造字方法的字？比一比，看谁找得多！一番思考后，学生说出了"日—昌—晶""口—吕—品""火—炎—焱"等。借助会意字的特点识字，有助于学生形成自己的记忆系统，容易把那些有特点的字记牢，而且有效提高了识字量。

2. 利用字带字的图形情境归类法

形声字可根据汉字的特点运用字带字归类法教学生识字，如教一个"青"字，就可以带出"清、晴、请、蜻、情"等与"青"相近的汉字，"清"和水有关，"晴"和太阳有关，"请"和言语有关，"蜻"和虫有关以上的形声字归类法，可供低年级学生在语文识字教学中轻松识字和记忆。归类总结形声字，教师可针对低年级学生设置一定的情境图：春天到了，天空格外晴朗，一只小青蛙在池塘里面玩耍，池塘里面的水清澈透明，这时小蜻蜓也飞来了，小青蛙邀请小蜻蜓来池塘边，并说："人类都说我们是益虫，我们就做好朋友吧。"小蜻蜓想了想说："那我们一定要珍惜我们的友情！"小青蛙欣然接受，它们度过了愉快的一天。教师还可以采用对话方式进行教学：

师：春天到了。这一天，太阳公公露出灿烂的笑脸，小朋友们怎么形容天气？

生：格外晴朗。

师：今天给大家认识的两位新朋友，它们是谁？

生：小青蛙和小蜻蜓。

师：读得真好！谁能用一句话赞美它们呢？

生：小青蛙和小蜻蜓都是劳动小能手！

生：大家都要爱护小青蛙和小蜻蜓，因为它们帮助人类灭害虫。我们要给它们安好家。

师：同学们，听见了吗？小青蛙和小蜻蜓说谢谢大家的夸奖！

通过上面对形声字字带字的情境归类法，让低年级学生很容易地爱上识字，从而培养他们识字的兴趣。教师要抓住小学生喜爱小动物的心理，大胆调动他们的学习积极性。

3. 循环反复识字

儿童读课文碰到熟字，就仿佛黑夜中见到光明，会无比兴奋，我们把这些熟字叫作“兴奋点”。所学课文熟字越多，兴奋点则越多。为增加兴奋点，激发读书兴趣，增加识字量，在不加重学生负担的情况下，我们采取了“循环识字”的方法，取得了较好的效果。在经过定位识字认识完一个循环组的生字之后，再回过头来，从头认识另外课文中没出现的生字。在复习生字的同时，认识另一批生字，以此扩大识字量。例如一年级“看图读拼音识字”部分第 2 课，要求认识“二、四、六、八、九”五个生字，通过定位识字，学生认识了这五个生字后，教师以板书(或其他)的形式再现这首诗，同时在复习的过程中擦去学生已掌握的“一、二、三、四、五、六、七、八、九、十”这些汉字，变成如下形式(以□代表已学汉字)：

□去□□里，

烟村□□家。

亭台□□座，

□□□枝花。

从形式上看，这些字杂乱无章，毫无联系，但若让学生把擦去的汉字在心里读出来，便组成了一首流传千古的诗。学生早已把这首诗作为一个整体储存到头脑里了，脑子里好像装了一本小字典，当学习某个生字时，学生便会根据这个字在诗中的位置，依据字音联想并准确地推断出这个字的读音，达到“无师自通”的教学目的 。

4. 小组合作，在交往中识字

由于所受学前教育水平参差不齐，导致了学生在识字方面的差异。一年级上册要求认识的字有的学生在幼儿园已经学过，差不多都会认了。有的学生几乎是零基础，再加上学习能力的差异，如果要统一地从头学起、从零开始，学生一定不喜欢，这样就会影响教学效果。但我们可以将认识较多字的学生作为识字教学中的有利条件，让他们成为我们的教学资源，聘任其为“小

老师”，培养学生的合作习惯。现在一般都是独生子女，刚入学的儿童大部分不会与他人合作，有的孩子甚至不愿意与他人交往。在识字教学时，我通常先让学生尝试读生字，不会读的除了借助拼音认读以外，还让他们请教小组里的其他同学。在这一环节里，小组成员就可以实现异质互补，会的教不会的，达到互相帮助、共同提高的目的。告诉学生如果你的同伴读得好，请你夸夸他；如果你的同伴需要帮助，请你帮帮他。这样做，既让识字量多的学生更有自信，也会让暂时有困难的学生及时获得帮助。

一堂识字课中，各种识字方法都应贯穿于整堂课中，才能提高集中识字效率。单纯的识字对学生和老师来说都是相当枯燥的。部分学生已经掌握并认识了这些字，部分学生却是没有基础的，这就会出现课堂上认得字的学生浮躁，不会认的学生着急的现象。对此，可以有目的地淡化认字的过程，把全班学生都认识的字从要认的字中略掉，避免浪费时间。然后针对学生一些难认的字进行重点指导。下面介绍几种学习方面。

(1)比较学习法。比如在教学《比尾巴》这一课，“尾、短、猴、扁、杏、桃、苹、颗、堆”这些字重点讲解：用比较法学习“扁、尾”两个字。它们的偏旁类似，但是学生仔细观察还是能够发现它们的不同之处：“尾”这个字是尸字头，“扁”是户字头。学生通过比较找到两个偏旁的区别，然后给这两个字组成词语，这样就能够有效地记住这两个字，认识它们。

(2)联系生活体验法。“桃、杏、苹”这三个字和水果有关系，我们就抓住这一特点，联系学生的生活实际，通过学生回忆这三种水果的色、香、味特点，让他们加深对字的认识，更好地识字。

(3)和旧知联系法。“颗”与以前学过的“棵”无论从发音上，还是字形上都很像，“堆”和“谁”也是同样的道理，学生通过比较这两组词语来分析如何记住这两个字，并通过组词的形式巩固，在此过程中发现两个字的区别和不同的用法。例如“棵”字跟树木有关，所以组的词语可以是“一棵树”；“颗”一般是说纽扣、星星等看上去比较小一些的物体，所以就可以组成“一颗星星”这样的词语；“堆”和“谁”则可以通过换偏旁的方法来记忆。

总之，识字教学作为小学低段语文的教学内容之一，其教学过程应当是活泼有趣的，广大语文教师在进行识字教学时，要避免单一的教学形式，提高小学生在识字过程中的积极性和兴趣，将生字与语境联系起来，不仅要求学生识字，还要使其了解汉字的基本意思，加深记忆。小小汉字，奥妙无穷。教师要充分发挥主导作用，结合学生的思维特点，调动学生的多种感官，使学生积极地参与识字教学，处处从学生主体的实际出发，鼓励学生想象、实践，让他们在学习中获得成功的喜悦。

参考文献

[1] 张海棠.小学语文识字教学的策略思考[J].科技创新导报，2010(34):156.

[2] 陶万蓉.浅谈小学生快乐识字教学[J].中国科教创新导刊，2010(33):189.

（作者单位：岱山四平小学）

小学低段“语文园地”识字教学的统整分析与策略优化

王波儿

《义务教育语文课程标准(2011年版)》在“实施建议”中明确提出,“识字、写字是阅读和写作的基础”,是第一学段的教学重点,也是贯穿整个义务教育阶段的重要教学内容。统编低年级语文教材除了识字单元的集中识字和课文单元的随文识字,在“语文园地”中还专门设置了识字板块——“识字加油站”“我的发现”“字词句运用”等。

曹爱卫老师在《低年级语文这样教》一书中指出:“生字呈现的渠道不同,其所对应承担的学习任务也各不相同。‘语文园地’识字板块为学生提供了更多元的识字路径,帮助学生感受识字的乐趣,发展归类识字的能力,最终指向生活运用。”也就是说,在“语文园地”的识字板块里,绝不是认识几个字那么简单。除了认识新的汉字,我们还需要借助这一板块,帮助学生习得识字方法,积累识字经验,感受识字趣味,联结生活。

一、“语文园地”板块识字教学存在的问题分析

对于“语文园地”板块识字的教学,存在着一些问题:

1. 重视程度不足

“语文园地”里的识字形式多样,梳理“语文园地”里的识字类别,可以清楚地看到编者试图通过这样的识字板块以期更好地提高学生的类别意识和分类思维能力。而在课堂中,教师并没有很好地重视这一板块,有关“语文园

地”的教学资料也少之又少。教师教学时往往把“语文园地”里的板块识字简单地等同于练习题，读一读呈现的字词，记一记注音的生字，说一说识字的方法，忽视了其中隐含的识字教育功能。

2. 不明编排意图

我们对“语文园地”之所以没有引起足够的重视，是因为没有真正理解“语文园地”里的识字内容，没有真正领会“语文园地”板块的编写意图。其实“语文园地”里的识字板块里设计的每一题都是对本单元或已学单元课文中出现的知识点、能力点的集中反馈与练习。而我们在教学实践中往往忽视这种内在的关联，不能把握每一题背后所蕴含的教学目标，使识字教学“无的放矢”。如一年级上册“语文园地一”（见图 1-5）和“语文园地三”（见图 1-6），仔细看后者要写的 4 个字刚好是前面读过的字。而前者的重点在读，比较字形然后正确认读；后者的重点是拼音单元，所以拼读音节是这道题所要求的，而且要重点写好这四个字，同时将这四个字的运用渗透其中。“语文园地”处在不同单元、不同位置就有不同的要求，我们要依据单元要求来设计教学目标及方法，切不可随意为之。

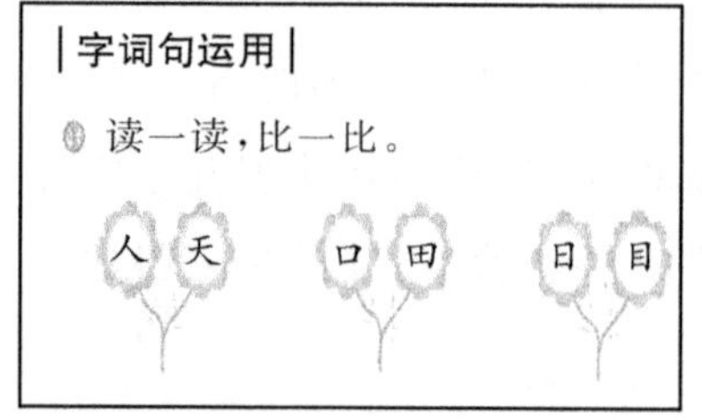

图 1-5 “语文园地一”

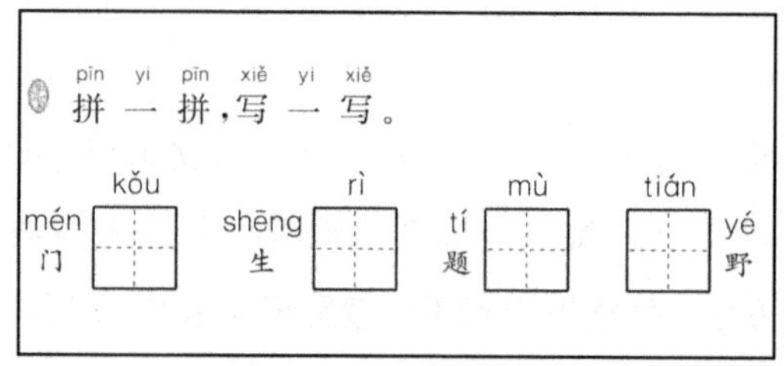

图 1-6 “语文园地三”

3. 教学方式单一

部分教师没有充分考虑与教材的集中识字及课文识字之间的差异，在教学中也就没有明确的方向和路径，一律采用基本不变的流程：“借助拼音自读—指名认读正音—去掉拼音再读—同桌互助指读—集体再读两遍。”不难预测，久而久之，学生的学习期待就会大大地降低，识字热情也将在这枯燥乏味、一成不变的教学流程中消磨殆尽。

这样零碎、简单、甚至目的也不是很明确地利用“语文园地”板块对学生

进行教学,能如编者所愿放飞学生的思维与想象吗?能培养学生对汉字文化的认识和认同吗?能帮助低年级的学生建立汉字知识的系统化和序列化吗?答案显然是否定的。

如何用好“语文园地”板块进行识字教学,培养低年级学生的识字能力,巩固提高识字效果,帮助低段的学生尽早踏上识字快车道是我们亟待探索的问题。

二、“语文园地”板块识字教学的优化策略

1. 建立类别意识,发展思维能力

“语文园地”板块的识字形式多种多样。梳理统编一、二年级上下册语文教材各园地识字板块里的内容,我们可以清楚地看到,统编低年级语文教材非常注重识字的方法,以期培养学生的类别意识和分类思维能力,如表 1-1 所示。

表 1-1 “语文园地”类别分类

	一年级上册	一年级下册
语文园地一	古诗 加一笔、加两笔	与天气有关的词语
语文园地二	课程表	量词 利用相同部件识字(字族识字) 展示台:其他课本上识字
语文园地三	思维导图	查字典(音序查字法)
语文园地四	反义词 展示台:认识名字	身体器官
语文园地五	表示时间的词串 我的发现:偏旁归类识字	字族识字(包字族) 偏旁归类识字
语文园地六	部件组合	与夏天相关的词串 展示台:食品包装上识字
语文园地七	称呼 我的发现:偏旁归类识字	汉字加减部首
语文园地八	场所、职业名称	日常用品词串 偏旁归类识字

（续表）

	一年级上册	一年级下册
语文园地一	野外用品	导览图识字
语文园地二	查字典(部首查字法)	职业名称
语文园地三	业余活动 展示台：课内外积累的词句	与味道相关的词语 根据偏旁识字、偏旁归类识字
语文园地四	火车票识字	与玩具有关的词语
语文园地五	根据字形特点识字	相同偏旁的词串
语文园地六	与车船相关的词语 多音字、字族识字	场所
语文园地七	词串识字 展示台：易错、易混淆的字	与劳动有关的词语
语文园地八	给动物分类	形声字构字规律 偏旁归类

如上表所示，我们不难发现，依托“语文园地”板块引导学生系统梳理识字方法，有助于他们灵活运用多种方法识字，培养其自主识字能力。

(1)思维导图重建构。统编语文一年级上册“语文园地三”中“字词句运用”，第一次向学生呈现了思维导图(见图 1-7)。这在过去的教科书里是找不到的，它是一种学习工具的介绍，更是一种教与学方式的改变。这幅以“车”字为主体的思维导图的出现，意义非凡。识字教学一定要将字置于词中理解，而词语因不同应用场合而有着不同的词性关系。一年级的学生理解不了什么是词性，思维导图却能将这些说不清、道不明的学习思维可视化。

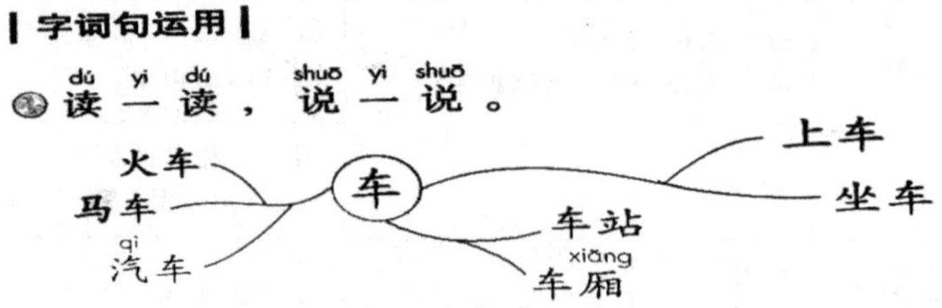

图 1-7　字词句运用

认识“车”是学生头脑中原有的知识，甚至“上车”“坐车”“车站”“车厢”也

是他们头脑中原有的知识，但是多数知识很模糊。用思维导图的形式展现“车”字的不同含义的词组，把无形的思考过程通过有形的思维导图展现出来，实现了知识可视化。这样，学生头脑中的原有知识就与新知识有条理地连接在一起，建构成一张互相联系的知识网络：看到“火车”“马车”“汽车”，学生就能在此基础上想到“电车”“轿车”“货车”；看到“上车”，学生就能想到“下车”；看到“车厢”，学生就会想到“车灯”“车轮”——认知结构数量的扩充，产生知识的“同化”。同时教师引导学生把数量众多的、和“车”相关的词语用不同颜色和分支进行分类——认知结构发生改变，产生知识的“顺应”。借助思维导图，学生对关于“车”字的知识重新建构，使新知识更有效地和旧知识整合在一起。

(2)牵一发而带一串。俗话说得好：“授人以鱼，不如授人以渔。”教师不仅仅是要给学生鱼，更重要的是教给学生捕鱼的方法，让学生用更多的方法更好、更快地记住一些常用字。

①发现构字规律。一个汉字不仅是一幅画，还是一首诗，其特有的构字规律奠定了它独特的艺术魅力。统编教材在编排时针对低年级学生的认知水平和理解能力，更加注重引导学生自主发现汉字构字特点及其规律。例如一年级下册“语文园地五”安排了口字旁、提手旁、足字旁的3组字，都与身体某个部位有关；“语文园地八”安排了反犬旁、鸟字边、虫字旁的3组字，都与动物有关，旁边都有相应提示。教师要善于以此为突破口，鼓励学生在自主探究、发现规律的同时交流自己的学习心得，必要时还可以加上动作、图画来辅助识字。

②强化识字方法。汉字是“因义赋形”创制的表意性语素文字，量多形繁且音义复杂，教师要根据低年级学生的年龄特点和学习心理特点，恰当运用多种识字方法培养学生自主识字的能力。“语文园地”的编排充分地体现了这一点，它让汉字之间架起了一定的结构框架，使学生在学习时可以归类识记。例如一、二年级上下册“语文园地”中共安排了7次按偏旁归类内容，把相同偏旁的汉字归在一起，抓住形旁的表意特点进行识字；反义词归类；按动物、玩具、日常用品等归类；把形状相似或相近的字通过减一笔、加一笔、加两笔来归类；二年级上册“语文园地六”列举了常见的车和船的名称，“语文园地

八”呈现的“海滩”“沙漠”“高原”“悬崖”4组场景中的一些代表性事物，通过图片的展示，并借助生活经验，学生能比较直观地了解生词的含义……学生掌握了这些识字方法就能在自主识字的过程中达到以旧带新、以新促旧的目的。这不仅激发了学生识字的兴趣，也扩大了识字量。

③建立字族概念。“字族文识字”是融汉字规律于诗文中识字的方法。它以汉字的构字规律为主线来编排识字的教学体例，构建了以母体字为起点，字族为序列，以字族文为载体的识字理论结构和教学框架。在一年级下册的“语文园地五”中就安排了“包”字族识字，教师在教学时要准确把握字族识字的类别特质，使汉字构字规律和小学生识字的规律在字族文中充分地联结并展示出来。

在教学中，我们可以这样做：首先从第4课的《猜谜语二》引入，引导学生回顾发现谜底是“青”的过程，复习形声字声旁表音、形旁表意的规律，指出“请、情、晴、清”这4个字都属于“青”字家族；然后请学生自由朗读“语文园地”中的儿歌，思考儿歌中说的是什么字家族，是从哪些地方看出来的；接着结合形声字的特点，学习“包”字族的生字，再次体会形声字声旁表音、形旁表义的特点并联系已经学过的“雹”字也来编一句儿歌添加到儿歌中；最后开展小组学习，分组查阅生字表一，根据形声字的规律给其他学过的汉字编一编字族文。

在进行“字族”识字时，教师要引导学生结合形声字特点，找到规律，并借助规律进行拓展巩固。这样，学生就不仅仅是认识了几个生字，而是建立起字族概念，把一个个互不相干的汉字串成了串。

2. 拓展识字途径，增强生活运用

学生在小学阶段累计要认识常用汉字3000个，其中2500个左右要求会写。而在低年级就要求学生认识常用汉字1600～1800个，其中800～1000个字会写。可见低年级的识字量占总识字量的53%～60%。面对较大的识字量，只把学生识字立足于课堂，锁定在教室，难以完成教学任务。学生即使课堂上会认了，换个语境，部分学生可能依然不认识这些字。所以我们要充分利用好“语文园地”，拓宽学生识字的途径，引导学生关注生活，把生活和书本

上的知识联系起来，鼓励学生在生活中主动识字。

(1)认识同学姓名，激发识字意识。一年级上册“语文园地四”认识同学的名字，可以通过开展“请让我来认识你”的识字活动，让学生认识班级里同学的姓名，先让学生大声说出自己的姓名，然后再读出自己认识的同学的姓名，说一说新认识了哪些字，是怎么记住的。然后抓住机会，让学生轮流帮助大家发作业本，看似无意，实则暗藏匠心，在润物细无声中激发学生潜在的识字意识。

(2)创设生活情境，激发识字兴趣。统编教材“语文园地”识字在编排时强调与生活建立联结：一年级教材13个“语文园地”里的识字板块就有8个体现了语文与生活的联系。例如从其他学科的课本中识字，从食品包装上识字；再如“语文园地四”呈现的是一张普通的火车票，提示语“从火车票上也能认识很多字”，强化了“生活处处皆语文”的理念，引导学生随时随地主动识字。教学时，教师要努力创设学生感兴趣的生活情境，联结识字与生活，让学生真切地感受到语文和生活的关系，对识字产生浓厚的兴趣。

教学时，教师可以通过模拟生活情境，如“我是小小售货员”等系列实践活动，让小售货员给食品贴标签，向顾客介绍食品名称……学生的识字激情会得到最大程度的激发。

通过“语文园地”的识字板块，我们可以拓展学生识字的时空，把“识字链”联结到学生的家庭，把家里的各种常用物品名称制成卡片，分别贴到实物上，让孩子在空余时间对照实物读卡片；认父母、亲戚的姓名、工作单位等；利用逛街、旅游等机会，让孩子认识广告牌上的汉字，认识商店名称……让学生在生活中自由自在地识字。这种细水长流式的识字方式让学生在不知不觉中认识了很多字，也增强了他们的生活能力。

(3)加强活动设计，点燃识字热情。“语文园地”里的识字需根据不同的类别设计不同类型的活动，既要符合低年级学生的学习心理，也要符合这一类别生字的学习特点。在识字教学中，我们可根据汉字的不同特点采用“猜认生字”“组合生字”“叫字排队”“送字回家”“孪生聚会”“玩玩字卡”“眼明手快”“邮差送信”等学生喜闻乐见的游戏方式，帮助学生在不知不觉中识记汉字。

如教学一年级上册“语文园地一”字词句运用，我们可以设计这样几个活动：

①谁是火眼金睛：先出示“人—天”，读一读，比一比；再出示“口—田”“日—目”，读一读，比一比；看看谁是孙悟空，有一双火眼金睛，发现了秘密——学生就会兴致勃勃地争着当孙悟空，用自己的“火眼金睛”去发现汉字中多一笔或少一笔，就会构成不同的汉字，进而发现教材识字表第一单元中类似的形近字，如“二—云”“一—十”“口—日”“人—火”等。

②看谁眼明手快：把“人、天、口、田、日、目”做成生字卡片，学生人手一份。学生按教师语音提示举字卡，谁眼明手快就奖励学分卡。教师不是直接读出汉字读音，而是从笔画角度去引导。如：比“田”少两笔这是什么字？“人”字多两笔，这是什么字？

(4)巧设展示平台，外显识字成果。统编低年级教材“语文园地”中的“展示台”为学生展示学习成果提供了广阔的舞台，可以启发我们开展各种与识字有关的评比展示活动，以学习伙伴的展示为引导，鼓励学生从不同方面展示自己的学习收获，使其不断产生成就感。

例如依托一年级下册“语文园地六”“我在食品包装上认识了很多字”这一个展示台，教师可以这样引导：①出示展示台中的图片，引导学生联系生活，指出哪些是平时吃过或喝过的食品，在同学的相互介绍中自然而然地认识食品包装上的汉字。②提问学生还搜集了哪些食品包装，上面的字是否都认识，并与同桌分享自己搜集的包装，合作认读包装上的汉字，比比谁认识的字多。③模拟生活情境，化身小小售货员，在“你买我卖”活动中巩固汉字学习。④交流还可以从哪些地方去认识汉字，如废旧报纸、广告招牌、课外读物……⑤把通过上述途径认识的汉字剪下来或抄写下来，做成识字剪贴本，定期交流。

教师还可以在墙报上开辟“识字园地”，引导学生用自己喜欢的方式不断展示自主识字的成果，每周设立一次“识字交流时间”，围绕一个专题(水果、蔬菜、动物、文具、玩具、电器等)进行展示……

如果学生经常有机会展示自己课内外识字的成果，能更有效地促使他们有意识地在生活中学习汉字，学习语文，为今后的学习打下坚实的基础。

只要我们能够巧妙利用“语文园地”里的识字板块，正确把握识字教学规律，优化识字教学方法，拓宽识字教学渠道，有效激发学生的识字热情，并能从学生实际出发丰富汉字内涵，必能让汉字教学散发独特的光芒，充满情趣。

参考文献

[1] 中华人民共和国教育部.义务教育语文课程标准(2011 年版)[M].北京:北京师范大学出版社，2012.

[2] 曹爱卫.低年级语文这样教[M].上海:上海教育出版社，2018.

[3] 林冬梅.识字教学，应回归生活本源——关于低年级识字教学的思考[J].考试周刊，2009(10):332.

(作者单位:岱山实验学校)

低年级识字教学的实践与思考

徐淑芬

识字是小学语文第一学段的教学重点,也是贯穿整个义务教育阶段的重要教学内容。在统编教材里,生字主要以三种渠道呈现:识字单元的集中识字,课文单元的随文识字,“语文园地”“识字加油站”“趣味识字”里的板块识字。生字呈现的渠道不同,其所对应承担的学习任务也各不相同。除了识记相应数量的生字外,各识字渠道承担的任务还有集中识字、习得识字方法,以便学生学会迁移运用,形成识字能力,实现自主识字。随文识字为阅读理解服务,帮助学生更好地进入文本,领悟文本内涵;“语文园地”里的板块识字提供了更多元的识字路径,帮助学生感受识字的乐趣,发展归类识字的能力,最终指向生活运用。

因而,统编教材里生字所属渠道不同,教学目标指向就不同,教学的策略也自然各不相同。我们应结合学生的年龄特征、认知规律等充分调动学生的各种感官,尝试多种形式的趣味识字教学,以取得事半功倍的效果。

一、集中识字,习得识字方法

统编教材一年级识字课共 4 个单元 18 篇课文,识字方式呈现多种样态,有蒙学识字、儿歌识字、看图识字、象形识字、韵语识字、归类识字等 9 种,具体如表 1-2 所示。

表 1-2　一年级识字单元的识字方式

单元	课题	识字方式	单元	课题	识字方式
一年级上册识字一	《天地人》	蒙学识字	一年级上册识字二	《画》	古诗识字
	《金木水火土》	儿歌识字		《大小多少》	儿歌识字
	《口耳目》	看图识字		《小书包》	归类识字
	《日月水火》	象形识字		《日月明》	会意识字
	《对韵歌》	韵语识字		《升国旗》	儿歌识字
一年级下册识字一	《春夏秋冬》	归类识字	一年级下册识字二	《动物儿歌》	儿歌识字
	《姓氏歌》	蒙学识字		《古对今》	蒙学识字
	《小青蛙》	儿歌识字		《操场上》	归类识字
	《猜字谜》	字谜识字		《人之初》	蒙学识字

不同的识字方式所采用的方法也是不同的:“蒙学识字”以传统蒙学的反复诵读为基本方法,在学生掌握字形或理解字义困难处通过故事、图片、视频解说等方法加以阐释,注重渗透汉字文化和传统文化;“儿歌识字”主要采用多形式朗读的方法,在朗读中不断复现生字,结合生活或阅读识记,适当联结相关知识,帮助巩固生字,强调对语言音韵美的感受;“看图识字”则重视图文的对应关系,唤醒学生实际生活经验,加强生活运用;“象形识字”关注图画、古文字、现代汉字之间的联系,引导学生在反复诵读中识记汉字,领悟象形字“观物取象,以象示意”的特点,感受汉字背后的文化。识字方式的多样性意味着识字方法的多样性。

识字课文不同的呈现方式体现着教材编写者的意图:识字教学要采用多种方式,引导学生掌握不同的识字方法,帮助学生尽快走上自主独立识记汉字的道路,并在文化认同和精神归属上帮助学生感悟到祖国语言文字的博大精深,提高汉字学习兴趣。

低年级单元集中识字的教学需要教师在教学时尊重教材的编写意图,由易到难,不能随意拔高要求,要注重创设情境,注重迁移运用,鼓励学生在生活和阅读中自主识字。

二、随文识字，帮助理解与积累

生字学习的主要渠道还是在课文学习的过程中。阅读教学时，教师的生字教学是否有趣、有料，很大程度上决定着学生对汉字的热爱程度、自主识字兴趣的浓厚程度。

阅读教学中的识字、识字课中的识字以及“语文园地”里的识字，目的指向是不一样的。识字课和“语文园地”里的识字，重点在于通过教学让学生认识汉字，了解并掌握识字方法；阅读中的识字，除了以上目的，还要引导学生领悟汉字在表情达意上的作用。阅读教学中，教师可采用以下策略：

1. 探究字理

每个汉字都蕴涵着丰富的意义，每个汉字都布满了先人行走的脚印。字理识字就是运用汉字本身造字、构字规律进行识字，使识字形象化。适度考虑从字理来识字，可以化解识字的难点，激发学生识字的兴趣，有时还能达到识一个记一串的效果。在统编教材一年级上册《雪地里的小画家》一课中对“竹”字的教学时，教师先展示一片竹林的图片，继而板书甲骨文“”，与图片中的竹叶做比较，然后出示“竹”字的演变，最后引导学生认识竹子的各个部分及竹子做的器具：竹竿、竹叶、竹笋、竹篮、竹席等。图文结合，使学生不仅认识了“竹”字，还积累了生活中常见的跟“竹”有关的词语。

又如在学习《青蛙写诗》一课的“串”字时，在学生读准字音后，出示“串”的甲骨文，让学生猜一猜古人是看到了什么东西才造出这个字的。然后教师小结，古人是看到了连在一起的东西才创造了这个字，(出示“串”字的演变)慢慢地就变成了今天的“串”字，意思没有发生变化。除了“一串水珠”，还可以说“一串葡萄”“一串项链”“一串鞭炮”等。这个活动引导学生将“串”字转化成头脑中画面的过程，也是了解“串”字本义的过程。教师再引导学生了解“串”字的演变以及文中义，并拓展到生活中以“串”来计数的事物。这样，学生能从音、形、义三方面理解“串”字，并学以致用，在积累词组的同时，也积累了生活经验，学得扎扎实实，兴味盎然。这样的学习不仅积累了识字，而且对

汉字文化进行了有机渗透。

字理识字法是一种基本的识字方法，教师应先帮助学生找到“画面”，再从字源上帮助他们理解生字的本义，最后引导学生联系上下文或生活理解文中义。通过字理解析，一个个生字鲜活地出现在学生的脑海里。教师带领学生更好地走进文本描述的情境，使字词教学和对文段的理解有机地融合在一起。

2. 借助导图

思维导图是一种图文并茂的学习工具，能很好地帮助学生高效地学习。在统编教材一年级上册“语文园地”的学习中就已经出现了利用思维导图识字的形式。千言万语不及一张图，思维导图对开发学生的自主学习能力具有重要作用。思维导图能调动学生的各种感官，运用其辅助识字，可以拓展识字教学的内涵。一幅有趣的导图就是一场视觉的盛筵，对激发学生兴趣、使其掌握生字、积累词语都有积极的作用。

在统编教材一年级上册《青蛙写诗》这一课教生字“诗”时，教师就可以采用思维导图的形式帮助学生识记（见图 1-8）。带“诗”字的词语在学生脑海中本来是零散的状态，在思维导图的引导下，学生逐渐将这些碎片状的词语串成了线，整理成一个词语库，同时在复现中记住了“诗”字。这样的方法既直观又形象，调动了学生的学习积极性，丰富了识字积累的内涵，拓宽了识字积累的渠道，更让学生学会了识字积累的方法。

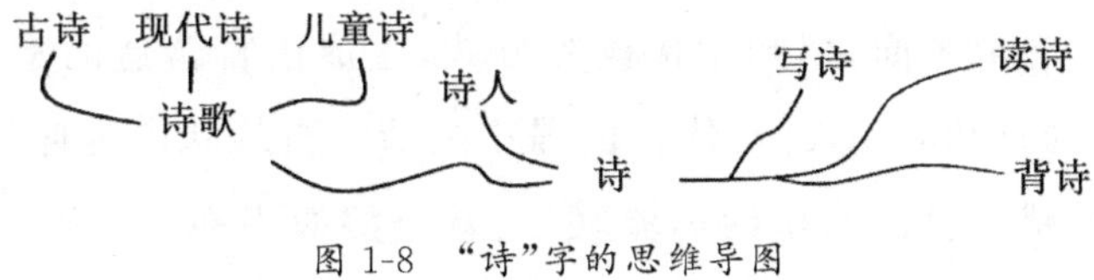

图 1-8 “诗”字的思维导图

在统编教材一年级下册《要下雨了》这一课课后练习中的“读一读，记一记”，要求学生识记课文中需要认读的词语“山坡、阴沉沉、潮湿、有空、连忙、消息、搬家、雷声”8 个词语，习题配以“小白兔回家”的线路图，沿路排列词语。教学中除了随文认读，还可以制作生词卡片在对话朗读的教学中复现词语。最后还可以安排游戏环节，让学生都来“当当小白兔，比一比谁先回家”增加趣味，巩固复习。

3. 联结自我

《义务教育语文课程标准(2011年版)》指出："识字教学要将儿童熟识的语言因素作为主要材料，同时充分利用儿童的生活经验，注重教识字方法，力求学用结合。"教师要注意联系教学与生活经验，使学生能把抽象的字、词和已有的生活经验联系在一起。这样既能帮助学生认识生字、理解词义，又能丰富学生的词语积累，使单调、枯燥的词语变成直观形象的生活画面。

《树和喜鹊》是统编教材一年级下册第三单元中的课文，课文第一部分写树和喜鹊的"孤单"：

从前，这里只有一棵树，树上只有一个鸟窝，鸟窝里只有一只喜鹊。

树很孤单，喜鹊也很孤单。

"孤单"一词是两个生字组成的书面词，学生会认、会读却未必能准确理解，也不一定能很好地走进文字，领悟言语表达的情感。我们可以通过字形分析、讲解感悟等方式，引导学生识记生字并初步理解"孤单"。"孤"，左边的"子"是指幼儿，右边的"瓜"表音，"孤"表示单独无伴的孩子，通常指丧父、丧母或父母俱亡的孩子；"单"指的是独一的。"孤"和"单"组成词语，更强化了孤独无助的寂寞和凄凉。

"一棵树""一个鸟窝""一只喜鹊"，这三个词串组成的画面，铺陈着"形单影只"的无奈，三个"只有"——"只有一棵树""只有一个鸟窝""只有一只喜鹊"，引导学生想象画面，以师生接读等方式，生成语言营造的意象，体会"孤单"带来的无助感和对朋友、对伙伴的渴望之情。再从课内延伸到课外，引导学生把这种情感与自己的生活体验联结：爸爸妈妈不在家，只有自己一个人时的无聊；老师、同学们都出去活动了，因身体原因独自留在教室里的无奈……学生对"孤单"的情感记忆，也就自然而然地从课文中树和喜鹊移情到了自己身上。

如此几进几出，联结整合，学生不但理解了"孤"和"单"的造字原义，还能结合课文语境体悟"孤单"在课文中的情感内涵，并联系自己的生活实际，赋予"孤单"以个人的感情色彩，更为后文的学习奠定了情感和认知的基础。

4. 演示区别

了解表示动作词语的不同含义并学习运用是《小猴子下山》一课的学习重点。在词语教学中，根据学生年龄特点，将抽象的词义化为具体可感的动作。本课学习中，先引导学生圈画出描写小猴子动作的词：“掰、扛、扔、摘、捧、抱、追”；再让学生根据偏旁分类：“掰、扛、扔、摘、捧、抱”是手部动作，“追”是脚部动作；接着学习课后第三题，读一读，演一演，在表演中正确理解词义，然后让学生看着图画选几个词各说一句话，引导学生用这些动词说说在生活中看到的场景。这样可以促使学生动口、动手、动脑，加深对这些词的准确理解。

三、园地识字，发展归类能力

“语文园地”里的识字也呈现了多样的形式。以统编教材一年级为例，上册有 6 个“语文园地”安排了识字，板块名称为“识字加油站”；下册有 7 个“语文园地”安排了识字，板块名称为“趣味识字”，各园地生字呈现形式如表 1-3 所示。

表 1-3　一年级“语文园地”“趣味识字”的识字形式

	所在园地	识字形式
一年级上册『识字加油站』	语文园地一	古诗
	语文园地二	课程表
	语文园地四	反义词
	语文园地五	表示时间的词串
	语文园地七	称呼
	语文园地八	场所、职业名称
一年级下册『趣味识字』	语文园地一	与天气有关的词语
	语文园地二	量词
	语文园地四	身体器官
	语文园地五	字族识字
	语文园地六	与夏天有关的词串
	语文园地七	汉字加减部首
	语文园地八	日常用品词串

比较“语文园地”里的识字类别，可以清楚地看到，统编教材非常强调引导学生在生活中按主题识字，重视识字方法的教授。显然，编者试图通过“语文园地”的生字学习板块更好地发展儿童的类别意识和分类思维能力。厘清

了“语文园地”里的识字有什么，想清楚为什么这么编写后，教学采用的策略也就有了方向和路径。

园地不再是练习题式的操练，而是建立板块学习概念的主场。“语文园地”识字板块的学习绝不是让学生认识几个新字那么简单，还要借助这一板块让学生积累识字经验，习得识字方法，感受识字趣味，联结生活运用等。在学习过程中，教师还要加强活动设计，根据不同类别，设计不同类型的活动，既贴近低年级学生的学习心理，又符合每一个板块生字的学习特点。另外，还要注意联结生活，增强识字的生活运用。在一年级 13 个园地识字中，有 8 个园地是生活识字，把识字与生活进行联结，让学生真切地感受到语文与生活的密切关系。

识字方法有许多，但适合的才是最好的。教师只要在识字教学中明确“教什么”，并能从学生实际出发，有效设计“怎样教”，识字教学定能事半功倍。

参考文献

[1] 曹爱卫.低年级语文这样教[M].上海：上海教育出版社，2018.

[2] 中华人民共和国教育部.义务教育语文课程标准(2011 年版)[M].北京：北京师范大学出版社，2012.

（作者单位：舟山市岱山县高亭镇高亭中心小学）

小学语文低段识字教学问题浅析与优化策略

王　璐

识字是阅读和写作的基础，是提高学生语文素养的基本要求，同时又是低年级语文教学的重点。小学生只有真正掌握常用的汉字，并能够充分掌握汉字的基本含义和延伸含义，真正领略汉字的内涵，才能在今后的语文学习以及日常生活中游刃有余地加以运用，才能真正培养起对语文学习的兴趣，最终开启知识之门、智慧之门。小学低段教学正是培养学生识字能力的最佳时期，教师应抓住这一时机，为提升学生语文素养打下良好的基础。如今，识字教学已受到越来越多教师的关注，但目前的小学语文低段识字教学中还存在着一些值得关注的问题。

一、目前小学语文低段识字教学的现状

目前小学语文低段识字教学的主要困难集中体现在以下两个方面：首先，《义务教育语文课程标准（2011 年版）》明确要求第一学段的识字量要占小学阶段识字总量的一半，而要达到这个要求，低段的识字量至少要达到 1600 个左右，其中要求学生能够正确书写汉字 800 个左右，在这个过程中教师还要培养学生对汉字的热爱，教学任务比较繁重。其次，汉字本身结构复杂、读音多样、内涵丰富，但对于刚刚接触汉字的小学生而言，他们不懂得汉字的构字方法，更不懂联系字形和字义。在学生没有任何汉字积累的情况下要识记这么多汉字，教学难度较大。

二、小学语文低段识字教学存在的主要问题

1. 字理识字，逢字必析

字理识字教学是依据汉字的造字规律，运用汉字形、音、义的关系进行识字教学，它可以激发学生的识字兴趣，培养学生的识字能力，切实提高识字教学的质量。因此，字理识字教学颇受语文教师的青睐。然而，课堂上教师花费大量的时间讲析字理，演示汉字的演变过程，使得识字教学变成“说文解字”，学生完全体验不到识字的乐趣，这就违背了“字理识字”的教学初衷。

【案例】 一位教师在执教统编一年级上册《青蛙写诗》一课时，教学生字“雨”的片段：

（课件出示“雨”字，生读）

师：同学们刚才读得既正确又响亮，看，这就是汉字“雨”的演变过程。（课件出示“雨”字的演变过程，如图 1-9 所示）

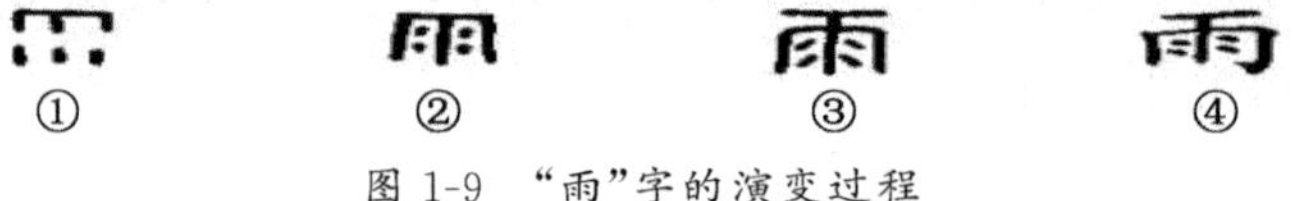

图 1-9 “雨”字的演变过程

师：第一个就是甲骨文“雨”，上面的部分就像云彩，下面的三个小点就是雨滴。为了书写方便，汉字“雨”经过了一系列的演变，最终变成了我们今天学的“雨”字。

本案例中，雨其实是一种常见事物，学生并不陌生，课前学生基本已经认识，“雨”这个生字刚好又是本堂课学生需要学会书写的生字，所以本节课的教学重点应该在于学生能将“雨”字书写美观，重点指导四点的走向、疏密如何安排等。教师完全没有必要花大量的时间和精力采取字理识字的方法教学生“雨”字的字理，这种舍本逐末的教学行为只是为了字理而字理。因此，在有限的课堂教学时间里，如何以尽可能少的时间和精力取得尽可能好的教学效果，是教师在运用字理进行识字教学时应重点关注的问题。

2. 识字教学,"学""用"分离

【案例】 一位教师在执教统编教材二年级下册《传统节日》一课时,教学生字"饼"的片段:

师:同学们,你们是怎样欢度中秋节的呢?

生:我们一家人团聚在一起赏月、吃月饼。

师:好一幅其乐融融的景象,"饼"字也是我们今天要学的生字,能说说你是怎么记住它的吗?

生:我用加一加的方法记住它。食字旁加"并"字就是"饼"。

师:月饼能吃,所以"饼"是食字旁,同学们,你们记住了吗?今后可不要写错了。你能给"饼"找个朋友吗?

生:饼干。

生:把柄。

师:"把柄"能吃吗?错啦!

这位学生为什么会在用"饼"组词时出错呢?关键是他没有真正理解"饼"这个字的意思。很多教师在教学生字时,只注重分析字形,长此以往,学生对一些读音相近的字不能正确分辨,书写时便会别字连篇。

3. 识字教学,枯燥单一

【案例】 一位老师在执教统编教材一年级下册《吃水不忘挖井人》时的片段:

(课件呈现"忘、井、村、叫、毛、主、席"七个生字)

师:同学们,这些是我们本堂课要学习的生字,你是怎么记住它们的?

生:我用加一加的方法记住"忘","亡"加上"心"就是"忘"。

生:我也用加一加的方法记住"村","木"加上"寸"就是"村"。

生:我用减一减的方法记住"主","住"减去单人旁就是毛主席的"主"。

……

师:同学们真棒,会用加一加、减一减、换一换等方法记住这些生字。

一节课下来,学生学得无精打采。

可见,这位教师平时经常使用加一加、减一减、换一换等方法教学生字。

像这些生字学习方法本身不错，但所有汉字都采用这种方法教学，容易使学生形成“小和尚念经”的现象，特别是对低年级学生而言，对汉字的反应是以直观反应为主，学生尽管能说出这个生字是由哪部分组成，或者这个生字是哪个生字减去哪个生字所得，但容易遗忘。

同样，在一堂课的生字巩固环节，很多教师都会手拿本堂课所学生字卡片，通过学生开小火车朗读的方式，让学生对本堂课所学生字进行巩固朗读。教师安排巩固生字的环节时，忽视了学生在课堂即将接近尾声的时候，已经很疲惫了，特别是注意力不能集中的学生，已经开始做小动作。此时再安排简单的小火车朗读生字，就会出现有些学生在没轮到自己朗读时采取“事不关己”的态度，自己做自己的事；甚至轮到自己读生字了都没有反应。究其原因是简单的开小火车朗读生字的环节对学生缺乏吸引力，缺乏趣味性。

以上识字教学方法枯燥单一，学生学得没劲、心不在焉，长此以往，学生学习汉字的兴趣将被扼杀，在学习的过程中各方面的能力也无法提高。

三、小学语文低段识字教学优化策略

1. 字理识字，依字而定

【案例】 另一位教师在教学统编教材一年级上册《青蛙写诗》一课中生字“雨”的教学片段：

（课件出示“雨”字，生读）

师：谁能给“雨”找找朋友？

生：下雨，雨点儿，刮风下雨。

师：这位同学真厉害，一下子就给“雨”找了三位好朋友。就像这位同学说的，“雨”还和“风”是一对形影不离的好朋友呢！（教师在黑板上画“风”）

师：那么下雨时雨滴是怎样落下来的呢？是这样吗？（教师在黑板上画垂直的雨点）

生：不对。

师：那雨滴是怎样落下来的呢？

生：雨点儿应该是斜斜的，因为风把雨点儿吹斜了。

师：你真是个有想法的孩子，说得没错，所以我们写“雨”这个生字的时候，千万别忘了里面的四点是斜着洒下来的(师边说边板书生字“雨”)。

这位教师在教学生字“雨”时就抓住了教学重难点，没有花过多的时间字理识记学生已经熟悉的“雨”，没有为了字理而字理，而是将教学的重点放在了“雨”字四点的走向和书写上，在课堂有限的时间里抓住重点，提高了学生识字的效率。

2. 联系生活，自主识字

【案例】 同样是教学统编教材二年级下册《传统节日》一课，另一位教师这样教学生字“饼”：

(出示生字卡片“饼”)

师：“同学们，你们有什么好方法记住它吗?”

生：我用加一加的方法记住它。食字旁加“并”字就是“饼”。

生：我用换一换的方法记住它。“拼命”的“拼”提手旁换成食字旁就是“饼”。(教师在黑板上板书食字旁)

师：这是我们今天要新学的新偏旁，想知道它是由哪个字变来的吗?(师板书“食”字)为什么饼是食字旁呢?想一想你还在什么地方见过“饼”字?

生：我家门口有个早餐店，店的门上写着“烧饼”，我可喜欢吃那儿的烧饼了!

生：我在超市里见到过“饼干”。“旺旺雪饼”上也有“饼”字。

生：老师，我知道为什么“饼”是食字旁了，“饼”一般表示的是一种吃的东西，所以它是食字旁!

这位教师在教学“饼”时，联系生活实际，调动学生已有的经验，既强化了识字效果，又拓宽了识字途径。学生在理解的基础上，对生字的字形、字义记忆更深刻，书写时错误也会大大减少。

在教学中，类似的联系生活、自主识字、提高学生识字能力的方法还有很多。

(1)“姓名识字大王”评选活动。统编教材一年级上册“语文园地四”展示台中就设计了从同学的名字中学习汉字的活动让每位学生制作了自己的名片,放在桌面上,先同桌认读评比,优胜者在四人小组内认读评比,四人小组的优胜者在大组内认读评比,以此类推,最终评选出班级“姓名识字大王”。学生积极地参与游戏,主动认读同学的姓名,不认识的字及时请教别人,不仅展示了自己借助姓名认识生字的成果,也激发了在生活中自主识字的兴趣。

教学这部分内容后,教师还将发作业本的任务轮流交给学生,让每个学生都参与到名字认读的巩固中来,从作业本下发的正确率来检验教学效果。

(2)“识字小能手”评选活动。统编一年级上册“语文园地六”和一年级下册“语文园地六”展示台中,分别设计了从街道两边的招牌上和食品包装袋上认识汉字的活动。在这两次识字教学中,教师引导学生收集生活中各类商标、广告、食品包装袋,如“达能”饼干、“光明”牛奶、“巧手”洗衣粉等,并指导他们将生活中认识的汉字记录在“展示板”中,再配上简单的图画。课堂上,同学们互相考一考,比一比谁是“识字小能手”,学生们乐此不疲,学习热情高涨。学生上交的作业还可以装订成册,制作成一本生动形象、图文并茂的“识字读本”挂在教室里,让他们反复欣赏、认读。学生制作的“展示板”如图 1-10、图 1-11 所示。

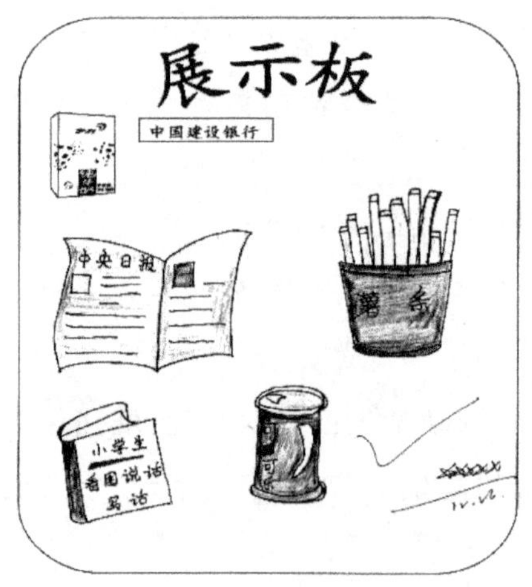

图 1-10　展示板 1

图 1-11　展示板 2

在识字教学中，若能联系生活，将枯燥、单调的识字学习活动变成学生喜欢的、有趣的识字游戏，就能在玩一玩、做一做、猜一猜、读一读的活动中激发学生的识字兴趣，真正做到变“要我学”为“我要学”。

3. 在游戏中识字，激发识字兴趣

《义务教育语文课程标准(2011 年版)》在第一学段识字学习目标和实施建议中明确提出，“要运用多种识字教学方法和形象直观的教学手段，创设丰富多彩的教学情境，提高识字教学的效率”。游戏是儿童喜爱的活动，教育学家卡罗琳说：“孩子们的工作就是游戏，在游戏中激发他们的思维，是他们最愿意接受的。”如果教师将枯燥无味的识字教学渗透在游戏中，让学生在玩乐中不知不觉地学习知识，这样既能激发学生的识字兴趣，又能提高他们的识字能力。具体做法如下：

(1)“顺口溜”识字游戏。这种识字方法不需要教师花费大量时间制作游戏道具，又方便又好记，以其幽默风趣、朗朗上口的特殊魅力深受小学生喜爱。如在教学统编教材一年级教材中“美、告、回、匹”等生字时，利用字形上的特点，编“顺口溜”，学生很容易记牢。“美：羊字没尾巴，大字在底下”“告：一口咬掉牛尾巴”“回：四四方方两座城，小城藏在大城中”“匹：三面有墙一面空，有个幼儿在当中”。顺口溜识字法能满足儿童的好奇心，激起他们识记生字的浓厚兴趣。

顺口溜的编写还可以让学生在教师的指导和启发下通过仔细观察，自主编写。学生自己编写的识字顺口溜更容易被接受。例如有一次在教学形近字“闪、问、间”时，有的学生就通过观察编了“一人门里坐(闪)，门内一张嘴(问)，隔门有耳朵(闻)，门里有个日(间)”的顺口溜，学生在有趣的顺口溜里不仅记住了生字，还培养了口头表达能力和创新思维。

(2)“图字连线”游戏。根据汉字的构字规律，一些象形、指事、会意类的字可以运用形象的图画帮助学生建立起汉字符号与事物之间的联系，把字的音、形、义有机地联系起来。这样既激发了学生识字的兴趣，又培养了他们观察、认识事物的能力。

在教学统编教材一年级上册《口耳目》一课时，教师采用图字连线的小游戏，图文结合，理解字义，识记字形。教师先出示“手、足、口、耳、目”的图片，让学生将图片与生字连线，进而发现汉字字形和身体部位的关系，以识记字形，理解字义。

又如统编教材一年级下册《动物儿歌》一课，教师采用图词连线的小游戏教学词语“蜻蜓、蚂蚁、蜘蛛、蝴蝶、蚯蚓、蝌蚪”，生动可爱的图片帮助学生理解了这些生字都是虫字旁，都和昆虫有关，并且它们都是形声字，左形右声。

(3)“你指我猜”游戏。例如在教学统编教材一年级下册“语文园地四”中的“识字加油站”时，学生要认识一组与身体部位有关的生字。在教学时，教师组织了“你指我猜”的识字游戏，一个学生面向全体同学，教师出示一张生字卡片，全班同学看到生字后不能出声，只能指出自己相应的身体部位，前面的同学根据大家的动作猜一猜教师出示的是哪个生字。通过你指我猜的游戏，学生发现“脖、臂、肚、腿、脚”都是身体部位，都有“月字旁”。

(4)编儿歌。朗朗上口的儿歌能快速激发学生的兴趣，使学生更快地融入识字学习环境中去。如在教学统编教材一年级下册《姓氏歌》时，教师就可以采用这种编儿歌的方法，通过学生已经熟悉的生字来认识姓氏，创编儿歌。“你姓什么？我姓李。什么李？木子李。他姓什么？他姓徐。什么徐？双人徐”，教师通过儿歌的创编教会学生可以通过分解部件、称说偏旁、姓氏组词等方法介绍自己的姓氏，并学以致用。创设“交朋友”的情景，让学生动起来，边拍手边用上适当的方法介绍自己的姓氏，习得和巩固介绍姓氏的方法。这样就使课堂学习气氛轻松，大大提高了教学效率。

(5)“趣味小火车”识字游戏。在生字巩固环节，只要稍加改变，就会让运用趣味小火车游戏巩固朗读生字焕发生机。

①大小声读。在学生轮流读生字的前提下，第一个学生念大声，第二个学生念小声，第三个学生念大声，第四个学生念小声，以此类推。仅仅简单的声音变化，在课堂教学实践中，就可以使学生读生字时注意力更集中，大大提高课堂识字的效率。

②挖地雷。在学生轮流读生字前，教师先设定一个生字为“地雷”，为了让学生加深对该生字的印象，可以先让全班齐读两遍“地雷”这一生词。教师将“地雷”卡片放入本堂课需要巩固认读的生字、生词卡片中，并打乱顺序，以

小火车的形式学生一个一个认读生字，当读到这个“地雷”生词时，该学生不能出声，否则地雷爆炸。就是如此简单的小小改变，大大增加了识字学习的趣味性，提高了识字巩固环节的课堂效率。

③少了谁。操作方法也很简单，例如统编教材一年级上册《日月水火》一课中，需要认读的生字有“日、月、水、火、山、石、田、禾”。教师把这些生字卡片贴在白板上，全班学生齐读两遍后闭上眼睛，教师快速抽掉一个生字，让学生观察并说出少了哪个生字，然后再亮出这个字，让学生齐读三遍。

低段识字教学中，教师设计各种各样的识字活动，变枯燥、单调的识字学习为学生喜欢的、有趣的游戏，在玩一玩、做一做、猜一猜、读一读的活动中激发学生的识字兴趣。变“要我学”为“我要学”。虽然低段识字教学中还存在很多问题，以上识字方法对识字教学而言也只是冰山一角，但教师可根据教学内容以及自己的课堂教学实践，充分发挥自己的创造力，创造更多有趣的情境和有意思且操作简单的识字活动，调动低段学生的识字积极性，为学生打下扎实的识字基础。

参考文献

[1] 张敏华.循规溯源，科学艺术地教好汉字[J].小学语文，2018(1)：15-20.

[2] 李莉，王红艳.寻规律，研策略，促能力[J].小学语文，2018(1)：21-25.

（作者单位：舟山市岱山县衢山镇敬业小学）

小学低段识字教学传统“八法”分析与巧用

赵红瑛

识字教学是小学语文教学的重要组成部分，它关系到小学生的听、说、读、写能力的发展。小学低年级学生识字量很大，学生学得快，忘得也快，变换语境后不能灵活认读，这在很大程度上给学生带来了极大的学习压力。一直以来，在传统的识字教学中，教师采用的都是集中识字，让学生单调地读，重复地写，机械的识字过程使学习显得枯燥，学生对词语的理解也不够透彻。这不仅增加了学生的课业负担，还造成学生字词运用能力较弱。因此我们应根据课程改革精神，集百家之长，巧妙运用传统“八法”，激发学生的学习兴趣，让学生愿学、会学，使他们在轻松的气氛中愉快地识字，彻底改变单调乏味的识字教学现状。

一、巧用转换角色法

传统的识字教学往往采取教师教、学生学的方式。教师先出示某个字，直接告诉学生这个字哪方面容易出错，应该注意些什么，这样学生就处于被动接受的状态，对生字记忆不够深刻，即使当时记住了，也很容易遗忘。

21世纪的语文教学注重知识的学习，更注重语文能力的培养和学生个性的发展。因此，在教学中我们应当创造一定条件，让学生自主参与，体现教学上的主体性。

1. 在“小老师”的角色体验中识字

在教学中，先教学生正确的学法，然后尝试让学生自己做小老师，让他们

自己想、自己说。如教学一年级下册“识字1”时，其中有一个环节是：好主意一起分享，争做“小老师”。先让学生读课文，从音、形、义方面去思考。学生觉得自己掌握得不错了，就以小老师的身份向大家介绍自己学习某个生字词的方法和过程。一位学生学习“故宫”一词的片段如下：

小老师：我学习的词语是“故宫”。“故”是左右结构，是“故乡”的“故”。我的故乡在常德。“宫”字像“官”，不过“官”的两个口连起来了。我到故宫去参观过，那儿是皇帝住的地方。

老师：你说得好极了！故宫是清朝皇帝住的地方。我想请你带大家读一读，学习一下好吗？

小老师：好。故宫，故宫。火车开得快。

学生：“呜呜呜呜”我来开（指组，开火车读）。

小老师：谁来用“故宫”造句？

学生甲：故宫在北京。

学生乙：故宫里面住过很多皇帝。

……

老师：你是一位很棒的老师。现在请你到电脑面前把故宫的资料放给大家看吧。

（小老师上台点击故宫的链接，放映有关故宫的解说和图片）

在教学中，学生在“小老师”的角色转变中，很好地起到了“培优扶差，带动其他”的作用，这也是因材施教的体现，使每个学生的识字能力得到不同程度的提高。

2. 在“伙伴”的角色互助中识字

在识字教学中还要注重学生的分组活动。分组可以采用同桌两人为一组，或前后四人为一组，或自己找合适的朋友为一组等。在这个过程中，每个学生既是老师又是学生，既是提问者又是答疑者，更是互相学习的好伙伴。

如在教“反义词”这一课时，采用了前后四个学生为一组进行合作学习，鼓励学生读准生字词的音后，自己用多种方法去理解生字词的意思。学生经过15分钟左右的学习后，教师让一些学习小组上讲台汇报自己组内的学习情况：

老师：哪一组同学来说一说“黑对白”这组反义词？

（小组齐读）

组员甲：“黑对白”的意思就是，比如我的衣服是黑色的，同桌的衣服是白色的。我们俩的颜色相反（当时他们俩的衣服正好是黑色和白色）。

组员乙：书上的字是黑色的，纸是白色的。

组员丙：我们的头发是黑色的，脸是白色的，眼珠是黑色的，眼白是白色的。

组员丁：黑板是黑色的，墙壁是白色的。

显然，学生在“伙伴”的互助中学习，他们的识字和思维能力得到了充分的发展，体现了新课标中提出的“语文要放在生活实际中去学”的宗旨。

学生在不断的角色转换中，相互启发，在无拘无束的活动中碰撞出智慧的火花，这不仅巩固了识字，发展了语言能力，也培养了学生的分享习惯。

二、巧用创设情境法

新课程标准指出：识字教学要充分利用多种形象的教学手段，为儿童创设丰富多彩的教学情境。课堂上，要经常采用一些学生乐于接受的方式创设识字情景来激发学生识字的兴趣，有效地提高识字效率。具体做法如下：

1. 制作形象的生字卡片引起学生兴趣

在传统教学用具中，呈现在学生面前的都是单一的白底黑字的生字卡片，一节课下来会让学生造成视觉疲劳，记忆困乏。因此，教师可以把生字卡制成各种蔬菜、水果、树叶、小船、玩具等形状摆在“汉字超市”中，用“逛超市，买商品”的游戏吸引学生，通过将自己会认、会写的词语买回家的游戏方式，使学生学会词语，记忆字形。

2. 利用同族字的特点设计字盘

在汉字的王国里，有很多字的音、形都很相像，字义却相差甚远，因此，教师可以利用同族字的特点设计字盘。例如教学形声字时，教师可以用“五胞

胎对对碰”为课程导语，使课堂气氛活跃起来，并抓住这一契机，引导学生识记“请、清、晴、蜻、睛”五个字：说出这五个字相同与不同的地方，请四个同学用卡片演示五个偏旁部首和一个“青”字，进行组字游戏。运用形式新颖的课堂训练，使学生产生具体生动的体验，充分认识生字字形，促使学生记忆定型，增强记忆深度，将生字记得又快又牢。

3. 设置场景设计教学环节

汉字随处可见，新课标倡导学生在生活中学习语文，教师应当在日常教学中引导学生在语境中识字，把识字从课内引向课外，创设真实的生活场景，让学生身临其境地识字。如教学人教版一年级上册《自选商场》一课时，教师就可以设计一个商场购物活动，将愉快的购物过程分成五个环节，让学生识字。认识商品：自读生字；买商品：认识商品名称；给物品贴上标签：将生字贴到正确的商品上；走商场迷宫：打乱顺序识字；赠送商品：认读生字，再组词造句。

识字教学要从儿童的生活实际出发，从儿童的兴趣出发，创设情景，让儿童尽快从“我”的世界跨入更广阔的外部世界，扩展想象和思维的空间，使学生乐于识字，善于识字。

三、巧用直观演示法

根据低年级学生更喜欢直观和色彩鲜明的事物的特点，在教学时可以指导学生看图，使用投影、实物、多媒体、粉笔色彩等来启发学生，使汉字和事物联系起来，吸引学生注意力，把枯燥无味的识记变为形象的识记，从而达到记得快、记得牢的效果。

1. 实物呈现快速记忆

适时直观的物体演示会给学生留下鲜明生动的印象。仍以《自选商场》一课为例，教学“笔”字时，教师可以出示了一支毛笔，让他们观察毛笔是用什么做的。学生很快观察出毛笔的笔杆是竹子做的，下面写字的部分是用毛做的。根据学生的回答，教师可继续引导学生认识“笔”字的构成。

2. 图字结合形象记忆

图字结合在不改变字形的基础上，将汉字的部分笔画变成一幅有趣的图画，汉字和图画相结合，汉字的整体框架没有改变。学生看到图认识，看见字也认识。如教“鸟”字时，学生比较容易写漏一点，教师可出示一幅“鸟”的画，让学生观察鸟的样子与“鸟”的板书。学生说“鸟”上的一撇好像小鸟头上的头发，一点是鸟的眼睛。根据学生的说法，教师用红彩笔突出这一点，补充说：“如果‘鸟’没了眼睛好看吗?”“不好看!”由学生自己根据画来说出字形，就可以牢牢记住“鸟”字，不会漏写一点了。借助字图，学生运用右脑形象记忆，就大大加强了对生字的识记。

3. 多种色彩强化记忆

课堂上教师可以使用不同颜色的粉笔突出汉字的不同点，通过鲜明的对比吸引学生的注意力。如教学汉字“跳、桃”时，教师将两个字的偏旁“足、木”用不同颜色的粉笔书写，可以强化学生对汉字“跳、桃”的记忆。

直观的形象让学生“眼见为实”。学生通过对实物的认识，识记生字，进而发散思维，培养逆向思维能力。

四、巧用游戏法

教育学家卡罗琳说：“孩子们的工作就是游戏，在游戏中激发他们的思维，是他们最愿意接受的。”低年级学生由于年纪小，活泼好动，自制能力较差，注意力难以集中，而识字的“机械化”枯燥无味，很容易引起学生的厌烦情绪，从而使学习变成一种负担。在识字课上，教师可以设计各种各样的游戏方法，如打牌游戏、“抓特务”、开火车等游戏环节，充分调动学生的识字兴趣。

1. 打牌识字游戏法

这种游戏就是让学生在课下制作类似扑克牌的生字卡片，在学习生字前、中或后与同桌互玩打牌游戏，边出牌，边读字音，再组词(组词越多越好)，也可以根据情况自己编排，说音序，说部首等活动。谁先把手中的汉字牌打完，谁获胜。如在一年级上学期“识字 1”教学中，教师让学生在课堂中玩打牌游戏。为了取胜,学生会积极认字,有不会读的和不会组词的会主动想办法解决。这种游戏识字方法不但在课堂上对学习的生字起到了很好的课前预习和课中对学生的学习情况进行检查的作用,还培养了学生的自学能力和动脑筋解决问题的能力。

2.“抓特务”识字法

学生自学完生字后,每小组中抽一名学生到其他小组“抓特务”。逐个检查字音、组词情况,不会的学生就是“特务”,要求小组长马上帮助这名同学学习生字,解救这名“特务”。这样一来,人人都不想当“特务”,识字效率明显提高,即使是有困难的同学,在小组长的帮助下也能很快认识生字,在游戏中还可以培养学生的合作意识。

3. 开火车识字法

这是一种有着“悠久历史”的游戏方法。用掌声和学生进行形式多样的互动,有单轨火车、双轨火车,还有环城火车、翻山火车等。教师出示生字卡片,让学生按顺序读字、组词或分析字形、造句,其他同学轻声发出火车“咔嚓、咔嚓”声。如果有人说错了或不会读,火车就停下来,由说错的同学指名其他同学帮助他,“修理”好后继续开火车。如在一年级下册“识字 2”教学中,学生学完生字以后,以开火车的方式读字音、造句,加强生字在生活中的运用,为进一步学习口语交际和习作打下基础。教学实践证明,开火车游戏法在学生对生字的学习巩固和调动学生积极性方面都有重要作用。

用游戏法识字,使课堂成为学生学习的乐园,让识字不再枯燥。在游戏中鼓励学生自己创造,充分激发他们的好奇心,发挥他们的想象力和创造力,达到寓教于乐的效果。

五、巧用字谜法

低年级学生活泼、好动,一些较复杂的字靠单纯的结构分析让他们死记硬背是很难接受的。为了激发学生的识字兴趣,降低识字难度,教师可以根据字形特点自编字谜让学生猜。学生猜谜的过程实际上是识记字形的过程,不同于机械识记，这是在积极的思维活动中记忆，印象更深刻。

在识字教学中，教师根据字的形状或意义编成字谜，让学生去猜、去读，调动他们的积极性，提高识字兴趣。例如教“风”字时，谜面编成“树儿见它把头摇，苗儿见它就弯腰，云儿见它快快跑”，学生猜对后，兴趣也被激发出来，教师再出示生字“雨”让学生自己编字谜。这样，学生的思维得以发展，在之前字谜的启发下，很快就能编出字谜。如学习“治”字时，有位学生的字谜是：有两位医生和一位病人，病人躺在手术台上，医生给病人动手术，就是治。如学习“思”字时，学生的字谜是：一个好心人站在田边。

猜字谜、编字谜，就是一次识记生字的过程，学生在参与中不知不觉地就掌握了这些生字。

六、巧用比赛法

小学生好胜心强，所以在识字时穿插一些比赛，能提高教学效果。如“爬山坡抢旗子”的游戏，分小组进行，按顺序拼读音节或认生字，哪个学生读错了音或者认错生字，那么这一组爬山坡就要停下来，改正后才能继续爬山坡，最先到达山坡夺到旗子的小组就是胜利者。比赛的形式还有“小鱼争上游比赛”“气球往上漂比赛”等，这些比赛既能激起学生的学习兴趣，又能培养学生的口头表达能力。

开展练一练、说一说、动一动等丰富多彩的比赛活动能激发起学生极大的参与热情，学生在边学边读、边练边写中提高了识字技能。比赛为学生搭建了锻炼和展示自我的舞台，不仅锻炼了他们的识字能力，也培养了他们奋发向上的竞争意识。

七、巧用“画”字法

简笔画简洁、生动且内蕴丰富，给人以极大的想象空间。低年级学生对图画的兴趣浓于文字，在生字字形教学中，教师要不失时机地让学生发挥自己的想象，给生字配上“画”。如在教“雨”这一个生字时，教师就可以根据学生对这一个字的理解，在黑板上把这个字生动地画出来。“雨”字上的一横代表雷电，一竖和横折钩代表一间房子，里面的一竖是闪电，直穿房子，把房子都打了一个孔，那么房子漏水了，那里面的四点就是漏进来的雨水。学生的想象力丰富，把他们的话转变成生动的图画，可以收到很好的认字效果。给字配“画”将图画与文巧妙地联系起来，丰富了学生的想象，使学生生动地识字，有效地提高学习效率。

八、巧用表演法

兴趣是人们工作和学习的内驱力，兴趣能引起大脑的兴奋，进而产生观察、思维、记忆等活动，能有效地帮助低年级儿童解决识字难、记忆难的问题。在教学中，我们适时创造机会，让学生自己动手操作、表演，变被动地接受为主动地探索、主动地求知，让他们在愉快的气氛中获得知识，发展智力，培养能力，享受成功的乐趣。

好动是孩子的天性，教学中教师可以让学生扮演动物，寓教于乐。如在讲《小猴子下山》这个故事时，“掰、扛、扔、摘、捧、抱”等词都是小猴子的动作，在讲故事时把预先准备好的物品发给他们，让他们分别表演“掰玉米”“扛玉米”“摘桃子”“抱西瓜”等动作。由此，学生学会了准确运用这些词语，并懂得了带有提手旁的字大多与手有关。这样就把识字与动手、动口的角色表演紧密结合起来，既调动了学生的学习兴趣，提高了识字效率，也培养了学生的表演能力和思维能力。

在教学表示动作的词语时，也可以组织学生扮演各种动物来识字。如学习“看”字，可以让学生扮演《西游记》中的齐天大圣，把手放在眼睛（目）上，像孙悟空一样眺望远方；学习“跳”字，让学生扮演兔子，先想一想跳的动作，然后再做一下，这样学生就会明白“跳”是用足跑，所以带有足字旁。这样学生不但记清了字形，而且理解了字义，学起来不费力气，一举两得。

表演法识字是学生的最爱，教师经常采用这样的方法识字，不仅能提高学生的识字兴趣，同时也能提高学生的理解分析能力、创新能力，何乐而不为呢？

总之，“教无定法，但有良法”。教师要充分发挥主导作用，从学生的生活实际出发，从学生的兴趣出发，创造多种适合学生的识字方法，使学生在喜闻乐见的形式中识字，激发识字积极性。积极改变学生“苦学”“厌学”的现象，使学生在轻松愉快的气氛中掌握和巩固知识，在学习中体会乐趣，从而达到“我要学”“我爱学”的境界，教师也乐得轻松、自在。相信通过努力，识字教学一定会开出绚丽花朵，结出累累硕果。

参考文献

[1] 宋朋军.如何提高小学低年级识字教学的效率[J].教育教学论坛，2010(31):227.

[2] 张柏涛.浅谈小学低年级学生语文学习兴趣的培养[J].科技创新导报，2011(2):150.

[3] 姜建超.激发兴趣大量识字——浅谈小学低年级语文识字教学[J].教育教学研究，2010(7):281-283.

（作者单位：岱山县长涂中心小学）

第二编

阅读教学

小学语文文本细读中比较方法的运用

叶家琪

文本解读是教师必备的专业素养，同时也是小学语文教学的重难点。文本细读，即以文本为基点，通过多次反复阅读，穿透文字表象直达文本的内涵深处，发现文本价值，感悟文本精神。文本的比较方法可以是不同作者同种类型、同个题目、同种风格作品的比较，也可以是同一作者不同阶段、不同风格、不同题材作品的比较。从不同的视角、不同的层次，多侧面地比较文本，是分析和理解文本的捷径。

一、作家写作风格比较

在小学语文教材中，收录了许多名家之作，如林海音、朱自清、梁衡、老舍、叶圣陶、冯骥才、鲁迅等人的作品。他们的作品在课本中多次出现，教师可以通过组织学生比较相同作者的不同作品，了解其写作的表达方式、表现手法和内在的精神世界。

1. 诙谐的艺术家——老舍

老舍是人教版语文教材中入选作品数量最多的作家，他创作了大量家喻户晓的作品，被誉为“人民艺术家”。其作品具有如下特点：

(1)浓郁的京味。由于老舍生在北京，长在北京，所以在老舍的作品中，读者最先感受到的就是浓浓的京味儿，如《母鸡》这篇文章中的“听吧，它由前院嘎嘎到后院，由后院再嘎嘎到前院，没完没了，并且没有什么理由，讨厌！”“使人心中立刻结起个小疙瘩来”“咬下一撮儿毛来”“就是聋人也会被它吵得受不了”。在老舍的笔下，这些浅显易懂的大白话诙谐有趣，让人忍俊不禁。

在《北京的春节》这篇文章中，老舍用充满京味儿的语言将北京的春节娓娓道来，文中“腊七腊八，冻死寒鸦”“元宵节，处处悬灯结彩，整条的大街像是办喜事，红火而美丽”“残灯末庙”等通过描写胡同、货铺子等春节张灯结彩的景象展现了北京的民俗风情及人们的精神风貌。

(2)语言通俗幽默。老舍先生自己曾说过，他的文章大多取材于市民生活，所以我们看到了《猫》《母鸡》《养花》《北京的春节》等作品，他从人民群众的市井语言中汲取养分进行二次创作，语言通俗幽默。在《猫》这篇文章中，他生动形象地写出幼年猫的可爱和长大后猫的古怪，在老舍的笔下，那只猫就像一个顽皮可爱的孩子。在《母鸡》一文中，老舍先写了对母鸡的厌恶，后写了对母鸡的崇敬，这种态度的前后反差，让人印象深刻。在《草原》一文中，老舍仿佛一位导游，用通俗易懂的语言带我们领略草原风光和民族风情。

(3)主题鲜明。在学习《母鸡》这篇文章时，我们可以将它和《猫》进行比较，感受老舍在描写动物特点的共性和个性以及情感态度。在《养花》中我们既看到了老舍热爱花朵，热爱养花，也看到了老舍热爱劳动，热爱生活。《北京的春节》一文，通过前后两个社会的对比，表现出老舍赞赏新社会、新风尚。《草原》一文体现了老舍对草原的人和景的赞美之情。

2. 童年的织梦者——林海音

在人教版的教材中，林海音也有两篇文章入选，分别是五年级上册第一单元《窃读记》和五年级下册的《冬阳·童年·骆驼队》，在《冬阳·童年·骆驼队》的课文后有对林海音以及《城南旧事》这本书的简介。林海音的作品具有以下特点：

(1)少见的儿童视角。《冬阳·童年·骆驼队》和《窃读记》都采用第一人称，用孩子的视角、质朴的语言将这两个故事娓娓道来，《窃读记》和《冬阳·童年·骆驼队》中的两个主角与五、六年级的学生年岁相仿，这样的视角使学生感同身受，更有代入感。

(2)独特的题眼。冬阳、童年、骆驼队是文本的中心，“冬阳”为文本奠定了暖色的情感基调，“童年”讲述了本文的时间点，“骆驼队”则是故事的主线。

冬阳、童年、骆驼队，这三者相加汇成了“我”在孩童时的一幅暖色画。《窃读记》的题眼里，林海音运用了一个贬义词“窃”，这样一个贬义词，能够把林海音看书时的各种滋味体现出来，从而帮助小学生加深对“记”的体裁的理解。

(3)儿童化的语言。在《窃读记》中有一句话：“这雨，害得我回不去了”，其实，“我”的心里是怎样高兴地喊着“再大些！再大些！”“我”在书店装着躲雨的样子，可心里却不住地窃喜，盼望雨越下越大。这样身体和心理反应的反差，就使爱书而狡黠的“我”的形象跃然纸上。《冬阳・童年・骆驼队》对于骆驼为什么带铃铛这一问题，文中的“我”认为是拉骆驼的人耐不住寂寞才在骆驼上系了铃铛，这只是一个孩童天真但无比美好的想法，作者用儿童化的语言表述出来，更加吸引读者。

两篇文章都是作者林海音基于儿童视角，运用儿童化的语言，由自己儿时的所见、所想创造出独特的文学世界。文章记录的美好的童年生活，让学生读起来会心一笑。

3. 理性的情感者——梁衡

梁衡作为当代新闻理论家、散文家、科普作家，他的《跨越百年的美丽》《青山不老》分别收录在人教版教材六年级上册和六年级下册中。一位是青史留名的女性科学家，另一位是中国西北的小人物，两篇文章都是哲理性和艺术性高度融合之作。

(1)哲学和美感的统一。《跨越百年的美丽》以居里夫人的外形(美丽)为开头，中间通过典型事例进一步描写人物的美丽，最后以理收尾。《青山不老》通过具体事例突出老农植树造林的难度之大、态度之坚；再通过侧面描写浮现在眼前的绿意盎然的青山世界，展现了老人植树造林的成绩；最后再以理收尾。两篇文章都是从意象到意境再到情感，借鉴了古典诗歌的一唱三叹的表现手法，具有美感和哲学性。

(2)理性的形象叙述。两篇文章都运用了对比手法来描述人物形象，《青山不老》开头的绿意盎然对比山沟的大环境(即自然条件)的恶劣险峻，衬托出改造山林的艰难困苦；通过老农生活条件的艰辛对比最后的当地的青山绿水，突出老农的坚韧、勤奋。《跨越百年的美丽》中，将居里夫人和其他科学家比较，定义了她在科学史上的地位，以及对人类的突出贡献；把居里夫人和众多漂亮的女人相比较，突出她酷爱科学的独特个性；把做实验艰苦的环节和伟大的成果做对比，突出她的科学发现不同凡响；把居里夫人同其他名人比较，突出她淡泊名利、任劳任怨以及对人类的独特贡献。

介绍两位主要人物的两篇课文在作者的笔下都有纪实文学的特点。这大概跟梁衡先生长期从事新闻行业有关。这两篇文章都是思想性和艺术性的高度融合之作。

二、同一单元不同文本的比较

一般来说，同一单元内的几篇课文都具有一定的“共性”，但是也有其独特的“个性”，通过比较的方法来了解它们的异同，对于我们整体把握教材、了解编写意图、优化教学设计等有重要作用。

如五年级上册“走近鲁迅”单元，虽然写的是同一个人物鲁迅，但只有一篇《少年闰土》是鲁迅自己的作品，其余三篇都是其他人笔下描述的鲁迅。《我的伯父鲁迅先生》，作者周晔作为鲁迅先生的侄女，通过五件印象最深的事，给我们展现了一个更加鲜活的鲁迅。《一面》突出描写了鲁迅先生的外貌。臧克家的《有的人》是一首诗歌，赞扬了鲁迅的一生。四篇文章的描写手法、表现形式存在很多共性和个性，适合进行比较阅读。

1. 外貌描写的共性及个性

本单元中既有鲁迅笔下的人物外貌描写，又有他人笔下描写鲁迅的外貌描写，虽然都描写外貌，但因为文体不同，表达各具特点。如《少年闰土》中对闰土的描写“紫色的圆脸，头戴一顶小毡帽，颈上套一个明晃晃的银项圈。”简单的几个描述，一个活泼可爱的乡下孩子的形象就出现在我们眼前；《一面》中阿累描写鲁迅，是在同一时间、不同角度的三处外貌描写，作者由远到近、由粗到细，抓住最能突出鲁迅精神品质的肖像特点——“瘦”进行着力刻画和反复渲染，类似电影里的特写镜头，表达非常细腻、准确；《我的伯父鲁迅先生》里，作者周晔作为鲁迅先生的侄女，对于鲁迅的外貌描写穿插在文本的各

个故事中,着力于神态的变化。通过比较三篇文章,我们可以发现描写人物的外貌要做到:(1)抓特征;(2)有视角;(3)表现性格。

2. 联系背景,领悟文本主旨

本单元四篇文章中含义深刻的句子有很多,例如《少年闰土》中的"他们和我一样,只看见院子里高墙上的四角天空",《我的伯父鲁迅先生》中的"四周黑洞洞的,还不容易碰壁吗?"《有的人》中的"俯下身子给人民当牛马"等。不管是哪一处的理解都离不开时代背景的阐释。所以对这一单元的文本细读中,了解鲁迅生平是教学的重难点。

通过单元内四篇文章的比较,我们不难发现,编者希望通过本单元的学习,让学生不仅要了解鲁迅,更要了解文本是用怎样的表达方法来体现鲁迅的优秀品质,也从侧面提醒学生要注意继续学习描写人物的基本方法。

三、相同题材文章的比较

以比较来进行文本细读是件很有趣味的事,我们不仅可以从中发现文本的规律,还可以感受语言文字的魅力。

例如人教版全套教材中,游记类的课文有多篇:二年级上册的《黄山奇石》,二年级下册的《日月潭》《葡萄沟》《难忘的泼水节》,三年级上册的《富饶的西沙群岛》《美丽的小兴安岭》,四年级上册的《雅鲁藏布大峡谷》《长城》《颐和园》《秦兵马俑》,四年级下册的《桂林山水》《记金华的双龙洞》《七月的天山》《乡下人家》《牧场之国》,五年级下册的《彩色的非洲》,六年级上册的《索溪峪的"野"》等。

在归纳和整理中,我们可以发现《颐和园》的写法是移步换景,景景相连,一处一处写,《记金华的双龙洞》也是如此。《观潮》的写法就是游人不移,定点观察,一时一时写,《火烧云》也是如此;《长城》则是重点观察,略写游踪,着力一处景点,接着一轮抒情,一实一虚写,《索溪峪的"野"》同理。对相同的题材从一个"点"出发,集聚整合一批相同题材的文章,对它们进行比较,在比较后进行归纳、总结,解读出各篇文章的不同之处,这种教学方法既开阔了学生的眼界，又创新与提升了课文教学的角度和价值。

由于学段的不同，学生学力的差距，同样是两篇科普说明文，三年级下册的《太阳》和五年级上册的《鲸》就有其差异性。在设置教学目标时，《太阳》一课的教学目标是初步学习说明文，体会说明事物的一些方法，而《鲸》的教学目标则是认识列数字、打比方、举例子、作比较等说明方法，体会说明语言的准确性和形象性。中段的说明文章着眼于文章说明了什么，采用了哪些说明方法，而高段的说明性文章更着重于表达的层次和说明方法的运用。

用比较的方法来进行文本细读，能切实提高学生对文本的理解，有利于培养学生良好的审美情趣，使其对文本的认知更全面。文章常读常新，掌握有效的阅读方式，方能走进文本，走近作者，收获更多。

参考文献

宋丹.比较阅读在小学语文阅读教学中的有效应用[J].语文教学与研究，2017(2):80.

（作者单位：岱山秀山小学）

第二学段阅读教学核心目标的制定与达成

刘　琴

王荣生教授认为，阅读教学的主要目的是培养学生的阅读能力，教会学生如何阅读，使学生掌握并运用阅读方法。小学阅读教学通常是围绕一篇特定的选文组织课堂开展教学的，阅读教学能不能充分发挥每篇课文的教学价值，有效提高学生的语文素养，使其形成阅读能力，取决于阅读教学核心目标的精确制定和目标达成的效度。

何为核心目标？它是相对于弥散的、多向的常规目标而言的。常规目标亦称基础性目标，主要指同一学段无论哪篇课文都应承担的教学任务，比如识字写字、学习课文朗读、课文内容理解等。核心目标则是指阅读教学中最富价值、最主要的目标，是能促进学科核心素养发展的关键目标，亦可称发展性目标，如精准的语文知识、能力训练及阅读策略等。当前阅读教学"重基础性目标，忽略核心目标"的现象正是导致阅读教学高耗低效的原因。基于此，本文以第二学段阅读教学为例，谈谈阅读核心目标的制定和相关策略。

一、第二学段阅读教学核心目标的制定

核心目标的制定需要一种系统思维，教师要综合考量语文核心素养、课程目标、文体样式、教材特点，结合学生的学情和思维起点等因素，更需要凸显核心素养视角下的语文阅读教学的任务。

1. 依据课程标准，强化阅读核心目标

人民教育出版社小学语文室主任陈先云强调指出，小学阅读教学要增强

目标意识，强化训练意识。核心素养下的小学语文学科落实的重点项目应该以《义务教育语文课程标准(2011 年版)》为纲，细读关于第二学段阅读要求，从“认读能力、理解能力、感受能力”这三个层级具体展开，其中有 6 条是针对理解能力的，这就说明，理解能力是第二学段应该强化的核心目标。关于理解能力的具体化，陈先云先生是这样阐述的：能读懂文本的主要内容，了解文本表达上的特点；知道积累优美的、有新鲜感的语言材料，具有初步的语感。第二学段阅读核心能力目标如表 2-1 所示。

表 2-1　第二学段核心能力目标

理解能力分解	第二学段课程目标
概括能力	能初步把握文章的主要内容，体会文章表达的思想感情；学习略读，粗知文章大意。
联系上下文理解词句能力	能联系上下文，理解词句的意思；能借助字典、词典和生活积累，理解生词的意义。
联系生活谈理解的能力	
抓关键词、关键句的能力	体会课文中关键词句在表达情意方面的作用。
抓言外之意的能力	在诵读过程中体验情感，展开想象，领悟内容。
收集信息谈理解的能力	

以上表格把第二学段的阅读理解能力进行分解，并与课标中阅读能力目标的表述建立了对应关系。应该说明的是，这里提到的理解能力并不是纯粹意义上的理解文本内容，而是对文本语言的理解及语言理解的方法。在三年级上册的系统训练中，“联系生活谈理解”“收集信息谈理解”是核心训练内容；到了四年级上册，“联系生活谈理解”“收集信息谈理解”成了巩固性的训练内容，“抓关键词、关键句的能力”“抓言外之意的能力”是四年级下册新的核心训练内容。这样的理解方法不断地在语文实践中运用，往复循环，使学生阅读能力螺旋上升，对文本的理解有着水到渠成的作用。

2. 关注文本特征，深化阅读核心目标

小学语文课堂阅读方法教授的缺失已是不争的事实。目前的阅读课堂几乎都采用了统一的教学模式：第一步阅读全文，整体感知；第二步学习字

词，检查朗读；第三步重点段落，品读感悟；第四步小结谈话，拓展延伸；第五步课堂练笔，巩固积累。这体现出阅读教学中核心目标的定位泛化模糊。王荣生教师在《阅读教学设计要诀》一文中指出：阅读是一种文体思维，在特定的文本体式中，要运用符合这种体式的阅读方法。如果说上述年段的阅读教学核心目标的确定是比较宏观的，起着总领的作用，那么依据体式确定目标则是中观的考虑。对于一篇课文，首先要看其所属单元的教学要求和它在单元中的地位，然后关注"这一篇"课文的体式特征，关注不同文体所要采用的阅读方法和策略，最终确定阅读核心目标。

从第二学段开始，教材中的选文样式不断增多，童话类的故事不再唱主角，神话故事、寓言故事、简单的小散文、节选的小说等相继登场，教师要努力结合小学阅读教学的实际，引导学生在感受、理解、欣赏和评价的阅读活动中习得一些基础、有用的阅读方法和策略。那么，遵循文本体式去确定阅读教学中的核心目标就显得尤为重要。以下是第二学段各种文体所要凸显的核心目标，如表 2-2 所示。

表 2-2　第二学段不同文体的核心目标

文本样式	阅读策略	阅读核心目标的确定
童话故事	猜想、预测	①厘清故事情节，发现童话的叙事特点； ②关注故事中的细节，感受童话的语言特点； ③学习讲、演童话故事。
神话故事	边读故事边想象	①体会故事的神奇，感受人物的精神； ②发现神话故事具体的叙事结构和夸张的语言特点。
寓言故事	抓重点理解	①整理文中的关键词句归纳寓意； ②联系生活，加深理解寓意。
小散文	体验、联结	关注有新鲜感的、有张力的、个性化的语言，体会作者想要表达的想法和情感。
知识性文章	提取并整合信息	①注意关键词句提取信息，厘清课文要传达的重要信息； ②对比阅读，学习从文本中找证据； ③关注虚词的语用价值。
小说	边读边提问、比较	品读关键情节，走进人物内心，读懂人物形象。

3. 关注文本特色，细化阅读核心目标

在完成对课文体式的确认之后，要以读者的姿态对文本进行细致的解读，细化某一特定文本的核心目标。王荣生教授在《阅读教学设计要诀》中指出，学生阅读有两方面的任务：一是理解感受这一特定文本所传递的作者的认知情感；二是理解感受这一特定文本中与独特认知情感融汇一体的语句章法、语文知识。入选教材的文章除了文体不同外，在表达的方法上也各具特色，因而核心目标的确定更需要我们关注那些独具特色的语言，关注独特的段式安排，关注叙述的结构线索，关注篇章的匠心布局，关注作家个性化的语言和情感表达，只有准确把握每一篇文章的与众不同之处，才能斟酌出最重要的教学内容。

例如三年级下册《七颗钻石》一课的目标制定，我们就需要从童话体裁的特点和文本的特色综合考虑。此文是三年级下册第五单元的一篇精读课文，是俄国文学巨匠列夫・托尔斯泰写的一篇童话故事。故事情节简单，但内涵丰富，故事在语言表达上的特点是制定目标的核心所在。本文的特点是：一是前后对比，故事开头是一场惨烈的大旱灾，结尾却给人美好的想象；二是这个故事以水罐的五次变化为思路叙述，平奇中透着曲折；三是在表达罐子神奇变化时用词准确生动；四是题目巧妙，意味深长。根据文本的特点，可以提取出 7 个方面的教学资源对核心目标进行细化，如表 2-3 所示。

表 2-3 《七颗钻石》的核心目标

<table>
<tr><th>可供提取的教学资源</th><th>核心目标的细化</th></tr>
<tr><td>需要落实的字词</td><td rowspan="7">①能借助图画，根据“罐子的神奇变化”这一主线，梳理情节，概述故事；
②通过两次对比阅读，体会“被狗绊倒”情节安排的巧妙，了解童话体结构的一般特点；
③抓关键词语品读罐子的神奇变化，感受童话故事用词的准确、新奇；
④通过拟题目，体会“七颗钻石”题目的巧妙深意，感知小姑娘的爱心永恒。</td></tr>
<tr><td>故事背景渲染的旱灾的环境描写</td></tr>
<tr><td>次第推进的故事情节安排</td></tr>
<tr><td>故事中不同角色的安排</td></tr>
<tr><td>在全文中起着特别作用的段落(结尾)</td></tr>
<tr><td>可供精读训练、细细品析的语段</td></tr>
<tr><td>课题的内涵</td></tr>
</table>

当然，需要注意的是，核心目标的制定还须考量学生的具体学情，只有在充分考虑课文与学情的情况下，找到两者的适切点，才能让目标最富价值。童话对于三年级的学生来说，故事本身就具备一种吸引力。学生初读这个故事就能够大概把握内容，抓住人物和罐子变化等信息，从而感受到小姑娘的爱心。基于这样的学情，我们便可把对故事的理解和人物形象的感知弱化，将核心目标放在“借助罐子的变化，体会童话故事情节的神奇”和“抓关键词语品读罐子的神奇变化，感受童话故事用词的准确、新奇”上。

二、第二学段阅读教学核心目标的有效达成

明确的阅读核心目标对教与学起到了方向性的指导作用。要想把一个个核心目标在课堂上落地，须从“教学内容、学习方式和教学流程”细细考虑，努力提高课堂教学中核心目标、表现结果与教学活动的一致性。

1. 精心选择教学内容，落实核心目标

一篇课文可供学生学习的内容有很多，教学的要义是选择的教学内容一定要服务于核心目标。学生是阅读教学的主体，课堂上要着力解决学生不懂、不会的问题，这也是核心目标的具体体现。因而，根据核心目标设计学生的学习活动，进而选取合适的教学内容是教师课堂教学简洁高效的关键。

(1)内容选择要合理设计学习活动。把核心目标外显为学生学习活动去选择教学内容，促使教学内容精确，以《七颗钻石》为例，如表 2-4 所示。

表 2-4 《七颗钻石》学习活动设计

核心目标	学习活动	教学内容
抓住主线“厘清故事脉络”的目的	自我解析活动：每位学生都要以“我是这样排的”为话题把老师提供的图片结合课文进行分析并排序。	全篇课文
体会童话故事情节的曲折性	同伴互助活动：一个学生借助文中描写罐子变化的相关词句说故事情节；另一个学生读文章片段，通过对比阅读去发现。	第二自然段

（续表）

核心目标	学习活动	教学内容
“精读重点片段”的目的	小组合作活动：组员探究文章描写水罐神奇变化的句子，发现、整合课文是怎么把水罐的变化的神奇写清楚的。	文中描写水罐神奇变化的5句话
探究标题的内涵，体会它的巧妙之处	个体探究活动：通过给故事“拟标题”，来体会《七颗钻石》这个题目的象征意义和巧妙之处。	开头、结尾、标题

学生在上述活动中细读课文，深入思考，在能力训练的层面上有所收获，此时的各个目标通过相关的教学内容具体落实在学生的学习活动中。

(2)内容选择要基于核心目标的定位。在阅读教学中，对于同一篇课文，核心目标的定位不同，教学内容的选择也不同。只有当教学内容的选择是基于达成核心目标时，教学内容才真正有效。赵飞君名师工作室曾以三年级上册《风筝》为例成功演绎了“理解感悟式”与“表达运用式”两种风格迥异的课例，如表2-5所示。

表2-5 《风筝》的A、B案对比

	A案	B案
目标定位	以“读”为主，指向学习阅读方法，培养阅读能力。	以“写”为主，指向学习表达方法，提高表达能力。
流程设计 内容选择	①初读课文，厘清课文写了有关风筝的哪些事情； ②找出做风筝、放风筝的相关句段，借助想象、联系生活、情趣朗读等方法，感受快乐； ③聚焦4～8自然段，圈画写心情的词句，完成心情图，体会变化； ④续编结尾，用上表示心情的词语。	①比较阅读自己与作家写“做风筝”的片段，发现作家选材的特别之处； ②欣赏朗读作家写“放风筝”的片段，感受其用词的精妙； ③小组合作朗读4～8自然段，理一理“找风筝”时的心情变化，并学习运用通过抓动作、神态来表达心情。

上述案例充分说明，选取怎样的教学内容就会达成怎样的核心目标。

2. 有效架构教学流程，落实核心目标

依据目标选择的教学内容，可以是一个语段、一篇课文或者是一个主题项目。从学生学习课文之前的学情状态，到要达成的教学核心目标，在这个

过程中,通过设计教学环节组织学生学习活动,这就动态地构成了教学流程。在阅读教学中,我们要根据学习要点充分展开“单篇阅读和整组阅读”活动,有效地架构起教学流程,以落实阅读教学的核心目标。

(1)以主核问题推进“单篇阅读”。在单篇的阅读教学中,我们常以板块的形式实施教学流程。板块学习活动通常在一个主问题的引领下展开,有的板块围绕同一个核心目标,有的板块学习分别指向不同的核心目标。教学流程的实施紧扣核心目标,主问题指向文本内容、语言表达等不同层面,帮助学生赏析语言,习得阅读策略。以四年级上册第二单元《世界地图引出的发现》一课为例解析以主核问题推进“单篇阅读”,如表2-6所示。

表2-6 《世界地图引出的发现》一课主核问题的推进

主核问题	设计的板块	核心目标
魏格纳发现了什么	比较阅读360百科发现过程的故事与文章2~4自然段找出的魏格纳发现“海岸线吻合”的过程。	①比较阅读,理解魏格纳发现大陆块吻合的过程,并感受表达的不同效果; ②利用思维导图,读懂魏格纳用实例求证的方式。
魏格纳做出了什么样的假想	找出魏格纳的假想的相关语句。	
魏格纳是如何证实的	①默读课文,按照课文内容,合作组自选思维导图; ②小组合作,按照魏格纳的求证思考,说清他的思辨过程。	

案例中借助三个主问题设计单篇的教学流程,梳理出的问题是课文的三个主要内容,也是魏格纳获得科学成就的过程。四个板块的学习既相互独立又相互联系,达成核心目标的同时,培养了学生发现关键性问题的阅读能力。

(2)以单元整合推进“整组教学”。教学流程不仅包含一篇课文的学习,也涵盖一个单元的主题性的学习过程,教师要善于去挖掘教材优势,围绕核心目标把碎片化的学习内容进行整合关联,层进式推进教学活动。下面以人教版三年级上册第一单元《我们的民族小学》为例,解析逐步推进并完成“边读边想象边品味,体味有新鲜感词句”这个核心目标的教学过程。

第一步借助单元导读,引导学生了解新鲜的事例和语句。第二步进行《我们的民族小学》课文学习,根据学习单自主学习生字词,初读课文,了解课文内容,边读边思考我们的民族小学是一所怎样的学校,有哪些特别的地方;然后欣赏文章是怎么描写这所小学的,选择了哪些内容,哪些写法给人以新鲜感,边读边想象边品味;最后把有新鲜感的想法、语句写下来。第三步拓展阅读泰戈尔的《花的学校》,感受诗歌新颖的表达形式,并拓展阅读选学课文《不懂就要问》,领悟课文在选材上的特别之处。

以一篇带多篇,整合学习内容,运用说、读、写的语文实践活动可以有效地架构教学流程。循序渐进地实施以读促写的阅读教学能够让学生感到不是孤立地在读一篇文章,而是在完成一项大的学习任务,有效地达成核心目标。

3. 灵活改变学习方式,落实核心目标

核心目标落地课堂不仅要合理针对教学内容,架构起教学流程,更要有效地改变学生学习的方式。第二学段的学生处于直观形象思维向抽象逻辑思维发展的重要时期,但学生的学习仍要借助直观形象的工具。学习地图的运用是贯穿学生阅读过程的隐形的学习工具,是核心目标达成的结果与证据。

(1)借助思维导图厘清课文脉络。第二学段的阅读教学核心目标不能止于知识,也要进入思维;学习不能止于形象,也要加以建构。比如《富饶的西沙群岛》一课,课文脉络清晰,构段形式多样,核心目标是培养"抓关键词、关键句"和"概括"的能力。教师可以指导学生用火车式学习地图将课文的主要内容概括出来,并归纳画学习地图的步骤:一写题目;二写中心词;三写关键词(见图 2-1);再让学生根据学习地图说一说课文按照怎样的顺序主要写了什么,根据"海水""海底""海岛"填写具体的风景和物产。这样,学生运用学习地图自主阅读,将具体的文字与学习地图中的图像进行结合。直观的感受,精确的概括,让核心目标落到了实处。

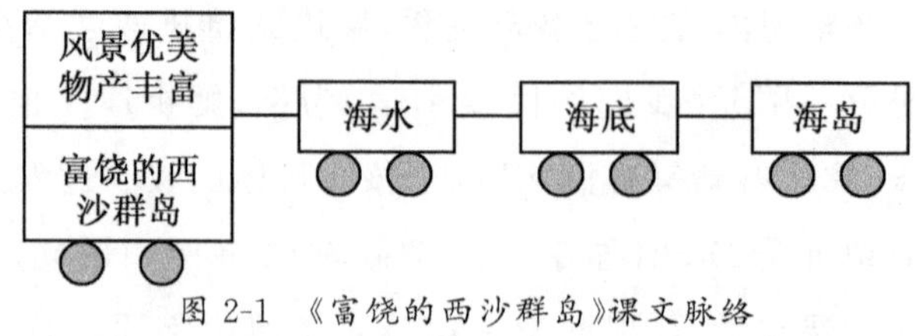

图 2-1 《富饶的西沙群岛》课文脉络

(2)借助思维导图厘清概念。思维导图不仅能将文字直观化、形象化,而且能让复杂抽象的概念清晰起来。杭州师范大学的吕映教授在《有趣的动物共栖现象》一课的教学中,为引导学生正确理解什么是"动物共栖现象"这个概念,就借助了思维导图(见图 2-2)。从图示中可以看出,学生填写完毕,稍一比较就对原先认为的"动物共栖是能够朝夕相处,和睦共处"产生了疑问,进而发现动物共栖的秘密最关键的是"互惠互利"。这样显性的呈现使学生正确理解概念的难度大大降低,使抽象的知识更容易被学生接受。在有理有据的表达中,"借助文本,理解什么是动物共栖现象的概念"这一核心目标悄然达成。

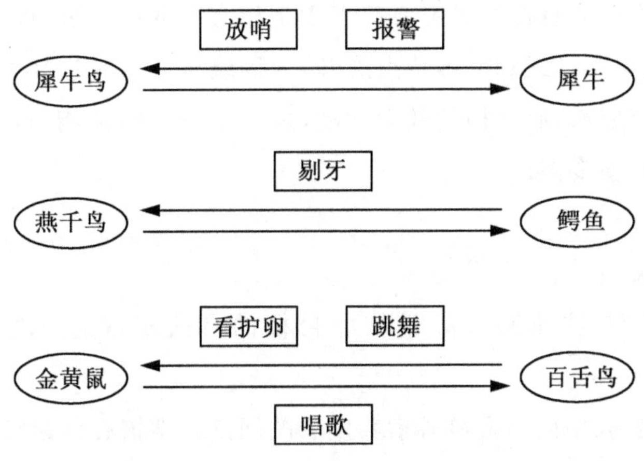

图 2-2　动物共栖现象概念的思维导图

(3)借助坐标图厘清人物的情感变化。童话运用幻想的表现手法讲述最贴近儿童的生活故事,唤起孩子对真善美的体验,其故事情节的曲折和神奇是童话的重要特点。仍以《七颗钻石》为例,感受"被小狗绊倒"这一情节设置的巧妙是核心目标之一,但文中小狗出场只有一句话,学生很难体会到情节安排的巧妙,而"心情坐标图"运用横轴和纵轴能帮助学生把看不见的人物心情视觉化,有助于学生感受故事情节的一波三折,感受到童话故事的神奇(见图 2-3)。

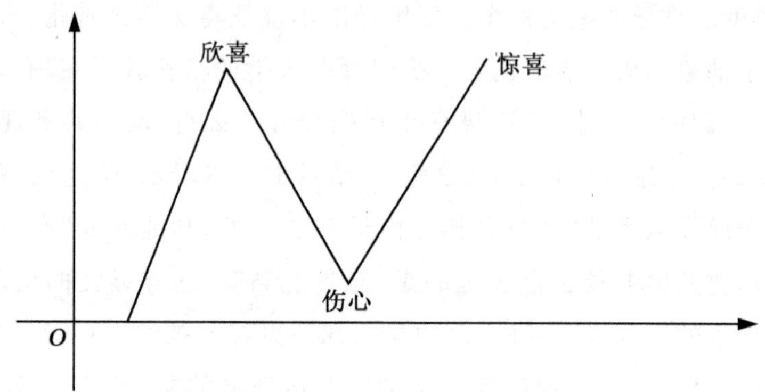

图 2-3 《七颗钻石》人物心情变化

阅读教学核心目标的确定要基于学生核心素养的发展，课堂教学应以课标为纲，依据文体样式和文本特点展开，并围绕核心目标选择学习内容，设计以学为主的有层次、有结构的教学活动，发展学生的阅读能力，使阅读教学呈现出应有的崭新姿态。

参考文献

[1] 马亚波.浅析阅读教学核心目标的有效实现[J].语文教学通讯，2017(11):43-46.

[2] 何德芬.指向语文核心素养发展的阅读教学核心目标研制[J].小学教学设计，2017(6):4-6.

[3] 王荣生.阅读教学的设计要诀[M].北京:中国轻工业出版社，2015.

[4] 蒋军晶.让学生学会阅读[M].北京:中国人民大学出版社，2016.

(作者单位:岱山实验学校)

小学语文阅读教学主问题的设计与落实策略

施碧云

《义务教育语文课程标准(2011年版)》明确指出:教学过程应注重学生的独立性和自主性,学生质疑、调查、探究,在实践中学习,使学习成为在教师指导下的主动的、富有个性的探究过程。新课标的课程理念就是要构建以话题为中心,以问题为载体,学生主动参与,师生双向互动,探究创新为主的教学模式;培养学生发现问题,解决问题和自主、合作、探究的能力。著名特级教师余映潮最早提出了主问题设计这一观点:"主问题是阅读教学中立意高远的有质量的课堂教学问题,在教学中显现出以'一当十'的力量,具有'一问能抵许多问'的艺术效果。"韩雪屏教授主张把主问题界定为支撑阅读对话教学进行的"脚手架"。解读专家的观点,结合自身教学实践,笔者认为:阅读教学的主问题应该是立足于课程标准和教材文本特色,从学生的学习实际出发,有利于推动课堂教学进程和学生学习不断深入的核心问题。它一定是兼顾文本内容和形式,从整体入手,覆盖全篇的统领性问题;一定是能触及教学核心目标,作为深层次课堂活动的引爆点、牵引机和黏合剂的最具张力的突破性问题。本文主要研究当下小学语文阅读教学主问题设计与落实的现状、存在的问题及优化策略。

一、当下小学语文阅读教学主问题设计与落实存在的问题

由于或是缺乏主问题设计方面的方法和经验的指导,或是未能对文本进行深入解读,或是未能考虑学生学情,目前小学语文教师在阅读教学主问题设计方面仍然存在很多问题。通过课堂观察、自我反思、主题教研活动研讨,

笔者发现在语文阅读教学问题设计方面仍存在一些不足：

1. 主问题设计与学习目标不匹配

主问题的设计以阅读教学目标为导向，以有效落实阅读教学目标为目的。在课堂上可以看到，很多语文教师在设计阅读教学主问题时并没有参照具体的教学目标，而是根据自己的喜好和即时性的一些想法随意设计，最终导致教学缺乏目的性，目标指向不明确。主问题的设计出现偏差，与学习目标不相匹配，容易造成学习慌乱无序的状态。比如古诗《乡村四月》学习板块主问题设计，如表 2-7 所示。

表 2-7 《乡村四月》学习板块主问题设计

板块学习目标	能边读边想象画面之美，用自己的话描述诗中所表现的内容和意境。
主问题设计	请同学们先自读这首诗，借助文中注释和插图，想想你读懂了哪句诗的意思，然后小组合作交流，说说整首诗讲了什么内容。
建议修改	①当读到“绿遍山原白满川”的“绿遍山原”时，你脑海里出现了怎么样的画面？ ②再读读这首诗，哪些词语中也藏着这样美丽的画面呢？ 自主想象—小组合作交流—集体交流。

通过观课，我们发现，对于这样的主问题设计，学生的交流仅停留在对诗句意思的表述，每个人的表达大同小异，学生的思维被束缚，没有展开丰富的想象去描述诗中意境，板块学习目标没能有效达成。教师可做出适当修改，让主问题紧密围绕学习目标而设计，确保主问题的提出是为实现这一板块对应的具体目标。如此，课堂上学生兴趣盎然，放飞丰富的想象力，能用平时积累的语言个性化地描述诗中意境。

2. 主问题不明确，线性琐碎问答

观课发现，语文课堂上存在着过细、过浅、过滥的应答式提问。整堂课都在问，但没有整合问题，零敲碎打的问题很多，有内部联系的问题很少。学生只是简单感受到了“问”，而没有感受到“问”的“价值”。如《两个铁球同时着地》感知人物板块，有老师这样设计主问题（见表 2-8）。

表 2-8 《两个铁球同时着地》人物板块的主问题设计

观课摘录	建议修改
①年轻时的伽利略就表现出与其他同学哪些不一样？ ②想想之前的科学家和伽利略的观点分别是什么？找出句子。 ③你对亚里士多德有哪些认识？结合关键词语来谈。补充相关资料。 ④伽利略的观点是什么？	①课文讲到了两位了不起的人物，找出介绍这两个人物的段落。 ②细细读读这两段话，你认为哪位更了不起？要抓住重点词语来谈。

可以看到，在十多分钟时间内，学生被老师的问题牵着，亦步亦趋，零碎回答。板块目标不清晰，又想感知人物，又想提取观点。主问题不明确，不仅降低了课堂教学效率，也阻滞了学生自主的、个性化的学习。若按建议做出修改，"你认为哪位更了不起"这个主问题显然更为开放，更能激发学生内在的学习热情，教师还可以把课堂还给学生，给学生足够的时间和空间采取独立自主或相互合作的探究性学习方式去解决问题。

3. 主问题难度不当，缺乏科学性

在课堂教学过程中往往会出现两种极端现象：一种情况是教师抛出一个远远超出学生应答能力的问题，硬性点名提问，答案不尽如人意；另一种情况是教师经常以"对不对""是不是""有没有"等方式提问，学生用"对""是""有"即可轻松应对。如学习《太阳》2～3 自然段，初识说明方法板块，有教师这样设计：

让学生先自读 2～3 自然段，用波浪线画出描写太阳特点的关键句，想想用了哪种说明方法，批注下来，并说说这样写的好处，然后在小组中交流。

从课堂观察到，学生面对问题比较茫然，特别是在阐述文中说明方法运用的"好处"时，学生要么把说明方法的好处理解成太阳的好处，要么说不出个所以然。很显然，这一主问题的设计难度偏高。三年级学生第一次接触说明方法，就要求从具体的句子中概括出说明方法，甚至还要求说出说明方法的好处。显然，该教师缺乏年段梯度意识，忽略了根据文本内容创设不同的主问题难度水平必须符合学生认知水平这一点。

4. 只有主问题，没有提示思考的路径和方法

有时候也会看到，教师设计的主问题挺好，但课堂呈现的学习效果却不尽如人意。其原因是教师只提出了主问题，没有提示思考路径与方法。如在执教《珍珠鸟》一课时，研读 8～13 自然段，最初设计主问题如下：

研读 8～13 自然段，想想“我”是怎样逐渐得到小珍珠鸟信赖的？

合作提示：自主阅读，画出相关的词句—小组合作交流—派代表汇报。

课堂实践发现，这一板块的学习时间花得长，学生的发现零散，交流无序，学习没有达到预期效果。分析反思之后意识到，虽然教师设计的主问题明确合理，但没有为学生的探究学习提示针对性的思考路径和方法。改进后补充设计的一份学习单，如表 2-9 所示。

表 2-9 《珍珠鸟》学习单

“我”是怎样逐渐得到小珍珠鸟信赖的？

小珍珠鸟		我
活动范围	活动情况 （“____”）	做法 （“____”）
起初：（　　　）		
渐渐地：（书桌上）—（　　）—（　　）—（　　）		
有一天：（　　　）		

①自主阅读，借助学习单填一填，画一画，圈一圈。
②小组合作，三位组员依次回答一处，第四位组员把内容整合起来说一说。

学习单为学生提示了思考的路径和方法，学生在自主合作学习活动过程中还原了思维过程，交流表达完整有序。这样的设计降低了学习难度，也达成了预期目标。

二、主问题设计与落实的优化策略

借鉴专家名师的观点，结合日常课堂实践、教学总结、主题教研活动研讨对

如何设计主问题，提高阅读教学有效性问题进行研究，笔者将从主问题设计与落实的优化原则、切入角度、活动安排方面提出一些切实可行的优化策略。

阅读教学主问题是教师依据一定的教学目标，经过深入的文本解读和学情分析，设计出的能够在课堂教学中起到提纲挈领作用的关键性问题。它强调阅读教学中学情、文本、教学目标这些要素的重要作用。设计主问题必须坚持目标性、文本性、主体性的优化原则。

1. 坚持文本性优化原则

主问题的设计要关注教材，尊重文本内在的规律，遵照文本基本的价值取向。这就要求教师坚持文本性优化原则，在设计主问题之前深入地解读文本，思考“有什么可教的”。先走进教材，由一个字、一个词、一句话展开联想；再跳出教材，从大处把握，抓住文本最牵动人心的地方，以专业语文教师该有的语文阅读素养去准确合理地把握文本的重难点，设计出深浅有度的“主问题”，使课堂丰盈而灵动。

2. 坚持主体性优化原则

主问题的设计要关注学情。以生为本是当今教育领域普遍推崇和坚守的一条教育信条。山东省青年名师朱则光这样说：“学生的学情永远是教师教的原始出发点，一切为了学生，应当成为教师的课堂生命姿态。”教师在进行阅读教学主问题设计时必须坚持主体性优化原则，将学生放在首位。学生的特点和学生的疑难皆应该成为阅读教学主问题设计的依据。

首先，教师在设计一个主问题时必须先想清楚学生目前处于什么样的认知水平，对文章自主把握处于何种程度，思维能力和理解能力是什么样的状态，会对哪些问题感兴趣，对哪些问题有疑惑，然后根据学情选择“应该教什么”。教师通过站在学生的视角走近文本，把学生不懂的、薄弱的或是学习盲点化为主问题。其次，教师在实际的课堂教学中还应该能动地把握学生学习状态和情况反馈，根据学生真实的学习情况灵活地调整或完善预先设计的主问题。

3. 坚持目标性优化原则

主问题的设计要关注课程，从课程的视角思考语文课依托教材“必须教什么”。主问题的设计是以阅读教学目标为导向，以有效落实阅读教学目标为目的。也就是说，在设计主问题时教师应紧扣教学目标，直指教学重点，突破教学难点，把重点放在有助于达成教学目标的问题上。

如小学语文第三学段阅读教学目标与第二学段的目标相比，更侧重于表达顺序、表达方法、语言风格等写作特色的揣摩领悟。依据课程标准，教师可以这样确定《金钱的魔力》阅读教学目标和主问题，如表 2-10 所示。

表 2-10 《金钱的魔力》阅读教学目标和主问题

教学目标	主问题
①抓住小说主线，用一两句话简要概括故事情节。 ②品味重点段落，感受托德和老板“尖酸刻薄、见钱眼开、唯利是图”的人物形象。 ③了解作者抓人物神态和语言刻画人物特点的方法，初步感受作者“辛辣、夸张”的笔触。	①默读课文，想想课文围绕哪几个人物写了一件什么事情。 ②默读课文，百万英镑出现前后，托德和老板对“我”的态度有什么变化？画出相关的语段，并批注概括表现他们特点的词语。 ③作者是怎样刻画出托德和老板鲜明的人物特点的？采用的手法有什么相同与不同之处？再读画出的句段，写出批注。

1. 因文制宜，多角度切入设计主问题

很多时候，我们衡量主问题设计得好不好，除了看教师的文本解读功底、对学情的了解以及对目标的定位，还要看主问题设计的角度。下面就文眼、结构、语言三个角度分析主问题的切入设计。

(1)从文章的文眼入手

有的文章中某一个关键词或关键句足以提携全文、沟通文脉，我们称之为“文眼”。文眼可以是文章的题目，可以是含义深刻的关键词、关键句，可以是反复出现的核心句，也可以是文章的首尾段。文眼往往牵动着文章内容的展开、情节的变化、思想情感的波动。因此，教师从文章的文眼入手设计主问题能够很好地引导学生洞悉文本，与作者深入对话。

①从文章题目切入。《跨越百年的美丽》一课可根据学生的疑问整理主问题：这里的“美丽”和我们平时所说的美丽一样吗？课文从哪几方面对玛丽·居里的美丽进行描写？为什么玛丽·居里的美丽能够跨越百年？然后先从第二个问题入手，带着问题读课文，以直接摘录词语或自己概括的方式在相关段落旁做上批注。

②从含义深刻的关键词、句切入。在《通往广场的路不止一条》一课中，教师可引导学生就关键句“通往广场的路不止一条，生活也是如此，假如你发现走这条路不能到达目的地的话，就可以走另外一条路试试”，联系课文内容或结合亲身经历的或看到、听到的事例，谈谈对这句话的理解。

③从反复出现的核心句切入。《秋天的怀念》一课中，教师可引导学生思考：“好好儿活”如此简短的一句话，为什么作者在文中多次提起，让作者记忆深刻？请学生细细研读母亲为作者做的每一件事、说的每一句话，在深有感触的地方做批注。

④从文章首尾段切入。在《詹天佑》一课中，教师可引导学生思考从课文哪些事例中可以感受到詹天佑的“杰出”和“爱国”，画下相关的语句并做批注。在《草原》一课中，教师可引导学生思考哪些情节让我们感受到蒙古族同胞热情和蒙汉友好团结的情谊？

(2)从文章的结构脉络入手

任何一篇文章都包含了作者的写作思路，并在文章的结构脉络中得以体现。从文章的结构脉络入手设计主问题，有助于引导学生高屋建瓴地整体感知文章，把握文章的结构特点和写作思路，提高学生总结归纳的能力。

①从联结点切入。教师在进行《秦兵马俑》这篇课文教学时，可让学生思考文中介绍了秦兵马俑哪些方面的资料，找出课文的总起段、总结段和过渡段读一读，从中圈画关键词句完成国宝档案资料卡，如表 2-11 所示。

表 2-11　国宝档案资料卡

文物名称	秦兵马俑
出土地点	西安临潼
文物特点	规模宏大、类型众多、个性鲜明
文物价值	绝无仅有、举世无双、享誉世界

②从情节发展切入。进行《小木偶的故事》一课的学习教师可引导学生找出在小木偶的身上到底发生了哪些事，并抓住文中的关键词句进行概括，合作完成“情节梯”。

③从人物关系切入。学习《金色的脚印》时，教师可让学生默读课文，想想课文主要写了哪几个人物，他们之间发生了什么故事。

④从情感变化切入。《学会看病》一课从“毕淑敏是怎样把这纠结的爱通过语言文字呈现在我们眼前的?”走进文字，走进母亲的心路历程，自主阅读圈画相关语段后，小组合作完成母亲的心路历程图。

(3)从文章的语言特色入手

语文的教学本质上是语言的学用、品味、赏析。教师可以从文章的用词、修辞、表现手法、语言风格等语言特色入手设计主问题，引导学生赏析、品味、领悟作品。但要注意所选角度应该因文而异，因学段而异，因学情而异。对高段阅读教学而言，教师可以侧重抓住表现手法进行主问题设计。常用的表现手法有对比、象征、夸张、衬托、铺垫、伏笔、留白、设置悬念、借物抒情、联想、正面描写与侧面描写结合等。每一种表现手法的使用都能达到由点及面的效果，会让文章富有张力和创作力。

①抓“对比”设计主问题。学习《凡卡》时，教师可请学生快速默读课文3～15自然段，对比回忆和写信的段落，找找凡卡当学徒前后生活有哪些相同与不同之处，看看从对比中能发现什么。

②抓“设置悬念”设计主问题。《跑进家来的松鼠》一文中，作者写了松鼠在我家发生了不少趣事，引导学生思考有没有发现作者除了抓动作描写，还运用了一种很特别的写法。学生快速阅读，画出相关的语句，说说这样写的好处；想象松鼠在我家还会发生哪些趣事呢？让学生学习作者的写法，小组合作编写一个悬疑小故事。

③抓“留白”设计主问题。《草船借箭》全文描写诸葛亮语言的句子共有13处，唯有一处诸葛亮是笑着说的。那么，教师可以请学生思考：诸葛亮在笑谁？这是一种怎样的笑呢？

主问题设计切入的角度有很多。在教学中，教师应当针对不同文体特点灵活设计。如《秦兵马俑》和《小木偶奇遇记》两篇课文，同样可以从文章的结构脉络入手设计主问题，整体感知课文。但根据文体特点，前者可以从联结点切入设计，引导学生关注这些关键性语段，制作国宝资料卡来梳理文章的脉络；而后者则可以从情节发展和人物关系切入设计，完成故事“情节梯”，梳理故事内容。相同的课文也可以因教师对课文的不同解读而设计不同的主问题。如《草船借箭》,从文章文眼“神机妙算”入手设计:诸葛亮的神机妙算表现在哪些方面?画下相关的句段归纳整理并做批注。从文章脉络上设计:诸葛亮在和周瑜立军令状前,到底想了些什么?

2. 提示思考路径和方法,依托自主合作探究活动落实主问题

预设主问题,生成自主合作探究活动,达成学习目标,这是阅读教学的基本程序。但单单预设了主问题还不行,教师还需要向学生提示思考路径和方法,降低主问题难度,合理设计自主合作探究活动,层层深入,落实主问题。这个过程须明确把握以下几点:

略逐词逐段分析,不略重点难点品读;略教师难舍处,不略学生兴趣点;略细节,不略主线;略学生的已知点,不略学生的盲点。

(1)以浓墨重彩段落为落实主问题的着力点设计自主合作探究活动。文章的浓墨重彩语段往往就是最能体现文本特色之处,重点抓住集阅读价值和教学价值于一身的段落展开阅读活动,找准设计主问题的着力点。例如《穷人》一课教学抓环境、心理描写体味贫穷板块的设计,如表 2-12 所示。

表 2-12 《穷人》设计单

主问题:“课题为‘穷人’,文中却没有‘穷’字,作者是怎么写出桑娜家生活窘困?”
合作学习设计一:

穷	用波浪线画出相关语段,圈出关键词	表现在哪几方面	描写方法

①带着问题自读第 1、2 自然段,划下相关语段,圈出关键词,并简要批注。
②小组交流,完成学习单,借助学习单准备汇报交流。
③合作有感情地朗读画出的语段。
合作学习设计二:
创设情境想象描述环境的恶劣和渔夫的心理活动:通过这两段文字,同学们看到渔夫驾着小船在惊涛骇浪中挣扎的画面了吗?那天气……那海面……那小船……而渔夫……
①小组分工选一个方面尝试写。
②小组交流修改合成一段话。
③汇报交流。

围绕主问题，教师运用学习单和情境创设为学生提示思考的路径和方法，并安排两次合作探究学习活动。第一次的活动设计主要目的是让学生了解作者通过桑娜的心理活动描写和环境描写刻画桑娜家庭生活窘困的写作特色，认识环境描写的烘托作用；第二次的辅助问题的设计激发了学生丰富的联想，并在运用中使学生进一步体会了环境描写的作用。主问题设计以浓墨重彩段落为着力点，读读、画画、写写、说说，在自主合作探究活动中达成教学目标。

(2)以学生的兴趣点为落实主问题的着力点设计自主合作探究活动。课前了解学生学情，把准他们的兴趣点，从学生探究欲望强烈的地方入手展开阅读活动也是落实主问题的着力点。如《人物一组》一课感受人物形象板块的设计，如表 2-13 所示。

表 2-13 《人物一组》人物形象板块设计

主问题：
“这一组人物出自不同的小说，不同的作家之手，同是刻画人物，采用的手法却各有千秋，你能试着做一番比较吗？”

合作学习设计：比较阅读

题目	用波浪线画出体现人物特点的语句，圈出关键词	概括人物特点	描写方法
《小嘎子和胖墩儿比赛摔跤》			
《临死前的严监生》			
《“凤辣子”初见林黛玉》			

①借助学习单自主阅读课文，画出体现人物特点的语句，圈出关键词，并简要批注。
②小组交流，完成学习单。
③小组合作，选择最感兴趣的一个人物运用文字描述或画漫画，进行表演等不同形式展示人物形象。
④展示汇报。

首先，让学生在比较阅读中初识不同作家对人物塑造运用的不同手法；再运用文字描述，或画漫画，或表演等不同的形式展示不同作家对于人物刻

画的独到手法。在说、画、演中亲身体会小说人物刻画的多种方法,学生兴趣盎然,自然而然领悟了作者独到的写作特色,提高了学生对文学作品的赏析能力。主问题的落实以学生的兴趣点为着力点,顺利推动自主合作探究活动的开展。

(3)以阅读训练点为落实主问题的着力点设计自主合作探究活动。“在阅读中揣摩文章的表达顺序,体会作者的思想感情,初步领悟文章基本的表达方法。”这是六年级阅读教学目标之一,结合六年级下册第四单元“外国名篇名著”《鲁滨孙漂流记》来看与课标这一条相对应的阅读训练点:了解这篇小说“梗概+精彩片段”的独特结构,通过浏览梗概,把握作品主要内容,找到精彩部分和梗概的连接点,积累阅读方法,激发学生阅读原著的兴趣。明确本课的阅读训练点,以此为落实主问题的着力点展开具体的阅读活动。设计如表 2-14 所示。

表 2-14 “梗概+精彩片段”设计

主问题:“本文在结构上有什么特别之处?这样的内容安排对于没有读过这本书的读者有哪些方面的借鉴?”

合作学习设计:

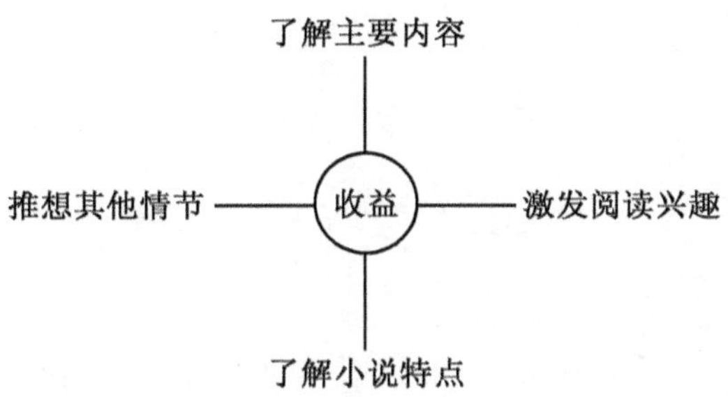

①带着问题自读课文。

②小组交流完成学习单。

③小组合作,选一个方面重点研读。

④汇报交流。

借助学习单展开合作学习,学生在阅读长篇小说时可以先从浏览梗概入手了解故事主要情节,再就其中一个精彩片段做具体的阅读赏析,也可以根据梗概推想其他精彩之处,在推测中阅读全书。主问题的落实以阅读训练点为着力点，梳理、概括、赏析、推想，在自主合作探究活动中使学生的能力得到提升。

综上所述，通过合理有序地设计主问题可以搭建双向立体式交流的课堂教学结构，增大课堂教学容量。通过主问题的方式可以将课堂引向以学生思维活动为主的整体性阅读教学，开展深层次的阅读教学活动，使不同层次的学生都能有所学，有所获，思维能力、阅读能力都相应得到提高，切实提高阅读教学的有效性。

参考文献

[1] 余映潮.对阅读教学“主问题”设计的研究与实践[J].河南教育，2008(3)：30-32.

[2] 余映潮.“主问题”的教学魅力[J].中学语文，2011(3)：3-5.

（作者单位：岱山高亭小学）

小学语文课堂提问设计的反思与改进策略

沈洁芳

教育部发布的《中国学生发展核心素养》指出："培养学生自身发展的核心素养之一为学会学习，包括乐学善学、勤于反思、信息意识等基本要点。"语文课作为所有学科的基础，更应发挥其学科的优势，努力为学生的自身发展奠定良好的基础。在语文课程的学习中，阅读教学又是最能达成这一目标的板块。

阅读教学其实就是学生、教师、教科书编者、文本之间的对话过程。这就意味着阅读教学要精心设计并组织好不同对象、多种形式的对话活动，让学生实实在在经历对话的过程，在对话的场景中展开思与思的碰撞、心与心的接纳，情与情的交融。而这些对话的创设就需要教师在教学过程中通过精炼、明确的课堂提问来达成。在语文课堂上，问题好比是一条看不见的线，将教材内容和教师的导、学生的学串联起来，问题的质量在很大程度上决定了课堂的效果。

但在日常的教学过程中，很多老师在设计课堂提问的时候还存在不少问题，概括地说，有以下几种问题：(1)不分主次，一问到底。整堂课没有主问题，通篇以"教师问，学生答"的形式展开，看似"举手成林"，热闹非凡，实际上学生完全是被动地在教师的拖、拉、拽下进行学习。(2)问题单调，毫无特点。比如，在学习写人文章时提问：你觉得主人公是个怎样的人？你从哪里看出来的？学习写景文章时：你觉得这里的风景有什么特点？你是从哪些句子体会到的？学说明文时：课文介绍了××的哪些特点？分别运用了什么方法说明的？长此以往，学生产生审美疲劳，对学习就会缺少期待感。(3)浮于表面，缺乏深度。学生在回答提问时只需要在文章中提取一些文字信息，或者用一些套话，甚至即使不学文章也能回答，没有思维的技术含量。(4)太过深奥，脱离实际。这种问题不是基于学生现有的水平和生活的经验提出来的，学生缺少引起思考的着力点，无从下手，过于拔高要求，毫无意义。

那么怎样设计主问题才能让它将教材所呈现的知识、能力、情感等要素串联起来呢？下面就几个案例来谈一谈。

一、抓住悬念设问，引导学生关注细节

悬念是作者在课文中设置的疑团或矛盾冲突，可以让学生产生一种心理期待和关注。它既能抓住学生的心理，引得学生对事情的发展、变化、结果产生关注，也使文章更加引人入胜。因此抓住课文的悬念来设计的问题往往是学生最感兴趣、迫不及待想要解决的。

在六年级上册《别饿坏了那匹马》一文教学时，教师首先组织学生初读课文，学习生字词，再由课题引发探究：

再读课题，画出课文中几次写到这句话，分别是谁对谁说的？

对于这句话你们是怎么理解的？(交流、体会这是一个美丽的谎言)

高明的读书人不但会读懂主要内容，还会读进书中去。故事中真的有那样一匹马吗？其实在谎言被揭穿之前，很多聪明的小读者已经发现这是一场“骗局”了，你们能发现吗？请快速阅读课文，看看谁最快发现这个秘密，要有充分的证据。

学生快速默读课文，画出相关句子。师生交流反馈：

1. 根据学生回答，出示以下句子：

“他先是一愣，继而眼睛一亮，笑着对我说：‘过来，让我看看你的马草。’”

“他盯着姑娘茫然的眼睛，命令道：‘听见没有，快把马草提进去。’”

“‘别别别……’他急了，‘碧云！碧云！’他用双手拼命地摇着轮椅，想挡住我的路，‘放下！等碧云来拿！’”

2. 抓住句子中残疾青年的神态、动作、语言、语气等有理有据地说出自己的发现。

3. 猜测残疾青年行为背后的想法。

4. 指导学生朗读。

5. 学习残疾青年的品格。

教师引导学生像侦探一样去发现“到底有没有那匹马”的秘密,能够促使学生认真阅读,关注课文中的细节。学生对每一个句子、每一个词语,甚至每一个标点符号都不放过,从残疾青年的语言、动作、神态中找到蛛丝马迹,并且融入自己的阅读体验,在探寻中获得成就感,这样的阅读才能使人物的形象在学生的头脑中丰满起来。

二、针对矛盾设问,引发学生深入思考

所谓矛盾就是在两个或两个以上陈述、想法或行动之间的不一致。正因为有了矛盾,才有了解决这些矛盾的内在需求。教师抓住课文中的矛盾点设置问题会引起学生解决问题的欲望,而这种内在需求就是推动学生深入思考的原动力。

四年级下册《花的勇气》“小结全文,领悟勇气”板块的教学如下:

面对这一片花的原野,这一片生命的原野,作者的心怦然一震,是什么让作者有这样的一种震撼呢?(花的勇气),请在课文的最后一自然段画出哪一句话最能让你感受到花的勇气。

出示句子:它们为什么不是在温暖的阳光下冒出来,偏偏在冷风冷雨中拔地而起呢?

红色标注“拔地而起”,提问:一般会用“拔地而起”形容什么?

生:桂林的山一座座拔地而起。

生:城市里,一座座楼房拔地而起。

生:森林里有一棵棵拔地而起的参天大树。

师:是的,“拔地而起”这个词语往往形容从地面上突兀而起,非常陡峭、高耸的事物,但今天作者却用它来形容这些小花,一个是让我们抬头仰望的,一个是让我们低头俯视的,作者冯骥才是不是用错词语了?

学生思考,整理。

交流。

生：虽然这些小花长得并不高大，但它们在冷风冷雨中傲然挺立的精神是高大的。

生："拔地而起"表现了作者对这些小花的敬佩之情。

引读第8自然段。所以让冯骥才惊奇的是（生接读），小小的花居然有如此的气魄！冯骥才的心头怦然一震，这一震使他明白了（生接读：生命的意味是什么，是——勇气）。

作者用"拔地而起"形容矮小的花朵，学生粗读之时并不在意，但将这个词语凸显出来，细细品读，却另有一番意味——精神的高大更加让人肃然起敬。

四年级下册《乡下人家》一课教学时，教师让学生品读"鲜花绽放图"，感受独特、迷人的农家风光，片段如下：

学生交流道："有些人家还在门前的场地上种几株花，芍药、凤仙、鸡冠花、大丽菊，它们依着时令，顺序开放，朴素中带着几分华丽，显出一派独特的农家风光。"

师：这句话中，有一对词语很有特点，你发现了吗？

（学生读，发现"朴素""华丽"意思相反，随即用红色标注）

师：同时用"朴素"和"华丽"来形容乡下人家门前的花，是不是矛盾了？

（学生再次读句子，在交流品味中发现："朴素"是因为这些花随处可见，并不像温室中的花朵那样需要精心养护，生命力强；"华丽"是因为花的色彩艳丽，五彩缤纷，非常美丽。）

师（引读）：这是一派多么独特的农家风光啊！

（指名读—评价—再指读—齐读。）

师（小结）：多么独特迷人的景象啊！一个"朴素"，一个"华丽"，品出了乡下人家那独特的农家风光！

在学生交流"鲜花绽放图"时，大多只能感受乡下人家的花很多，很漂亮，很鲜艳，当老师引导他们注意"朴素"和"华丽"这对矛盾时，学生就会更多地去关注乡下人家的生活状态，体会其"独特"之处。

三、找准时机设问，增强学生的思维指向

在教学五年级上册《景阳冈》一课时，教师在两次试教过程中对问题的顺序进行微调，使得学生思维的指向性更加明确，对问题的思考也更有针对性。

试教一：

（概括文章主要内容后）师：课文写了武松“喝酒”“上冈”“打虎”“下冈”四个部分，你觉得最精彩的是哪一部分？

（学生一致认为是“打虎”）

师：找找“打虎”在哪几个自然段。

（学生迅速找到8～12自然段）

师：默读课文8～12自然段，画句子，圈关键词，做批注，你看到了一个怎样的武松？

（学生自主学习—小组内交流—集体汇报）

学生汇报的内容主要集中在以下几方面：四“闪”表现武松的灵活；哨棒打断树枝表现武松力大或强壮；对着老虎拳打脚踢表现武松武艺高强。最后在老师的引导下，学生概括出武松“智勇双全”的人物形象。

试教二：

（概括文章主要内容后）师：你会用哪一个词语评价武松？

生：勇敢、勇猛、灵活、机智、胆识过人……

师：刚才大家用的词语里又有“智”又有“勇”，合并在一起就是——

生：智勇双全。

师：课文写了武松“喝酒”“上冈”“打虎”“下冈”四个部分，你觉得哪一部分最能体现武松的“智勇双全”？

（学生一致认为是“打虎”）

师：找出“打虎”在哪几个自然段。

（学生迅速找到8～12自然段）

师：默读课文8～12自然段，哪些词句最能体现武松的“智勇双全”？画出句子，圈出关键词。

（学生自主学习—小组内交流—集体汇报）

学生汇报的内容主要集中在以下几方面：四“闪”表现武松以逸待劳的智慧；用哨棒打体现武松能借助工具；抓住武松打虎时的动作，揪老虎的顶花皮，对着老虎的要害拳打脚踢，表现武松的勇猛和机智。

从以上两个《景阳冈》的教学片段不难看出，教师在问题的设计上是所差无几的，关键在于问题的顺序，“试教一”是先找句子，再概括武松的人物形象，由老师总结出“智勇双全”。在实际教学过程中不难发现把“你看到了一个怎样的武松”作为主问题太宽泛，根据以往经验即使不读课文，学生大概也能说出“勇敢”“英勇”这样的词语来，而且学生在读句子时比较表面化、零散化。“试教二”是先由老师在学生的回答中提炼出“智勇双全”的人物形象，再找句子证明这一形象。调整了问题的顺序后发现，用“智勇双全”这个词语形容“打虎”时的武松是非常准确的，学生依着这个词语找句子体会时，他们会关注句子中的哪些地方能体现“智”，哪些地方能体现“勇”，武松的“闪”不是懦弱、逃避的表现，武松的“拳打脚踢”也不是乱打一通。有了这样一层认识后，武松的英雄形象就显得更加的饱满、生动了。

四、巧妙深入追问，扩宽学生阅读维度

“追问”是课堂教学中发展理性的一种重要方式，可以及时启发学生的思维。它是学生基本回答了教师提出的问题后，教师有针对性地“二度提问”，再次激活学生的思维，促进他们深入探究。

六年级下册《十六年前的回忆》一文教学片段如下：

教师先引导学生理解李大钊能非常镇定、非常沉着地面对敌人的审讯、酷刑，是因为——他的心被一种伟大的力量占据着。这个力量就是他平日对我们讲的——对于革命事业的信心。

教师出示句子，指名朗读。

教师问：在父亲的影响下，李星华又有什么变化呢（寻找文章中的另一条线索）？

学生试着找关键词句，概括：天真—恐怖—机智、勇敢—坚定（补充李星

华的成长资料)。

这种对革命事业的必胜信心不仅支持着李大钊誓死保守党的秘密,也让李星华从一个天真的小女孩成长为一名坚强勇敢的战士,更激励着中国民众投身于这神圣的革命事业。教师让学生说出最敬佩的一位革命者(学生畅谈)。

这样的追问由李大钊到李星华再到其他的革命志士,以点带面,更充分地利用教材,让学生的阅读由课内拓展到课外。当然,课堂上的追问方式很多,如:你是怎么知道的?你同意他的说法吗?只有这些吗?能不能举个例子说明一下?通过这样的师生、生生间的追问,可以整合学习的内容,展现学生思考的过程,将阅读向纵向拉伸,由已知到未知,由单一到多样,灵活变通,逐层扩展。

五、整合梳理质疑,构建学生阅读话题

学起于思,思源于疑。在构建问题导学的课堂模式时,通过学生的质疑问难来组织阅读教学的话题,更能培养学生主动发现问题,提升独特见解的能力,从而更好地参与课堂探究。特级教师张祖庆老师在执教《和时间赛跑》一课时,就采用了这种形式来构建课堂的中心话题。

三年级下册《和时间赛跑》教学片段如下:

教师板书课题,介绍作者,引入课文。引导学生将难读的句子或认为重要的段落多读几遍;在特别有感悟或不明白的地方做上记号。检查预习,通读课文,书写指导,质疑问难。学生提问,并随机在文中打上问号。教师肯定学生提出的有价值的问题,按照课文的顺序进行梳理。教师将问题集中于"谜"字上,扣疑解"谜",细品课文。

这样的课堂不是教师要求学生学习,而是学生自己迫切地想要寻找问题的答案,变被动学习为主动学习,在教师的引导下,每个学生都是"研究者""探索者",只有让学生真正成为学习的主人,语文课堂才会精彩纷呈,其乐无穷。

综上,教师只有自己深入解读文本,明确文本中内涵的知识、能力、情感、

思维的训练点,精心设计问题,才能让学生在短短的四十分钟里学有所获。

参考文献

[1] 中华人民共和国教育部.义务教育语文课程标准(2011 年)[M].北京:北京师范大学出版社,2012.

[2] 李少萍.见证小学语文教学——名师 名课 名主张[M].太原:山西教育出版社,2014.

(作者单位:岱山县实验学校)

核心目标导向下中年级阅读教学表现任务的设计

林　佩

语文课堂的核心目标是指课堂中最主要的、最富价值的、能指向语文核心素养的学习目标。为了更好地实现课堂核心目标，教师需要设计与目标高度契合的表现任务，以期更好地达成教学目标。

然而在实际的语文课堂中，学习任务的设计存在着一些普遍性的问题：核心目标和表现任务脱节，造成表现任务的设计在课堂中毫无指向性；表现任务指导语表述模糊，学生无从下手；合作低效，学困生参与度不高；任务结果表现形式单一，学生兴趣不浓。

基于以上四大问题，笔者以中年级语文阅读教学为例，从以下几方面来探究核心目标导向下中年级语文阅读教学中表现任务设计的有效方式。

一、聚焦核心目标，合理设计表现任务

核心目标与零散的教学目标不同，它是一堂课中学生学习的基础，是学导设计的前提，具有高度的凝练性。但是实际教学中存在这样两种语文课堂：一种是老师过分解读文本，不放过任何一个可挖掘的训练点，设计多个学习任务，造成整堂课容量过大；另一种是老师上课经常随性而为，学习任务的设计和核心目标毫无关联，生硬突兀。这两种课堂都对核心目标缺乏正确的认识和清晰的定位。“一千个读者就有一千个哈姆雷特”，每个人对文本的解读是不同的，所以我们必须在众多的教学目标中慎重地进行选择，聚焦核心目标，进而合理地设计学生表现任务。

1. 化繁为简，防止学习任务的重复

我们在设计学习任务时需要树立靶心意识，即为了实现核心目标要在课堂中找到最适切、最便捷的途径，“一击即中”，学会化繁为简。一位教师执教《秦兵马俑》一课在感知文本的主要内容时设计了这样的学习任务：

哪些自然段概括地介绍了秦兵马俑？用横线画出来。

学生交流，提炼出以下句子：

秦兵马俑在我国西安的临潼出土，举世无双，是享誉世界的珍贵历史文物。

兵马俑不仅规模宏大，而且类型众多，个性鲜明。

兵马俑在古今中外的雕塑史上是绝无仅有的。

教师让学生根据上面几句话完成国宝档案资料（见表 2-15），随后根据表格交流。小结概括主要内容的方法：抓住关键段了解大意。

表 2-15　国宝档案表

国宝档案表	
文物名称	秦兵马俑
出土地点	
兵马俑特点	
文物价值	

细读会发现，这个板块应该是本堂课核心目标下的子目标，即让学生了解这篇课文的主要内容。为了达成这个子目标，教师把教学过程分解成了两步，即找出概括的句子和完成国宝档案资料，这看起来似乎是降低了学习难度。可事实上，看似有趣的国家宝藏档案资料的制作反而成了这堂课多余的“附属品”。因为两步学习任务的目标指向都是一致的，第一个问题中找到三个关键句其实就是概括了文章的大意，再去学习抓关键句概括文章主要内容的方法，反而是画蛇添足。

一个核心目标设置多个重复的学习任务，显然是没必要的，这不但增加了老师和学生的负担，而且降低了课堂的学习效率，事倍功半。

2. 牵一发而动全身，杜绝学习任务的繁杂

主问题往往起着一问抵多问的作用。无论是巧设梯度、层层递进的主问题，还是开放性的、具有深度思考空间的主问题，都能让学生的学习能力向前迈进一步。例如同样是执教《两个铁球同时着地》一课，下面的两位老师在“感知人物”板块中设计了截然不同表现任务。

表现任务设计 1：

年轻时的伽利略有哪些不同寻常的地方？请找出关键词。

想想之前的科学家和伽利略的观点分别是什么？找出句子。

你对亚里士多德有哪些认识？结合关键词语来谈。

表现任务设计 2：

课文中出现了两位主要人物，分别是谁？

文中分别有两段话介绍了他们，谁能最快找出来？

你认为伽利略和亚里士多德哪位人物更了不起？在文中画出你的依据。抓住重点词语说说你的理由。

通过比较不难发现，第一个表现任务设计主问题不明确，线性的琐碎问答比较多。学生被教师的一个个问题牵着，亦步亦趋，一问一答式的课堂模式非常枯燥。教师既想感知人物又想提取观点，反而捡了芝麻丢了西瓜。而第二个表现任务中的主问题“你认为伽利略和亚里士多德哪位人物更了不起”明确指向前两个自然段的学习目标，少了许多不必要的追问，更能激发学生内在的学习热情，让学生碰撞思维。

二、倡导自主合作探究，提供清晰的学习步骤

《义务教育语文课程标准(2011 年版)》指出，“课程必须根据学生身心发展和语文学习的特点，爱护学生的好奇心、求知欲，鼓励自主阅读、自由表达，充分激发他们的问题意识和进取精神，关注个体差异和不同的学习需求，积极倡导自主、合作、探究的学习方式”。考虑到学习主体还是一群心智尚未成熟的儿童，为了真正实现学教方式的转变，教师在设计表现任务时必须提供

清晰的学习提示,无论是自主学习,还是小组合作学习,学习提示都切忌过于繁杂。如果屏幕上出现一大段的文字,只会让学生望而生畏,降低教学效果。

一位老师教学《桂林山水》一课时,为了让学生感受漓江水的“静”“清”“绿”的特点,设计了这样的表现任务:

圈一圈:圈一圈能概括漓江水特点的词语。

想一想:作者是如何将漓江水的特点写具体的?

读一读:用你喜欢的朗读方式赞一赞漓江的美。

这份表现任务看起来似乎和很多设计大同小异,事实上如果将这几个问题分散在课堂上,学生要完成的学习任务是很大的。但这份表现任务却没有让人产生这样的感受,仔细阅读发现,这份设计具有几大特点:一是步骤清晰,学生能在提示语的帮助下独立、自主地完成学习任务,为学生接下来的学习活动提供了“脚手架”;二是表达简洁,用“圈一圈”“想一想”“读一读”这样的方式让学生清楚了解自主学习活动,也能将这样的学习方法迁移运用,举一反三。

合理的表现任务应该具有清晰的学习提示,充分体现教师对学生的引导,为学生提供学习的方向和方法。

三、关注最近发展区,分层设计表现任务

学生之间的差异是客观存在的,尽可能既照顾学优生又关注学困生是课堂应该努力的方向。著名特级教师蒋军晶老师曾经这样写道:“所谓教学,是努力缩小天赋之间的差距,而这种努力就是教师的介入。”当然对于一整堂课来说,教师介入的方法形式可以是多样的,单就表现任务的设计而言,要求教师在每节课中努力关注学生的最近发展区,分层设计学习任务,使学优生有提升,学困生有进步。

1. 基于学力,构建不同高度的学习支架

“教师在照顾全体学生的基础性的同时,也应正视差异,确立针对不同学生的不同层次的目标,设置不同难度和类型的学习任务,形成不同结构的学

习组织形式，提供不同材质的学习工具，构建不同高度的学习支架。”如果表现任务的设计选择一视同仁，那么只会使学困生和一部分学有余力的学生陷入更加尴尬的境地。因此，教师要综合考虑，关注学生的最近发展区，既要考虑保持一部分学困生的学习积极性，也要考虑部分学有余力的学生学习能力的发展。在设计表现任务时，应该提供不同的学习支架供学生选择。

以《两个铁球同时着地》这篇课文为例，在教学课文第 3 自然段时，为了让学生了解伽利略的思维过程，重现他的思考之路，教师设计了这样的表现任务：

读第 3 自然段，如果亚里士多德的话是正确的，画出铁球下落的示意图，并写出两种不同结论。

小组内统整表格。

根据表格交流伽利略的思考过程，选择一种结论说一说。

最后小组派代表交流。

这个表现任务的设计非常考验学生的思维能力，思维活跃的学生更有发挥的空间，而一部分逻辑思维能力相对弱的学生则无从下手。考虑到每个学生智力有差异，学情有区别，所以教师在第二稿设计时大胆采用了选做题的方式：

读第 3 自然段，选择一、二两题中的任意一题来完成。

画出铁球下落的示意图，写出两种不同结论，小组内进行分享。

同桌或就近合作演示铁球下落的两种情况，小组内进行分享。

在目标导向下，教师根据学情提供了两个不同的学习支架供学生选择，这样的设计一方面降低了难度，另一方面也更多地考虑到了每个学生的学习能力和最近发展区。

2. 关注方法，提供小组合作的多种学习视角

在小组合作组建之初，全班学生按“组内异质、组间同质”的原则进行了搭配，小组中能力强的学生喜欢畅所欲言，他们往往主导着合作；而一部分学力稍弱的学生已经习惯了聆听，不擅长表达，在小组合作中他们属于弱势一方。长此以往，循环往复，似乎又回到了传统课堂模式，显然是不可取的。那

么如何设计表现任务才能让学困生在小组合作中有安全感并且乐于表达，让更多的学生参与到课堂中，以实现核心目标呢？这就需要教师关注方法，为学生提供小组合作的多种学习视角。小组合作的学生角色是多样的，可以是记录员，可以是观察员、可以是发言者、可以是汇总者等，这样能让学生在不同的角色体验中既习得合作的方法，又实现知识的增长。

有位老师执教《千年梦圆在今朝》这一课，为了让学生感受航天工作者们锲而不舍、勇于探索、默默奉献的科学精神，设计表现任务如下：

小组合作：

默读课文5～10自然段，按照1～4号的顺序进行交流，说说你感悟的科学精神，并说出从哪里感受到的。

组员发言时，请记录员做好摘记，讨论结束之后进行汇总。

科学精神（词语概括）：

________________ ________________ ________________

________________ ________________ ________________

交流过程中，请观察员注意组员表现，随机进行评价。

评价标准如下：

课本中有自学痕迹，请给他两颗星。________________

能清楚、完整地表达自己的观点，请给他三颗星。________________

设计中学生的学习视角是多样的，记录员要仔细聆听并做好摘记，观察员要细心观察做好评价，组长要主持“大局”随时应付生成性问题。每一节课的角色变化都会带给学生不同的课堂体验，特别是对于学困生而言他们有了明确的步骤和方向，不再是无所事事。表现任务的分层设计真正使学困生学有所获，使学优生获得发展。

四、创设有趣情境，丰富学习结果表现形式

小学生的学习热情很大程度上取决于他的学习兴趣，而创设情境恰恰是激发学习动力、提升学习能力的一种方式。如果只有有趣的情境显然是不够的，学生早已厌倦了练习式的一问一答。事实上，像思维导图、对话、朗诵、演讲、

海报制作这样丰富的学习表现形式也许更能引发他们的学习热情。

三年级下册的《太阳》一课是一篇科普短文，文章采用了列数字、打比方等说明方法，介绍了和太阳相关的一些知识，说明太阳和人类有着非常密切的关系。为了让学生真正地学会几种说明方法，并且运用于实践中，教师设计了拓展延伸的表现任务：

下面我们再来一点儿有难度的挑战：现在你就是太阳，向地球上的小朋友介绍你的其中一个特点。温馨提示：(1)选择一个特点介绍；(2)用上第一人称“我”；(3)介绍时要有礼貌；(4)用学到的说明方法把太阳的特点说清楚。

这样的表现任务极大地吸引了学生，学生的表达欲望被激发，学习的效果自然事半功倍。再比如在学习《颐和园》这一课时，学生在找到表示游览顺序的句子之后，老师出示颐和园的平面图，让学生当小导游。其实这些有趣的教学情境都能激发孩子的学习热情。而类似于小导游、演讲等丰富的学习表现形式不仅是激发学生学习兴趣的有效方法，更是核心目标是否达成的一项有力证明。

为了提高课堂实效，教师必须从语文核心素养、教材特点、课程目标、学生学情等方面对学习目标进行取舍，树立靶心意识，找准核心目标，在目标导向下设计表现任务，在任务驱动下设计学习活动，这样才能让课堂真正地面向学生。

参考文献

[1] 陈晨.“预”约精彩，顺学而“导”——学习任务单在语文课堂中教学的应用初探[J].时代教育，2013(24)：245.

[2] 中华人民共和国教育部.义务教育语文课程标准(2011 年版)[M].北京：北京师范大学出版社，2012.

(作者单位：岱山县长涂中心小学)

小学语文阅读教学中学生提问能力的培养

金群杰

“学起于思，思源于疑。”疑问是推动学生主动探究的内在力量，是智慧的开端、发现的基石，是开发智力、激活思维的推动力量。学生只有在头脑中有了问题，他们才会主动思考，才会有求知的愿望和动力；也只有在问题产生之后，他们的态度才是积极的，思维才是活跃的。然而，当前由于受传统教育观念等影响，学生在课堂上多处于“听”的被动学习状态，很少能主动提出问题，“不敢问”“不会问”“不善问”等现象充斥着课堂。因此，要把培养学生的提问能力作为课堂教学改革的突破口和转变学生学习方式的切入点。阅读教学承载着培养学生的分析能力、表达能力等多重任务，也是培养学生提问能力的重要途径。本文就当前小学语文阅读教学中培养学生自主提出问题能力的策略谈谈看法。

一、小学语文阅读教学中学生自主提问存在的问题

当前的阅读教学大多是学生在教师课堂提问的引导下探求答案的过程，很少有学生主动发现问题、提出问题，而且为了把握教学进度，在有限的课堂教学时间，不少教师无暇关注学生的疑惑，也未给予学生提出疑问的机会。更有甚者，即使学生提出了自己的疑问，教师却仍按既定的设计完成课堂教学，并不会对学生的提问进行针对性的分析或讲解。久而久之，学生会感到自己的发现似乎是没有价值的，自己只要学习老师要求掌握的知识就好，日渐懈怠，形成了只会“听”，不会“思”的学习状态，逐步失去主动探究的热情。

此外，如何提出高质量的问题是需要学习的。若没有相关的训练，学生

提的往往是浅显的认知性问题，缺乏一定的深度和价值。有些学生甚至难以发现问题，找不到思考的路径以及提问的角度。还有些学生虽发现了“疑惑点”，却不能将其准确、完整地表达出来。

随着年级的增长，学生的问题意识、提问能力越来越薄弱，主要表现在以下几个方面：

1. 不敢问——受主客观环境的制约

受传统师道观念的影响，老师在学生的心目中具有绝对的权威地位，学生对老师无条件地信服，更别说提出质疑了。而且老师通常肩负传授书本知识的任务，很多学生对书本盲目信任，总认为书中的内容就是绝对正确的，自己只要学习记忆即可，根本没想过要去探究，去思索，去质疑。这样的认知让学生在面对书本、面对老师时，失去了探究的原动力，提问意识日益淡薄。

有些学生由于好奇心，在最初也能做到不懂就问，甚至对书中的观念提出自己独特的看法。但此时若有同伴因为他的问题“过于简单”而嗤之以鼻，或看法过于“特立独行”而嘲笑、议论，老师因他不按既定的学习目标思考，而对他的问题选择忽略或者予以否定，就会直接影响学生提问的积极性。而且随着年龄增长，学生的自我意识增强，越来越在乎外界对自己的评价和看法，更无法忍受他人的批评和嘲笑。传统观念的影响以及课堂环境的缺失，逐渐消磨了学生自主探究的热情，最后导致学生失去提问的勇气。

2. 不会问——缺少正确的思考路径

日常教学中往往会遇到这样的现象：问学生“关于这篇课文有什么想问的”，大部分的学生都会说没有，即使偶尔有几个人提问也多属于认知层面，缺乏一定的深度，没有多大意义。这些学生都是因为胆怯而不敢提问吗？事实上大部分学生真的是“无疑可问”，不知道面对文章应该重点关注什么，也不知道可以从哪些角度进行思考。

学生不知“疑”在何处，“惑”在何方，即使有提问之心，也无提问之能。

这需要教师在日常的阅读教学中对学生进行思维引导，以及针对性的示范和训练。教师只有在课堂上循循善诱，逐步指导学生掌握质疑问难的方法与途径，才能达到“授之以渔”的目的。

3. 不善问——缺乏准确完整的表述

一个高质量的问题除了有深度、有价值，还要准确、完整地表述出来。但有时学生明明发现了“疑惑点”，却不能准确地表述出来，以致教师和同学都不知其所云，甚至可能草草了结，失去深入探究的机会。

例如教学《月球之谜》一课时，教师补充拓展了月球的相关资料：

陨石砸的坑越大，形成的坑就越深。在地球上宽 300 千米左右的陨石坑，深度在 1200 千米左右。可是，同样大的陨石坑，在月球上的深度却不超过 6.4 千米。

两位学生根据这段资料，自己提出问题：

陨石砸的坑越大，形成的坑就越深，可 1200 千米的陨石坑在月球上的深度却不超过 6.4 千米呢？

为什么在地球上的陨石坑是 1200 千米左右，而在月球上为什么不超过 6.4千米呢？

根据比较分析发现，两位同学在表述时都不够完整、规范。第一个问题缺少一定的疑问词，表达不够流畅；第二个问题未将前提表述清楚，不够客观。

综合这两个问题，教师引导学生做出以下修改：

为什么同样大小的陨石坑，在地球上深度在 1200 千米左右，在月球上深度却不超过 6.4 千米呢？

可见，将问题准确、完整地表述出来，也是训练学生提问能力的重要内容之一。教师需要进一步提高学生的语言表达，让学生真正实现“我口说我心”，这样才不会遭遇“只可意会不可言传”的尴尬局面。

二、小学语文阅读教学学生提问能力的培养策略

针对学生“不敢问”“不会问”“不善问”的现状，笔者提出以下几种可行性的能力培养策略，以期激发学生的探究热情，拓宽学生的思考路径，指导学生提问的方法，从而真正提高学生的提问能力。

1. 营造轻松愉快的课堂氛围，让学生敢于提问

让学生畅所欲言，首先要为其营造安心的学习氛围，构建平等和谐的师生关系。教师要尊重学生的主体地位，为学生留出深层次生疑所需的时间，鼓励学生积极提问。对于学生的提问，教师要做出相应的反馈，切不可流于形式，让学生“为问而问”。无论问题的大小、难易，教师都要认真倾听，耐心解答。在师生共同释疑过程中，教师要尊重学生的独立见解，珍视他们的独特感受，善于捕捉其思想的火花并给予赞扬，从而增强学生提问的勇气和信心。

对于思维含量不高的问题，教师首先要肯定学生敢于提问的勇气，然后让学生通过再阅读自己去寻找答案。教师在课堂上绝不能直接生硬批评学生的问题幼稚、毫无理论依据，否则会极大扼制学生提问的热情。同时，对于那些嘲笑他人提问的行为，教师也要及时制止，正确引导。

对于有一定深度的问题，教师要帮助学生分析，引导其思考的路径，鼓励学生进行深层次的思考。对于非常有深度的问题，教师除了肯定学生的积极思考，还要引导更多的学生参与讨论，鼓励其进一步探索，大胆创新。

2. 注重对学生思路的引导，让学生发现“疑问点”

(1)合理安排——把握提问的契机。阅读教学分为三个阶段：阅读教学前、阅读教学中、阅读教学后，若适时引导，在每个阶段合理设置学习任务，留给学生思考的空间，才能启发学生的思维，不断提高学生的提问能力。

阅读教学前，学生对所学内容充满好奇，自主阅读时也最具探究的欲望。因此，教师可让学生通过预测等方式进行提问能力的训练，如从课文题眼处质疑等。例如四年级下册课文《永生的眼睛》，学生看到课题后难免会产生质疑：为什么眼睛会“永生”？学生对文本进行阅读前的猜想，然后带着预设进入阅读，在阅读中不断印证自己的猜测，这样不但可以激发学生的阅读兴趣，而且在对比发现中更易发现作者立意、构思的巧妙。此外，在自主阅读时，学生对于不明白的地方还可进行适当的标注。通过自主提问，学生不断形成自己的知识网络。这不仅对于新课文的学习具有重要意义，还极大地提高了学生的听课效率。

随着阅读深入，学生进行深层次的思考，也会关注到更多自主阅读时未曾注意的知识点。此时教师要抓住契机，适时引导学生提出质疑，比如关注

课文留白处，抓住看似矛盾处等。如三年级下册《月球之谜》，文中介绍了月球真实的样子："这里的天空黑沉沉的，表面却洒满灿烂的阳光。月球上满是尘土、岩石、环形山，没有水，没有任何生命。月球是一片荒漠。"教师借助图片、资料袋等让学生领略月球的奇异景色。在此基础上，教师可以引导学生思考、提问："为什么月球上只有这些东西？为什么月球上的天空是黑沉沉的，但是表面却洒满灿烂的阳光呢？"又如《养花》一课，学生最想问的问题是："为什么'有忧''有泪'也能够成为养花的乐趣？为什么连伤心的时候——菊秧被砸也是一种养花的乐趣呢？为什么老舍先生抢救花草，虽然累，但乐在其中呢？为什么老舍一开始说自己没有奇花异草，后来却养出了昙花？"这些看似矛盾之处，往往就是文章值得探究之处，学生需深入思考。

日常教学中，部分教师往往忽视阅读教学后的指导，以为无关紧要。其实，学习需要自我沉淀的过程，这样才能使所学知识更牢固。此时，教师可引导学生自问：关于这个文本我还有什么想知道的吗？这个文本与之前类似的内容相比有何不同？学习了这篇文章我想到了些什么？……通过一连串的反思、自问，引导学生联结旧知识，拓展新内容，从而引发学生的主动学习。比如一年级下册《端午粽》一课，课文最后一句是这样写的"人们端午节吃粽子，据说是为了纪念爱国诗人屈原"。为什么端午节要吃粽子来纪念屈原？屈原又是怎样的一个人？学生的脑袋里会冒出许多这样的疑问。此时，教师把屈原与端午节的故事适时引入，不仅解开了学生心中的疑惑，而且拓宽了学生的知识面。

(2)方法引导——提出有内涵的问题。如何提出高质量的问题的能力需要不断从实践中习得，而教师在课堂上的设疑对学生的质疑思维起表率的作用。因此，在阅读教学中，教师要对文本的语言、结构、内涵等方面进行提问，给学生质疑以启迪，从而引导学生思考的路径，让他们了解提问的不同角度，通过不同形式的比较阅读，引发学生的深入探究，发现文本的奥秘。

①新旧教材对比。通过对新旧知识的比较我们发现问题新旧两个版本的教材内容上存在差异，而这恰恰是发现问题的根本。如《月球之谜》前后有两个版本，有关植物实验的描写呈现出两种不同的效果：

旧版教材：

再瞧用植物做实验的结果。把玉米种在月球的尘土里，它的生长与在地球

土壤里没有明显不同。可是，水藻一碰到月球尘土，就长得特别特别鲜嫩青绿。

新版教材：

再看看用植物做实验的结果：把玉米种在模拟的月球尘土里，和在地球土壤里生长没有明显不同。可是，一旦把水藻撒进模拟的月球尘土里，情况又会是怎样的呢？

让学生对比两个版本的描写，说说哪个版本更合理，更符合“月球之谜”。对比发现，旧教材呈现了玉米、水藻两种植物在月球尘土中的不同生长状况，从而让学生产生疑问；而新版本只是交代了玉米在月球尘土中的生长状况，对水藻的生长状况只是一种假设，学生无实验结果进行比较，也就无法发现其成“谜”的原因。可见，旧版教材在描述上可能更有助于学生发现问题，提出问题。

②不同体裁的文本对比。比如同是介绍南极洲的文章，一篇是科学说明文《南极洲简介》，一篇是书信《一封来自南极洲的信》，还有两篇新闻报道《南极洲的故事》《南极航行历险记》。在阅读完四篇文章以后，教师可提供一张学习单，让学生思考其不同：这组文章用了三种不同方式介绍南极洲，你认为它们各自的优缺点是什么？如表 2-16 所示。

表 2-16　南极洲文章

体裁	优势	劣势
说明文		
信件		信息量不够大……
新闻报道	有真实感，好看……	

通过比较，学生会发现，不同的文体各有优势，每种体裁都有其独特的作用。这就启发学生日后在阅读同主题不同体裁的文章时可以比较着读，从不同角度对事物做全面了解。

③相同结构的文本对比。有些文本具有明显的结构特点，此时教师可以引导学生联结旧知识，寻找相似的文本进行比较阅读，从而发现结构的独特性，进行深层次的探索。比如在带领学生阅读了绘本《犟龟》后，让学生思考：这种讲述故事的方式和以前你听过的哪些故事相似？学生通过交流后发现，《渔夫和金鱼的故事》《老头子做的事总是对的》都采用这种“三次反复”的结

构。教师再追问：那这些“反复”的结构是相同的吗？学生探索后会发现，反复结构的故事可以分为两类：一类是并列结构的反复故事；一类是递进结构的反复故事。通过这样的引导，学生在学习时会主动关注文章的结构，研究这种结构的独特性。

又如教师以“民间爱情故事里的秘密”为议题，引导学生阅读《牛郎织女》《孟姜女哭长城》《梁山伯与祝英台》《白娘子》等文本，提供学习单让学生发现民间故事独有的叙事结构，如表2-17所示。

表2-17 民间爱情故事里的秘密

篇名	男主人公	女主人公	阻挠人	磨难	结局

通过对比，学生会发现，民间爱情故事中女主人公往往是“白富美”，而她们的爱情故事里往往会出现一个有权势的阻挠者，经历重重磨难，最后大都以悲剧结尾。通过这样的探究，下次学生阅读同主题、同体裁的文本就会有意识地进行比较，探究这些文本是否有相同的叙事结构。

④同主题、不同作家的文本对比。统编教材以人文主题作为单元整组编排的重要依据。如五年级上册第一单元以“我爱读书”为主题，收入了《窃读记》《小苗与大树的对话》《走遍天下书为侣》《我的“长生果”》这四篇文章，但每篇文章的叙事角度都有所不同：《窃读记》突出“阅读兴趣”；《小苗与大树的对话》侧重“读的内容”，鼓励多读闲书；《走遍天下书为侣》论述“读书的方法”；《我的“长生果”》讲述“读书的好处”。可见，虽是同一主题，但每个作家写作的角度、写作的侧重点都是不同的。若教师经常引导学生进行此类型的比较阅读，就能逐步培养学生“求异提问”的意识。今后学生阅读同一主题的文章时，就会自己尝试将几篇文章进行对比，从中发现问题、提出问题。

⑤作品与现实的对比。在阅读作品时，我们可能会发现一些有悖常理之处，这些看似矛盾的点往往就是作者的独具匠心之处，也是最值得质疑、探究的地方。比如学习四年级下册第六单元的《渔歌子》，其中有一句“青箬笠，绿蓑衣”。若学生见过现实中的“箬笠、蓑衣”就会发现，箬笠不是青色的，蓑衣也不是

绿色的，它们一般是黄色的、棕色的，那词人为什么说“青箬笠，绿蓑衣”？通过探究我们发现，诗人用“青、绿”这两个富有生机的词语，其实想表达一种快活的心情。拓展阅读其他古诗词会发现，当用到“青”“绿”这些词时，往往是高兴的、愉快的。如“遥望洞庭山水翠，白银盘里一青螺”“白毛浮绿水，红掌拨清波”等。

当然，若学生对箬笠、蓑衣并不了解，就难以发现这特别之处。因此，要发现这些矛盾之处，提出高质量的问题，需要学生丰富的课外知识储备。正是这种丰厚的知识储备使得学生具备敢于挑战权威的勇气，帮助学生更快地找到提问的切入口，从而实现深度思考。

教师通过方法引领为学生提供思考的路径，引导学生尝试从不同角度提出问题，如关注文本的内容、体裁、结构、语言等。同时，教师还应对学生进行针对性的示范与训练，让学生从比较、尝试、多角度思考、找矛盾等过程中发现问题、提出问题。这样既可以帮助学生获得破解本节课教学内容的钥匙，又能够促使学生掌握一些提问的技巧，并在实际运用中加以巩固，实现知识的迁移，逐步提出有内涵的问题。

3. 规范表达——让学生善于提问

除了要找到“疑惑点”，学生还要将问题准确、完整地表述出来。因此，教师要不断提高学生的语言表达能力，指导学生问题表述的正确方法。

问题的表述一般需注意以下几个原则：

(1)问题的指向要明确。锁定核心目标，一个问题一般只有一个焦点，要不针对语言特点提问，要不针对谋篇布局提问，尽量避免相互交织，以免造成表达不清。

(2)问题的表述要具体。问题的表述应尽量客观、具体，尤其是针对文章的矛盾之处，一定要将两者的冲突点论述清楚，让他人迅速意识到问题所在。如对《渔歌子》中的矛盾之处提问：生活中的箬笠、蓑衣一般是黄色的、棕色的，为什么这里箬笠是“青”的，蓑衣是“绿”的？

(3)问题的表述要客观。学生提出的问题要有相应的依据，或是基于生活经验，或是基于阅读经验，不可凭空臆断。这样的提问才更具思考的价值。

(4)问题的表述要规范。问题的表达要遵循基本的语法规则，做到语句通顺、用词准确、正确使用标点等。提问时可适当加上“谁”“难道”“怎么”“为什么”“哪些”等疑问词，以增强提问的语气。

三、结语

学生的提问能力是学生整体思维的重要表现。自主提问对学生语言表达能力的提高，批判性思维的形成，以及主体性的发展均具有重要作用。新课程改革的一个显著特征是“促进学生学习方式的改变，积极倡导自主学习、合作学习和探究学习”，将学习过程由以前的被动接受转变为发现、提出、分析、解决问题。在这个过程中，发现和提出问题既是第一要素，也是核心要素，因为思索源于问题，创新源于问题。

子曰：“不愤不启，不悱不发。”小学语文课堂是学生认识世界、发展思维、获得审美体验的重要途径。真正有效的教学应是基于学情、基于“问题”的教学。小学语文阅读教学作为培养学生能力的重要途径，应当通过营造轻松愉悦的学习环境，让学生敢于提问；通过教师的引导示范，拓宽学生的思考路径，发掘提问的切入点，让学生“有疑可问”；同时进一步提高学生的语言表达能力，让学生将问题准确、完整地表述出来。相信通过不懈的努力，学生“不敢问”“不会问”“不善问”的现象终将被改变。作为语文教师，我们应积极鼓励学生开展自主、探究的学习活动，科学、系统地培养学生的提问能力，从而帮助学生养成发现问题、提出问题、分析问题、解决问题的能力，为他们的终身发展打下坚实的基础。

参考文献

[1] 蒋军晶.让学生学会阅读：群文阅读这样做[M].北京：中国人民大学出版社，2016.

[2] 乔燕.小学语文教学“求异提问”意识和能力的培养[J].上海师范大学学报，2010(2)：47-53.

（作者单位：岱山县岱西镇怀慈小学）

小学语文略读教学的问题诊断与解决策略

於　芬

新课程小学语文教材中将课文分为精读课文、略读课文和选读课文三类。教材从三年级上册开始安排略读课文，而且随着年级的增高，略读课文与精读课文相差比例越来越大，三年级为33.33%、四年级为82.86%、五年级为100%、六年级为104.17%。略读课文在小学语文中高段教材中占据着重要篇幅，这就要求教师在教学中对略读课文教学时间和精力要不断地增加。略读课文教学主要是引导学生把从精读课文中学到的语文基本功用于阅读实践，逐步培养学生的独立阅读能力。所以，提升略读课文的教学质量可谓意义重大。

一、略读教学的问题诊断

1. 教师的重视度不足

因为是“略读”，所以不列入考试的范围，受“应试教育”的影响，教师往往花费大量时间在精读课文的讲读上，造成了略读课文教学时间紧张。略读课文篇幅偏长，教学课时少，教材处理起来较难，既没有生字词写的要求，也没有课后习题、作业练习的辅助。对于略读课文的教学，在教学中容易被大多数教师忽视，没有引起足够重视。

2. 教学的把握度不准

略读课文“教什么，怎么教，教到什么程度”是语文教师比较困惑的问题，这主要源于教师对略读课文的地位、作用认识不够清楚，对略读课文的编排意图理解得不够透彻，没有很好地把握略读课文教学的“尺度”。有的教师把略读课文“精读”化，把文质兼美的略读课文当精读课文教，面面俱到；而有的教师对略读课文内容泛泛而谈，进行“走马观花”式的教学，导致学生的略读能力没有得到有效训练和培养。

3. 课堂的自主性不强

叶圣陶先生曾说过：“精读课文与略读课文相比，就课文扩展来说，略读课文将更开放。”学习略读课文时，学生是主体，教师课堂上要留给学生充分的自读与交流的时间。有的教师没找准略读课文教学的起点，往往在阅读能力上低估了学生，课堂过于封闭，挤占了学生自读自悟的时间；有的教师对略读课文过度分析，取代了学生的阅读实践，禁锢了小学生活泼的个性，以及对生命的独特感知、体验和解悟。学生在课堂上没有充分发挥自主能动性，对略读课文学习的兴趣必然会大打折扣。

二、略读教学的定位

1. 略读与精读的关系

叶圣陶先生对略读教学有过精辟的阐述：“就教学而言，精读是主体，略读只是补充；但是就效果而言，精读是准备，略读才是应用……精读文章，只能把它认作例子与出发点，既已熟悉了例子，站定了出发点，就得推广开来，阅读略读书籍。”这段话清楚地表明了精读与略读的关系，精读是略读的基础，略读是精读的补充和延伸，它们同是阅读的基本方法和要求，虽然各自的作用不同，但是就教学而言同等重要。就学生的成长和实际应用作用而言，略读更具有独立阅读的性质，更贴近阅读教学的终极目标需要。

2. 课标对略读教学的要求

《义务教育语文课程标准(2011 年版)》也指出，“学会运用多种阅读方法”“学习略读，粗知文章大意”“学习浏览，扩大知识面，根据需要搜集信息”“加强对阅读方法的指导，让学生逐步学会精读、略读和浏览”。这些同样指明了略读在阅读教学中的作用和地位。略读课文是学生运用所学会的阅读知识，

利用阅读期待进行独立阅读、理解的好材料，是培养学生探究性阅读和创造性阅读的重要途径。学生通过个性化阅读获取信息，培养独立阅读能力，形成良好的阅读品质。

3. 略读教学的实践要求

略读课文的教学目标简洁，教学过程简约，理解的要求要低于精读课文，一般是“粗知文章大意”“学习浏览，扩大知识面，根据需要搜集信息”只要抓住重点、难点帮助学生理解即可，词句的理解不作为训练的重点；教学方法上，教师要给学生更多的自主时间，重点考查其把握文章大意、评价浏览、捕捉重要信息的能力。略读是学生独立阅读的有效尝试，个体阅读和合作交流是略读课文的主要学习方式。略读课文的教学应该成为联系课内外阅读的桥梁，教师应根据课文特点，适当向课外拓展、延伸。

三、略读课文教学的改进策略

1. 取舍教材，“提示”引路

略读课文教学应该学会做减法，那么如何合理取舍教材呢？这是略读课文教学备课时需要把握的问题。教师应准确制定略读课文的教学目标，吃透单元导读所包含的教学要求，有的放矢，使教学过程简约、大气。略读课文前面一般都有提示语，课前提示语既自然地把学生的学习由精读过渡到略读，又提示了略读课文的学习要求和方法，体现单元教学的整体性、系统性。教师可以借助课前提示语来取舍教材内容，如《世界地图引出的发现》这篇课文课前的提示语是这样的：法布尔长期坚持观察昆虫，成了著名的昆虫学家。下面课文中的主人公在观察中发现了什么呢？认真默读课文，看看魏格纳的奇妙想法是怎样产生的，有了这个想法以后，他又做了什么。把你阅读课文的感受讲给同学听。

在这段课前提示语中，既有从前面一篇精读课文的过渡语，又有对这一篇课文的学习要求和方法，在备课时抓住课前的提示语中的三个问题“主人公观察中发现什么？奇妙的想法是怎样产生的？有了想法以后，他又做了什么?”展开课堂教学。又如《卡罗纳》这一课的提示语“默读课文,看看面对遭遇不幸的卡罗纳,大家是怎样做的,再说说你从大家的言行中受到什么启发”就告诉了我们教学的重点。《幸福是什么》因为课文浅显易懂,所以根据课前的提示语,研讨时把课堂教学的重点定为:什么是幸福以及三个牧童是怎样弄懂幸福是什么的。对于略读课文的教学,教师要用好、用活“提示语”,借此确定教学的侧重点。

2. 整体求略,一课一得

略读课文教学主要是为了培养学生的略读能力,应该重视略读方法的训练、略读能力的培养。在教学中教师应注意抓住主线、主问题,引导求“略”,放手让学生自主阅读,多给学生朗读、思考、质疑、发表见解的机会。如《世界地图引出的发现》这篇略读课文的学习流程为:默读—思考—交流。课堂上教师可以围绕这三个步骤展开教学。初读阶段教师让学生在反复朗读中扫清障碍,读懂课文;自读自悟阶段让学生根据学习提示充分地默读,在读中思考,在读中解决问题;汇报交流阶段让学生在讨论交流中选择自己最感兴趣的一点,感受最深的一点进行交流……课堂上教师只是提纲挈领,引导学生抓住重点,提出问题,深入阅读,帮助学生把文本真正读懂。《给予是快乐的》这一课的学习是在学生整体感知的基础上把“小男孩令人感动的语言、动作、神情的句子,用心读一读,谈谈自己的感悟”作为重点内容展开教学的。又如《卡罗纳》一文,语言浅显易懂,我们就抓住主问题“在卡罗纳最悲痛的时候,大家是怎么关爱卡罗纳的?”让学生自学,自读感悟,然后请学生画出有关的词句,读一读,品一品,并写上自己的感受。学生在自主学习、与他人交流中不仅了解到“老师”对卡罗纳的关爱,也能了解到“我”“同学”“我的妈妈”等人对卡罗纳的关爱。教师只在学生合作交流的过程中适当给予点拨指导,担当好组织者、参与者、欣赏者的角色,真正地把读书时间还给学生,让他们把精读课文中学到的读书方法用于阅读实践,逐步提高自学能力。

3. 关注语言,积累运用

虽说略读教学讲究“简”“略”,但也需要有“精”的部分。选入教材的很多

略读课文在用词、构段、修辞、成文等方面都有独到之处，是学生语言学习的范本。经常在阅读中借鉴、模仿文中富有特色的语句、段落，就能在迁移性的练笔中逐渐体悟到其中的表达规律，并内化为学生自身的语言运用能力。教师应该站在语言运用的高度对这部分略读课文教材内容进行透彻的解读，让略读课文独具特色的语言表达和写作特点成为“语用型”教学的内容。《牧场之国》中有大量的修辞手法的运用，课堂上可以对“拟人句”展开专题训练。教学《花的勇气》这一课时，教师可以让学生结合课文最后一段，体会花的勇气，然后进行仿写训练：

(1)在我们生活中何止这片小花呀，还有很多事物能让我们感受到生命的勇气。在冷风冷雨中拔地而起的，那是花的勇气；在绝境中奋力挣扎的，那是飞蛾的勇气。

(2)看课件，感受其他事物的勇气，出示：

图片：娇小玲珑的迎春，凌寒绽放，给大地送来春的消息。

图片：清香飘逸的蜡梅，傲霜怒放，给寒冬带来春的芬芳。

图片：艳红似霞的杜鹃，绝处盛开，为峭壁增添春的色彩。

(3)请大家根据刚才的图片或自己的生活经验说说哪些事物也让你感受到了勇气，学着老师写的句子写一两句。

在冷风冷雨中拔地而起的，那是花的勇气；

在绝境中奋力挣扎的，那是飞蛾的勇气；

在________________，那是__________的勇气；

在________________，那是__________的勇气。

又如学习《全神贯注》一课，从罗丹的动作、神态等的描写中感受人物的精神，让学生联系实际说一说：你有看到过别人全神贯注投入一件事的情景吗？提示：交流中要抓住人物的动作、神态、语言进行描述。教师尝试引导学生运用本课中习得的描写人物的方法写一段话来表现“全神贯注”，通过尝试运用，学生习得了语言表达技巧。

略读课文的教学是语文教学的重要组成部分。作为教师，只有准确把握略读课文教学的特点，掌握略读课文的教学策略，才能对学生进行有效引导，让学生在实践中主动掌握略读方法，逐步提高独立阅读能力，有效促进学生语文素养的形成和发展。

参考文献

[1] 中华人民共和国教育部.义务教育语文课程标准(2011 年版)[M].北京:人民教育出版社,2012.

[2] 王荣生,俞冬伟,厉汾水.小学阅读教例剖析与教案研制[M].南宁:广西教育出版社,2004.

[3] 方亮辉,赵培敏.小学语文略读课文教学研究[M].杭州:浙江大学出版社,2013.

(作者单位:岱山县高亭小学)

实现小学高段语文课堂“增量”的有效策略

方静静

课改推行至今，课堂教学发生了显著变化，总体而言，大方向是正确的，也取得了实质性的进展。但是对新课程理念的理解、领会不到位，以及实施者缺乏必要的经验和能力，使课堂教学改革出现了形式化、低效化的现象，主要包括以下几个问题：教师以课文内容分析为主；教学目标笼统空泛；教学内容选择不当；教学设计过于细碎，缺乏整合；教学设疑缺乏思维含量和可操作性等。在有限的教学时间里如何更有效地实现预期的教学效果，“让学生在单位时间内获得有效的发展”，并让学生在原有的认知水平上有所提高，真正实现“一课一得”，一直是每位语文教师孜孜探寻的课题。

打造有实效的、有增量的高段语文课堂，需要教师充分把握学情，多角度解读文本，使语文课堂成为真正“习有所得”的课堂。

以《卖火柴的小女孩》第二课时的教学设计为例，教师可以通过“立足学情，细读文本”来审视文本，寻找出最有教学价值的内容，真正做到让学生有新的收获，从而让小学高段的语文课堂有“增量”。

一、立足学情，增量课堂的基石

学情的了解和把握对于每一位语文教师的课堂教学而言都是至关重要的一环。“学习者已经知道了什么”即学习者的“前见”，“前见”是读者理解文本前就已经具备的阅读经验、价值理念、知识、思维方式等，学生在进入文本阅读之前，他的世界绝不是白板一块。

就教学的有效性而言，“教什么”比“怎么教”更重要。教师必须充分了解学生的“前见”，将学情与课标要求结合，因材施教，因文而异地确定教学目标和教学重难点，进而把握好教学的“度”和“量”，既不拔高，也不降低。立足学情是开展语文教学的前提，是打造增量课堂的基石，也是学生起飞的平台。

1. 依据学情定教学目标

在教学《卖火柴的小女孩》第二课时之前，教师要对学生的学习起点做分析。这篇童话是学生五六岁时就已经熟知的故事，通过对常规教学的分析，教师在备课前确定学生的学习起点是了解故事的主要内容，能通过文中1～4自然段中对小女孩的直接描写感受到小女孩身世的可怜，能根据四年级上册《巨人的花园》等课的学习，知道童话故事的特征之一是想象的丰富性，从而知道《卖火柴的小女孩》一文中出现的四次幻想是小女孩的想象，这些想象和小女孩现实生活中悲惨的遭遇是分不开的，能完成课后的相关作业。这是学生已知的部分。

那么，对于这样一篇貌似浅显的童话故事，还有什么是学生不知道而又想要知道的呢？这是身为第三学段的语文教师应该着重思考的问题。

歌德曾说过：“内容人人看得见，含义只有有心人得之，形式对于大多数人是一个秘密。”对于这样一篇经典故事，学生对于故事内容和情节的把握已经了然于心，而对于作者如何选材，如何谋篇，如何布局，也就是建筑学上所说的“框架”，写作学上的“构思”，显然还有自己认知上的欠缺。

基于这样的学情考量，教师可以把教学的目标定为：在掌握文章内容的基础上能更深层次地探究文章表达的特点，进而学习用这样的方式表达，并通过这篇童话的学习感受经典阅读常读常新的魅力。

2. 依据学情定教学重难点

一般来说，教学重点是由课标学段要求和教材特点决定的，教学难点主要是由学生的认知水平决定的。教材不等于教学内容，教师需要对教材做“二度开发”。由于教学时间有限，应该选择最有教学价值的内容。当然，这种选择不是随意地改变教材和删减教材，而是思考学生需要什么，然后根据学生的特点，有意将某一部分作为重点，深入学习，从而使课堂有所增量。

基于学情分析，学生在探究文章表达的奥秘时，可以发现童话故事表达

的特点之一——反复叙事，是没有太大困难的。学生在学习五年级下册《一件运动衫》一课时已经接触过“反复叙事使故事情节一波三折，从而能吸引读者阅读的兴趣”，这是学生已有的学习起点。但是在这篇童话中，反复叙事又有和已有的学习经验不同之处：一般的童话都是三次反复，为何这个童话要四次反复？因此，探究“反复叙事”虽不是这堂课的难点，但它是这堂课的重点。

那么，什么才是这堂课的难点呢？这篇课文的另一个显著的写作特点是用幻想的美好反衬现实的悲惨，达到“以乐写哀倍增哀”的表达效果。这是学生未知且迫切想要知道和探究的，因此《卖火柴的小女孩》第二课时的教学难点确定为：探究明明写痛苦，作者为什么用那么多的笔墨写幻想的美好？在探究领悟后，教师组织学生进行“以乐写哀”的小练笔。

3. 依据学情确定主问题

余映潮老师说：“主问题是阅读教学中立意高远的有质量的课堂教学问题，是深层次课堂活动的引爆点、牵引机、黏合剂，在教学中显现着以一当十的力量。”可见主问题在整个课堂阅读教学中起着举足轻重的作用。

主问题能启发学生的思维，有利于课堂生成、师生对话的展开。如果一节课中教师能用关键问题带动整篇文章的阅读，就不再需要其他的琐碎提问，将会有效地提高课堂教学效率，让课堂增量明显。

主问题设计要充分考虑到文本实际与学生学习的实际情况，要保证学生在这个主问题下能够迅速充分展开活动，并确保学生有充足的围绕问题进行活动的时间。

依据学情，《卖火柴的小女孩》第二课时的主要学习板块中设计了两个有思维含量的主问题：(1)一般的童话都是三次反复，为何这个童话要四次反复？顺序能否调换？(2)明明写痛苦，为何要把幻想写得那么具体呢？

4. 依据学情调整教学策略

教育的技巧并不在于能预见到课堂的所有细节，而在于根据当时的具体情况巧妙地在学生不知不觉中做出相应的变动。这种巧妙的“变动”正是面对“学情”临场开发教学资源的最佳策略。由此可见，不仅要把智慧用于课前预案的设计上，更重要的是教师根据学情灵活应变，因势利导地改变原来的教学程序或内容现场处理，将其融入富有创造性的新设计之中，自然转变动态教学过程，才能产生事半功倍的效果。

在《卖火柴的小女孩》第二课时的课堂上，教师引导学生通过观察5～10自然段结构的相似之处，进而发现这篇童话中四次写幻想，每一次都是先写幻想的美好再写现实的悲惨，反复交替写幻想和现实，是为了不断在幻想和现实的交替中叠加反映小女孩的痛苦。

在实际的教学过程中，学生对于“幻想和现实交替叙述为什么是在叠加小女孩的痛苦”产生了认知上的困难。针对学习过程中学生出现的困惑，教师及时地调整了教学策略，用起起落落的情节示意图形象生动地演示幻想和现实的落差，让学生用数学中的加法概念理解痛苦在不断地叠加，通过及时调整教学策略，使学生形象地感知到幻想和现实的落差，这对教学重点的突破起到了事半功倍的效果。

教师在课中引导学生探究“明明写痛苦，为什么要把幻想写得那么具体?”学生探究得出：以乐写哀倍增哀。探究领悟后，学生观看一个两分钟介绍“以乐写哀”这一写法的微课。微课起到了写作传授和情感浸润的双重作用，使得在后续进行的“以乐写哀”的小练笔环节中，学生都能全心投入，情动辞发。

二、细读文本，增量课堂的活水

在真实把握学情的基础上，通过对文本的细读，让“阅读教学成为学生、教师、文本之间对话”的过程。有了明确的教学目标、合理的教学重难点、精准的主问题和有效的教学策略后，教师的重点思考方向应是如何创造性地设计教学，取舍教学内容，发掘教材的多元价值，让课堂学习有所增量，而这取决于教师正确深入的文本细读。

文本细读就是从语言出发，再回到语言。文本细读要求教师从字、词、句等言语材料的释读入手，细致分析言语的表达手法、修辞手法，层层解剖言语内在的组织结构，全力挖掘言语的多侧面内涵。教师在文本细读时，既要消

化吸收、整理评判他人对文本细读的种种见解和观点,更要关注珍视、归纳梳理自己对文本细读的独特感悟和发现。

1. 细读文本——明确作者意图

细读文本,需要教师沉下心来多读几次,以一个纯粹的阅读者的身份进入文本的特定情境中去寻求那些让自己有所触动的情节以及和作者产生共鸣的地方,用成熟的阅读者的身份去解读文本才能发现文本背后的价值,收获自己独特的体验和感受。

就像《卖火柴的小女孩》一文,它的故事情节简单,故事内容一读就懂,主要人物——小女孩的命运人人皆知。那么,这样的一篇童话故事还有什么样的教学价值值得去发现和探究的呢?

在经过深入阅读文本后,我们会发现“不幸”似乎不是这个故事的全部,不幸中有亮点,有希望,那就是作家安徒生一次又一次描绘小女孩擦燃火柴产生的种种美好的幻想。幻觉中出现的画面,如温暖的火炉、喷香的烤鹅、美丽的圣诞树、慈爱的奶奶,构成了一个独立于冷漠悲惨世界之外的小小的世界。这个小小的世界代表的是人世间最美好的生活理想,这个可怜的小女孩没有对生活绝望。她的心中仍然有爱、有希望,有对幸福的向往,有对光明和温暖的渴望。如此弱小的生命,却有一种强大的精神力量。

《卖火柴的小女孩》这篇童话想象丰富,虚实结合,还具有一些安徒生个性的特点,即创作思想和内容上温暖的人道主义精神。安徒生童年生活的苦难,求学经历的艰辛,对下层人民深切的同情和对美好生活的无限向往,奠定了他童话创作的基调。要为那些穷孩子“写些美丽的东西,富有现实意义的东西,使他们凄凉的生活有一点温暖。同时,通过这些东西来教育他们,使他们热爱生活,热爱美和真理”。由此可见,安徒生的童话创作思想是如此明确:人道主义、美、温暖。

正是这样的解读文本,我们会发现这个文本的教学价值之一:领悟童话故事对成长的现实意义。教学中,可以进行如下设计:

教学板块之一:领悟童话故事对成长的现实意义

主问题:你还从一次次美好的幻想中读出了小女孩怎样的内心世界?

(1)出示安徒生的写作理念:安徒生童话是19世纪世界文学中意义最深远的文学现象之一,安徒生的首创之功就是勇敢地把现实生活引进了童话创作。安徒生童年生活的苦难,求学经历的艰辛,对下层人民深切的同情和对美好生活的向往,使他的创作愿望变得简单而又温暖。

(2)出示句子:"写些美丽的东西,富有现实意义的东西,使他们凄凉的生活有一点温暖。同时,通过这些东西来教育他们,使他们热爱生活,热爱美和真理。"

(3)思考:你从美好的幻想中还读出了小女孩怎样的内心世界(预设:对美好生活的向往,在困境中学会期待,永不放弃对梦想的渴望。)

(4)教师升华:正因为有了这些温暖的字眼,才让我们这些普普通通的人知道幸福自然很好,但即便生活遇到不幸,也应学会在寒冷中播种温暖,在饥饿中获得满足,在恐惧中创造安宁,在孤独中寻找慈爱,在痛苦中追求快乐。

课堂中静静流淌着温情,卖火柴的小女孩是不幸的,但是留下的不是一个凄惨灰暗的身影,而是充满理想光辉、追逐幸福的形象。语文学科的人文价值就在于此。

2. 细读文本——发掘表达秘妙

指向于"学习语言文字"的阅读教学,首先必然要去关注"语言文字",课堂要学习和运用的是教材所选的课文里的"语言文字"。而课文里的"语言文字"是编者精心挑选、来自名家名篇名作,值得教师引领学生去咀嚼、品味、赏析,并加以习得、运用。

教师要细读文本,发现作者在用字、遣词、造句上的妙,充分挖掘作者的写作特色,让学生切身感受,深入感悟,从而心领神会,体会到文字的运用之妙。语文课堂要指向写作,指向表达,指向运用。

细读《卖火柴的小女孩》,我们会发现其结构有两个特点:(1)文章具有反复叙事的结构特征。作者在写四次幻想的时候,每一个部分都先写幻想,再写现实。这样的结构是作者有意为之。幻想是美好的,而现实是痛苦的,对于小女孩来说,每一次擦燃火柴都是心中升腾起的希望,但是现实却无情地一次又一次地打破了她的梦想。这样的描述好像在做数学加法题,幻想与现

实的交替进行是在不断地叠加痛苦。细读品味，就会发现这样的反复叙事不仅引人入胜，更于不经意间让人性最美的光芒辉映于读者的心田。(2)在写幻想和现实的部分，作者把大量的笔墨落在了写幻想的美好上。明明写小女孩的不幸，为什么把大量的笔墨花在写幻想的美好上？这实则是在用反衬的手法写悲惨的现实生活。这样用乐景写哀情的手法比直接描写更能打动人心。

在解读文本的基础上，可以设计相应的教学环节。

教学板块之二：发现文本表达的奥秘

教学过程分四个步骤：

第一步，同桌合作读幻想与现实，对比读出美好与痛苦。

第二步，探究。一般的童话都是三次反复，为何这个童话要四次反复，顺序能否调换？探究得出：反复叙事打动人。

第三步，探究明明写痛苦，为什么要把幻想写得那么具体？探究得出：以乐写哀倍增哀。探究领悟后，看微课介绍“以乐写哀”的写法，并进行“以乐写哀”的小练笔。

第四步，迁移发现结尾以乐写哀的特点。

3. 细读文本——领略经典魅力

经典文本有四个主要特征，即内涵的丰富性、时空的跨越性、实质的创造性与无限的可读性。这四个特征其实也同时揭示了教学经典文本的着力点，即通过不同的方法带领学生领略经典的魅力。也就是说，教学经典文本应把鉴赏作为解读与教学的主要方向。在立足于鉴赏的基础上，培养学生的语文素养，提升其的阅读品位。

《卖火柴的小女孩》虽是一篇易读易懂的童话故事，但是在不同的年龄阶段依然能读出不同的滋味。这是安徒生童话的最大魅力。有人说，安徒生童话是 19 世纪世界文学中意义最深远的文学现象之一，安徒生的首创之功就是勇敢地把现实生活引进了童话创作。这样的创作特点使得他的很多作品不仅深受孩子们的喜欢，也让成年人在阅读中领悟人生的真谛。作家毕淑敏就曾写过《海的女儿》读后感，她在《常读常新的人鱼公主》一文中就这样说过：

“这个悲壮而凄美地寻找灵魂的故事，是如此动人心弦，常读常新。有时想，当我 58 岁……68 岁……108 岁(但愿能够)的时候，不知又读出了怎样的深长?”

经典的魅力在于常读常新，因此，在解读文本之后，不只把它当作童话，更应将其当作一篇经典美文，让学生通过反复地阅读发现新的感受。基于这样的思考，在课堂结束时，教师在推荐阅读安徒生童话集的环节中不能简单地要求学生“读安徒生的故事吧!”，而要让学生把阅读的目标指向于“常读常新”，重读安徒生童话，领悟经典阅读常读常新的魅力。

教学板块之三：领略经典常读常新的魅力

课末教师陈述：阅读的魅力在于常读常新。安徒生的童话永远值得期待，小时候读《卖火柴的小女孩》，只读懂了她的可怜，今天读《卖火柴的小女孩》，还读懂了她的坚持、渴望、永不放弃的梦想……也许许多年后，再读这个故事，我们还会读懂更多。作家毕淑敏就写过自己读安徒生童话后的感受《常读常新的人鱼公主》(出示课外阅读推荐《常读常新的人鱼公主》，学生快速浏览)

真真实实把握学情，扎扎实实细读文本，教师应不断提高自己的文学素养，共同努力倾听文本发出的细微声响，创设灵动、有趣的教学情境，构建增量的高段语文教学课堂!

参考文献

[1] 王露.关注文体 立足学情[J].小学语文，2016(10)：32-34.

[2] 许珂.把握适切目标 优化初读教学 促进自主实践[J].小学语文，2018(7)：36-40.

[3] 李妍霖.自我提问策略在小学童话教学中的应用 [J].小学语文教与学，2018(1)：48-51.

(作者单位：衢山敬业小学)

小学语文"生本化"阅读教学的策略研究

沈　芬

在当今的课堂阅读教学中，多数教师在设计教学活动时更多的是从教师自身的层面去思考，想的是"教什么""怎么教"，而忽视了思考"学什么""怎么学"，缺少从学生层面的活动整体思考和推进，学习过程零散而被动，课堂效率较低。若这些教师从"生本化"的角度来开展教学活动，凸显出学生的主体地位，给予学生更多的学习自主权，确保学生大面积参与学习交流的环节，有利于学生阅读方法的优化掌握、阅读技能的有序形成和语言运用的整体发展。

一、由"教师简单提问"转变成"学生活动设计"

课堂提问能启发思维，激发求知欲，促使学生参与学习。在日常的教学中，教师习惯于"以问题为主线"来推进教学过程。但是教师在提问方面存在着一些不足，如"对已经回答过的问题进行再问""过多地提问""一直追问，直到得到所要答案为止"等，而且往往又缺少思维含量。这一方面虽分解了课文的内容，降低了文章的阅读难度，但另一方面使课堂教学在很大程度上呈现出师生"一问一答"式的教学，明显降低了学习效率，甚至造成了一部分学生在课堂上思维游离、懒于思考的现象。

学生只有参与学习，才会有收获。学生根据明确的学习要求，自主地开展语文学习活动，在活动中充分思考，与人合作、交流，完成相关的学习任务时，他们的情绪是高昂的，参与是积极的，学习效果是明显的。

【案例】　一次教研活动，有位教师教学《月光曲》这篇课文的2～7自然段时，设计了这样的自主学习任务：默读2～7自然段，想想贝多芬为什么要弹琴给盲姑娘听，画出相关的句子，用简单的词语概括说明原因。走到学生中间，教师发现他们只是画句子，有的连句子也没画全，注明原因的更是寥寥无几。四人小组的讨论也只是读读句子。集体交流的时候，教师根据自己的预设，聚焦几个重点的句子引导学生体会这是怎样的兄妹俩，练习有感情地朗读课文。这个主问题就是课后的问题，教师借助课后习题让学生学习。

反思："贝多芬为什么要弹琴给盲姑娘听？"是一个指向内容理解的问题，每一个学生读了课文之后都会对这个问题有自己的理解。如果不要求学生画注原因，每个学生都能说一点：因为盲姑娘很穷买不起入场券；因为贝多芬有点儿同情穷兄妹俩……学生会有想法，但是比较零散。这样零散的表达显然不是六年级学生在课堂应该有的学习收获。这个问题的价值不在于让学生凭着对内容的理解概括地回答，而是要让学生走进人物的内心，体会人物的心情，揣摩人物的心理。在主问题不变的情况下，教师对学习过程可以进行重新设计。

改进：自主学习，探究贝多芬要弹琴给盲姑娘听的原因。

轻轻地读2～7自然段，边读边想贝多芬听到了什么，看到了什么，想到了什么，心情怎么样。画出句子，注上心情词。

在独自学习的基础上，小组讨论贝多芬的心理活动，并画画贝多芬的心情变化图。

选择几个小组的心情变化图贴到黑板上，对比集体交流。

补充介绍贝多芬，练习有感情地朗读2～7自然段。

小结：贝多芬弹琴给盲姑娘听的原因。

第二次教学变成了学生画心情图的活动过程，激发了学生参与学习活动的积极性，学生乐此不疲，投入其中，又从活动中学习了课文的词句和表达方法。这样用活动来代替教师提问的课文教学让课堂呈现出"学生忙碌，教师清闲"的情境，把课堂真正还给了学生。

二、由"教师讲读感悟"转变成"学生言语实践"

讲读感悟式的课型曾一度统领过阅读教学。课堂上让学生读读悟悟，悟悟读读，从词句到段落，从内容到情感，"你读懂了什么""你从中感受到了什么”是阅读课上出现频率最高的教学问题。这也暴露出教学结构不清、学生思维平面化、教学落点不明的弊端，其中最突出的便是缺少了学生在课堂上大量的言语实践活动。

【案例】《文成公主进藏》一课，讲读感悟式的教学过程如下：

师：你觉得文成公主是一位怎样的人物？

生：文成公主真是太伟大了，她为唐朝做出了巨大的贡献。

师：你们是从课文的哪些地方感受到的？

（交流相关的段落和重点句，学生谈感受，教师指导学生有感情地朗读。最后回归整体，升华情感。）

反思：这样采用演绎法来推进教学，先让学生读出形象，然后通过具体的词句交流感受，缺少段落的整体性理解，在对句子的零敲碎打中忽略了该文在教材中的地位和作用。本文作为“故事长廊”这组课文中的一篇略读课文，在要求学生了解故事内容的基础上要训练学生复述课文的能力，同时围绕第二学段的重点训练目标开展段落教学，让学生了解构段规律，更好地培养复述这种能力。

改进：基于这样的目标，我们可以组织以下的学习过程，如表 2-18 所示。

表 2-18 学习过程

①整体感知，厘清文脉，用小标题概括：________→公主进藏→________。

②梳理经过，填写表格，发现民间传说的特点。

什么地方	遇到什么	公主怎么做	结果怎样

③练习复述，内化语言。

这个教学过程的调整充分体现了“课堂是学生语言学习的场所”，通过一次次全体学生参与的语言实践活动，使学生整体感知课文内容，学习段落结构，练习复述的表达技能，使语言的学习在学生充分参与的实践活动中层层递进。

三、由“教师教给知识”转变成“学生习得方法”

在课堂上，我们常常会发现教师教的内容过多。教师总是尽最大可能要把自己解读到的内容面面俱到地教给学生，却不知这样反而办了“坏事”。课堂教学时间是有限的，过多的教学内容和教学环节只能是匆匆过场，教师的“教”重点不突出，指导不到位，学生在课堂上又缺少实践的机会，导致教学“蜻蜓点水”“浅尝辄止”，学生“学而不会”“学而不精”，没能习得方法。

当然，课文涉及的教学点有很多，必须从众多的内容中筛选出最有价值的来实施，教学才能聚焦特点，以少胜多。核心教学内容的选择必须基于课标的学段目标，根据教材的语言表达特点，立足学生的学习水平，因为最有价值的内容只有吻合学生的认知和学习水平才能发挥其真正的作用。确定核心的学习内容后，在以课文为背景的教学实施中须对这个内容进行聚焦、放大、迁移、生成，发现写法，感悟写法，触类旁通，实现举一反三。

【案例】《临死前的严监生》中的动作描写堪称经典，诸如“头摇了两三摇、狠狠摇、闭着眼摇，伸出两个手指头、指得越发紧、指着不动”等，这些动作背后的心理活动却需要读者细细揣摩，特级教师吉春亚是这样演绎的：

举一：

师出示：严监生喉咙里痰响得一进一出，一声不倒一声的，总不得断气，还把手从被单里拿出来，伸着两个指头。大侄子走上前来问道：“二叔，你莫不是还有两个亲人不曾见面?”他就把头摇了两三摇。他想说——(生接)

生：不是，不是，不是！亲人？你们不都在吗？不是！看灯盏里那两根灯草，该费了多少油啊！

师(引导)：你很会读书，抓住了“摇了两三摇”和“两个手指头”展开想象的(顺势在课件中圈出“摇了两三摇”“两个手指头”，并板书：摇了两三摇　抓关键词)。

反三：

师：作者可真了不起，就是一个摇头，分为“摇了摇”“狠狠摇”到“闭眼摇”不同的描写，关于两个手指头的描写也有变化，从“伸出手指头”到“指得紧”到“指着不动”，想告诉我们什么？（越来越气愤）

师：是呀，简直要绝望了。请同学们选择一处，用刚才的方法，抓住关键词，想象临死前的严监生心里到底在想什么。

师出示：二侄子走上前来问道：“二叔，莫不是还有两笔银子在那里，不曾吩咐明白？”他把两眼睁得滴溜圆，把头又狠狠摇了几摇，越发指得紧了。心想：

____

____

奶妈抱着哥子插口道：“老爷想是因两位舅爷不在跟前，故此纪念。”他听了这话，把眼闭着摇头，那手只是指着不动。心想：____________________

____.

（学生写话，老师巡视，几分钟后交流）

生：真是气死我了，我的侄子啊，你怎么就不明白你二叔的心思呢？那两笔银子我早就安排好了。我想的是两根燃烧的灯芯啊，分明燃的都是银子啊！这样白白地糟蹋钱财，叫我如何断得了这口气哟！我真是恨死你了。

师：真好！你是抓住了“狠狠”“睁得滴溜圆”来展开想象。（板书：狠狠摇）

生：奶妈，亏你还在我家待了这么多年，怎么竟连我的这点儿心思都不懂，真是气死我了！我都是快死的人了，看舅爷有什么用啊，他们又不是送我银子。我心疼的是那两茎灯草啊！看来我只能死不瞑目了！

师：这位同学是抓住“闭眼摇头”的绝望心情写话的。（板书：闭眼摇）

师：这两位同学之所以写得好，是因为用了抓住关键词语，联系上下文并结合生活实际展开合理想象，话语符合严监生的心理。

这个教学片段中，吉老师在“举一”中让学生学习抓关键词练习想象，引导口语表达，同时让学生走进人物的内心世界，继而在“反三”中用刚学的方法写一段心理活动，使读写训练结合得天衣无缝。学生的心灵世界是多彩的，他们对事物的认识是多维的，有着惊人的想象力与创造力。吉老师给了学生自由的空间，让他们根据学到的方法抓住关键词语，展开想象，学生的潜能被挖掘出来，使阅读教学迸射出生命的活力。

四、由“教师单一评价”转变成“学生交互对话”

学生个体是存在差异的，让每一个个体清楚地认识到自己在群体中的优劣状况，有利于激发评价对象的竞争意识。在教学中，教师应鼓励学生相互评价，引导学生积极参与，增进学生间的多向交流，以利于取长补短，让学生进一步在与同伴学习的比较中认识自我。这样，既让更多的学生有了发表自己见解的机会，发挥学生的互补作用，做到培优帮差，同时又培养了学生的合作意识，使学生在团结协作的学习氛围中得到发展。

【案例】 一位教师执教《景阳冈》一文时，在学生对武松打虎的过程弄清后，设计了体会武松机智勇敢的环节：关于“闪”，有这样两种看法，你同意吗？说说你的看法：

(1)“闪”和“躲”是近义词，在这段话中，可以把“闪”字换成“躲”。

(2)武松是个英雄，老虎出现后，应该直接上前就打，而不是“闪”“闪”“闪”，这样给人感觉武松非常胆小。

教师先让学生自主学习，然后四人小组讨论，整理讨论意见后，由小组内的一员代表小组发言。

生1：从“闪”字中我们读出了武松在毫无准备的情况下，面对猛虎他很灵活机敏。

生2：我们组认为“闪”可以看出武松是主动，而“躲”说明武松是被动的，所以不能换。

生3：我们组想得更全面到位，大家认为从“闪”字中可以看出武松面对老虎的经过，他是经过仔细观察的，在摸清老虎的底细后做出的反应。在第二回合打斗中可以看出老虎的锐气已减了一半，说明武松这里的三闪非常有效，实际上他是以退为进，“闪”可以看出武松是非常机智的……

说法精彩纷呈，组员之间、组际之间进行着有效“交互对话”，体现了学生自主学习的主动性和合作学习的有序性。在这样的课堂环境中，学生的主体性得到了充分发挥，学生真正成为课堂的主人。

同时，听、说、读、写作为学生的全面语文能力的四个方面，是整个语文教学中需要着力提高的。把评判权交给学生，使其吸收原句的优点，同时明确指出存在的不足。在这个过程中，学生必须仔细地进行听辨，指出自己与他人的异议所在，并在头脑中迅速进行思考，组织成一段合理的语句，如"我认为某某在哪儿说得很好，但有一点我不太同意……我的想法是这样的……"学生充分发表自己的见解，他们使用评价性语言进行互动式学习，表达的能力就会有很大的提高。

五、由"教师布置作业"转变成"学生自主设计"

从"生本化"的角度关注的是学生的个体差异，让每个学生都能体验到成功的喜悦。作业是教学反馈方式之一，由于应试教育的影响，教师设计的作业往往缺乏新意，学生完成作业处于一种被动的状态。如果让学生自己设计作业，可能会不受课内学习内容的限制，不拘泥于教学大纲和教材，另外学生自己设计的作业无现成的东西照搬，无固定的模式可遵循，有自主创造的空间，可以满足学生活泼好动、渴望自主，希望用所学知识解决实际问题的愿望，使得学习效率大大提高。

【案例】 于永正老师上完《杨氏之子》一文后，让学生自己设计作业，有的学生就设计了《杨氏之子》故事新编，于老师认为这作业很有创意，就让学生对这只有55个字的古文来个改编，分组展开想象，有写杨氏之子的外貌、年龄的，有写孔君平到杨家门口后与杨氏之子的对话的……在精彩纷呈的故事创编中，学生既完成了对古文的理解和巩固，又很好地进行了一次写话训练。

阅读教学是一项长期而艰巨的任务，提升学生的语文核心素养也不是一朝一夕的事情，教师任重道远，所以需要我们教师牢记"生本化"理念，从"教什么""怎么教"转变为"学什么""怎么学"，引领学生获取学习的能力和方法，真正提升语文核心素养。

参考文献

[1] 郭思乐.教育走向生本[M].北京:人民教育出版社,2001.

[2] 陈燕.从“学”的角度构建阅读教学活动[J].小学语文教学,2013(4):48-50.

[3] 中华人民共和国教育部.义务教育语文课程标准(2011 年版)[S].北京:北京师范大学出版社,2012.

(作者单位:岱山县岱东小学)

低年级学生的朗读问题与矫正策略

顾盛红

什么是朗读呢？字典上的解释就是“清晰响亮地把文章念出来”。小学语文教学中的朗读显然不是这种简单意义上的“念”，而是运用普通话把书面语言清晰、响亮、富有感情地读出来。朗读是书面语言的有声化，是化无声文字为有声语言的阅读活动。“三分文章七分读”“读书百遍，其义自见”“熟读唐诗三百首，不会作诗也会吟”体现着朗读的重要性。《义务教育语文课程标准(2011版)》明确指出：“小学各年级的阅读教学都要重视朗读，要让学生充分地读，在读中整体感知，在读中有所感悟，在读中培养语感，在读中受到情感的熏陶。”运用朗读能帮助读者以声解义，领略文章的精妙之处，并对提高学生的理解能力和写作能力具有潜移默化的作用。

一、低年级学生存在的朗读问题

朗读是阅读和写作的基础，低年级的朗读更是基础中的基础。培养低年级学生的朗读能力在小学语文教学中具有举足轻重的作用，但是低年级学生朗读还存在着许多问题。这需要教师善于发现，也需要教师有效地指导。

1. 唱读、望天读现象比较普遍

唱读就是拖长声音读，望天读则是学生不看书本跟着读。唱读破坏了正常的语言节奏，影响了整体阅读感悟。有人总结说学生唱读和望天读主要是课堂上的集体朗读造成的。李伯棠先生在《小学阅读教学简论》一书中说：“在课堂上要少齐读。因为在感情处理上不能强求一律，同时也可防止滥竽充数的现象。"的确，经常齐读不仅使学生容易形成唱读和望天读的不良习惯，而且也不利于做到一边读一边想，根据个人体会对课文进行不同的感情处理。

2. 一字一顿地读也时有发生

采用这种朗读方式的学生大都习惯用手指点着读，如"小—小—的—船—儿"他们缺乏对词语和句子的认知能力，会把句子、段落、课文读得支离破碎。与其说是在朗读，还不如说是在认字。

3. 停顿不当屡见不鲜

因句子成分的不同，因词语之间的关系不同，词与词之间、句与句之间、段与段之间一般都有或短或长的停顿，事实上有很大一部分的学生根本不知道停顿，连换了一句话甚至换了一段都不停顿。

4. 怪腔怪调，音量不适

正确的朗读需要良好的语感做铺垫，反过来，正确的朗读又可以丰富、修正语感。但低年级一些学生语感较差，轻重音难以掌控，朗读的"抑扬顿挫"被演绎成了"怪腔怪调"。尤其是轻声，问题更严重，学生读轻声不但不轻不短，反而读得又长又重，特别是遇到"的""着""了""呢""吗"等字时，有的声调上扬，收音不及时，像是在吆喝什么似的。也有一些学生不注意朗读的音量，有的声如蚊蚋，谁也听不清，有的大声喊叫，破坏了文章语言的美感。如果不是站起来朗读，很多学生喜欢像原生态歌手那样扯着嗓子喊高八度的音。也有的学生读书时声音从喉咙底下发出来，十分难听。

低年级学生在朗读上存在种种问题并不可怕，他们就像是个蹒跚学步的孩子一样免不了"跌跌撞撞"。但是如果在低年级时没有教师的正确引导，没有培养学生良好的朗读能力，没有使学生养成良好的朗读习惯，那将影响学生整个小学阶段的语文学习。

二、低年级学生朗读问题的矫正策略

1. 引领示范，树立朗读的典范

马卡连柯说："教师永远是儿童模仿的典型。"朗读训练能否达到预期效

果，教师的范读起着至关重要的作用。成功的范读能收到直观、生动、形象、感人的效果，可以帮助学生正音，明确词义并了解词的感情色彩，教师绘声绘色地朗读可以激发学生学习语文的兴趣。范读，出于教师的口，入于学生耳，了然于学生的心，能增强学生语言文字的敏感性，诱发他们的情感共鸣。因此，在教学中应当重视范读。如《两只鸟蛋》中有这么一句话："妈妈看见了，说：两只鸟蛋就是两只小鸟，鸟妈妈这会儿一定焦急不安！"教师在指导朗读时先让学生说说读这句话时要读出怎样的语气，然后让学生用着急的语气来读这句话，可一连叫了几个学生，都读不出着急的语气。教师示范朗读，有学生说："你读妈妈的话时皱着眉头，又说得那么快，我也感到着急了。"又有学生说："你把'一定 、焦急不安'这些词读得很重，我感受到妈妈真的很着急。"随后再请学生来朗读，从神态到语气都表现出了"着急"。

可见，好的范读能以声传情，以声启智，恰如其分的范读最大的优点是形神兼备、声情并茂。让教师充满激情的范读来打动学生的心，用教师的情感来激活学生的情感，用教师的激情感染学生的激情，在教师的"以'声'作则"的带动下，学生就能辨析自己与教师在语音、语调和情感上的差异，从中领悟正确与偏颇，语感也就悟出来了。

教师范读时对课文的内容和范读时机要灵活把握。范读可以安排在初学课文时，目的是让学生初步感知课文，也可以安排在课文学完后让学生在初步理解课文的基础上进一步体会文章的底蕴；可以通篇范读，也可以范读某个重点段落或学生难以理解把握的长句，可以范读课文中的句读停顿，也可范读句中的语气、重音、轻声、儿化等。在教学实践中，朗读水平高的教师的学生的朗读水平一般也较高，而且朗读风格接近，这是潜移默化的。

2. 多种形式激发朗读的兴趣

低年级学生注意力集中的时间短，而且单调的阅读方法往往会使学生读得口干舌燥，昏昏欲睡。朗读时要想让他们主动投入，教师就要在朗读的形式上多想些花样，要适当地创设情境，创设气氛让学生愿读、乐读、争着读，如示范读、个别读、小组读、配乐朗读、分角色读、表演读、竞赛读、自选读等。朗读训练必须想方设法调动学生全身心投入的积极性。从读书的形式到内容都给学生以自由的空间，防止机械、重复、单调的死读书现象。

(1)创设情境读。在课堂教学中，教师运用多媒体、挂图、录音和体态语言等方式创设课堂情境，容易使学生产生身临其境之感。例如教《泉水》一课时，让学生一边看图，一边听录音，学生们被优美的情境所感染，好像自己就是那叮咚流淌的泉水，默默无闻，无私奉献着自己。

(2)表演读。低年级的学生喜欢模仿小动物的表情、动作和说话的语气，有强烈的表演欲望。教《要下雨了》一文时，为了让学生融入故事的情境中，教师可以让学生戴上小燕子、小白兔、小鱼、小蚂蚁的头饰，边朗读边体会这些小动物说话时的语气、动作、表情，再把它们表演出来，学生越读越有动力，越表演越有劲头。

(3)比赛读。这种方法能调动学生进入最佳读书状态，展示朗读的最高水平。针对低年级学生喜欢竞赛的心理特点，在班级中进行朗读比赛，形式采用小组赛读、男女赛读、挑战读等，比谁的声音好听，谁读得美，评比今日最佳表演奖、今日朗读明星。

3. 激励评价，促进朗读能力的提高

卡耐基曾说："使一个人发挥最大能力的方法是赞美和鼓励。"儿童尤其喜欢教师和同学们的鼓励和赞美，哪怕是一个微笑、一个眼神，都足以使他们体验到成功的喜悦。

在课堂上经常能看到，当一个学生读不好时，有的教师会请另一个学生来读，或让这个学生重读。反反复复地读上几遍，然后用"读得还可以""读得不错"来评价。而至于"为什么不错""哪里不错"学生是没有办法得知的。这种简单而笼统的评价模式对于接下来的朗读者来说是模棱两可的概念，只能一遍一遍地重复前一个学生的朗读语调、语气、节奏、感情。这样无效的朗读指导是对课堂时间的浪费。教师的评语要真实、感性、充满激励，还要给学生指出努力的方向。比如："真不错，第一遍读书就基本上把字音读准了！多练几遍，还怕不流利吗？""虽然声音不够响亮，但是……""刚才读书时不仅准确、流利，而且还很有表情呢！""真好，不愧是我们班的朗读明星！你能让那些花在我们眼里更红一点儿，草更绿一点儿吗？"这样的评语会让学生读了还

想读，让他们找到自己需要改正的地方，提高朗读能力。

其实，在朗读时，常有“当局者迷、旁观者清”的现象。为了让他们知道自己的朗读水平和存在的问题，可让他们围绕字音、停顿、表情、流畅度、有感情等方面进行相互评议。一方面学生们在评议中加深了对课文的理解，进一步体会了课文表达的感情；另一方面，学生们在评议中认识到自己朗读的成功之处和不足之处，有利于总结经验，提高朗读能力。如在《四季》一课的教学中，一个学生大声地、一字一顿地读完课文后，让其他学生来评一评。马上有学生说：“从他的朗读中，我感觉不到雪人的顽皮。”还有学生说：“他的表情不生动，他可以像雪人那样挺一挺肚子。”也有学生指出：“他把‘xuě’读成‘xué’了。”教师表扬他们评价得准确认真，然后引导：“你觉得应该怎样读？你来试试看？”让学生通过评议自己发现朗读中的问题，自己解决问题，无论对读者还是听者都有很大的促进作用，能有效地提高学生的朗读水平。

4. 注重课外的朗读评价

尤其是学生的“朗读过关”，首先给学生明确评价标准，比如能够正确读课文的学生得一颗星，正确、流利读课文的学生得两颗星，正确、流利、很有感情的学生得四颗星，能背诵的学生再加一颗星。当然，期间也可以根据学生的不同情况适度调整。也就是说，即使朗读困难的学生，只要努力进步有突破，也可以有满星的机会。这样大大地调动了学生来“朗读过关”的积极主动性。同时，在教室显眼的地方做一些竞赛的小表格，将“朗读过关”纳入其中。只要学生过关，就可以在那儿贴个“笑脸”，给自己一个展示的机会，品尝成功的喜悦（学生、教师、家长也可以由此掌握过关的情况）。每过一段时间做一个总结，表扬获得笑脸多的学生，鼓励他们更快、更大地进步。

总之，朗读既是语文教学中不可或缺的重要内容，更是低年级阅读教学的起步环节，它用有声语言来准确地传达文本的思想和情感，是促进课本语言内化的重要手段。当然，朗读不仅是一种学习手段，而且也是学习目的，其训练的过程既具科学性又须艺术性，因此朗读训练既不可操之过急，也不能流于形式。当琅琅的书声响彻校园，那一定是校园里最美妙、最和谐的乐章！

参考文献

[1] 李伯棠.小学阅读教学简论[M].福州：福建教育出版社，1989.

[2] 中华人民共和国教育部.义务教育语文课程标准（2011 年版）[S].北京：北京师范大学出版社，2012.

（作者单位：岱山衢山敬业小学）

小学中高段语文教学中比较阅读策略的运用

陆洛含

在新课改的大潮中，“阅读教学须抛弃烦琐的分析和机械的训练，重视学生的阅读感悟”这个教学理论已被广大教师接受和认同。比较阅读是小学语文阅读教学中的重要策略之一，它超越了“这一篇课文”的局限，打破了“教课文”的现状，深受一线教师的喜爱。但是在实际的教学中往往会有走过场、成效低的现象。本文从词语、句段和篇章三方面提出比较阅读策略，以期提高中高年级语文阅读教学之成效，发展语文核心素养。

一、在删换比较中体会词语，感受遣词造句之精

著名教育家苏霍姆林斯基指出：“运用比较的方法理解内容，能体会出作者遣词造句的匠心。”一字一词总关情。课文中的一些看似平常的字词却往往是作者匠心独运之处。从字词入手进行比较，一般采用增、删、改、换、调的方式，让学生在比较中体会不同字词所表达的不同意思、不同效果、不同情感。

1. 删一删，比一比，体会词语的内涵性

删除文本中的有关词语不是为了简化阅读教学的程序，而是要在阅读教学中形成一种前后比较的环境。这样就能在教学中让学生感受到相关词语的重要性，同时在联系文本内容的基础上体会这些词语的内涵。如笔者在《卖火柴的小女孩》文章结尾处关于“小小”一词的教学：

（出示文章的结尾处：“新年的太阳升起来了，照在她小小的尸体上。”）

师：“小小”一词可以删去吗？删去后比较读一读，体会一下“小小”一词有

着怎样的含义？

生：不能删去。小女孩是穷苦人家的孩子，她生活艰苦，因而长得瘦小，加上冻得“蜷着腿缩成一团”，所以说尸体是“小小”的，所以不能删。

生：“小小”这个词说明在当时那个社会里，像小女孩这样的生活在社会底层的人根本不被人重视，没有人关心她，他们的生死对别人来说无关紧要。这个词写出了小女孩死得很惨。

生：“小小”这个词包也含了作者对小女孩的同情，对残酷现实的控诉。

平平淡淡的“小小”一词竟包含着种种滋味，如果不是进行删去对比，怎能知其中百味？汉字神奇、有趣，不是僵硬的符号，而是有着独特性格的精灵，每一个词语的运用都有它的意义。字词虽小，但是文本就是从这一点一滴中构建起来的。同样，能体会到每一个字词潜在的含义和作用，就能慢慢积累学生对文本内容的感悟。

2. 换一换，比一比，体会词语的表现力

小学语文教材中有很多用词确切的语言范例需要我们引导学生体会这些用词的贴切和精妙，领悟用词需要精心选择、反复锤炼的道理。如何让学生体会到这些词语的精妙之处？可以使用意思相近的词语来替换文本中的相关词语，进行必要的比较辨析，这样不仅可以促进学生对词语的整理和积累，而且更重要的是通过比较体会到文本语言的权威性和借鉴性。这种精当的词语的熏陶，促进了学生对词语表现力的感悟。

如在《颐和园》一课中体会“滑”一词教学时，教师做了如下设计：

师：请你向大家介绍一下昆明湖。

师：听了他的介绍，用一个字来说说你眼里的昆明湖是什么样的(静、美)。

师：你是从哪句话中体会出来的？(指导读“慢慢地”“几乎不留一点痕迹”)

生：老师，这句话中游船、画舫为什么用“滑过”，而不用“划过”？

师：问得好！比较一下，如果将这句话中的“滑”字换成“划”字行吗，为什么？

“划”可组什么词？(划船)运动会中有一项比赛就是划船，要想取胜，就得怎么办？(用力，要用力，水面上就能留下痕迹)

“滑”可组什么词？(滑冰)滑冰在哪儿滑？(冰面上、光滑的水泥地上)

师：现在游船在水面上滑过，说明什么？（昆明湖很静）作者这个字用得多好。

“滑”字和“划”字，同样的读音，却营造了不一样的感觉。通过换一换，比一比，学生就能感受到“滑”一字的精妙之处在于更体现了昆明湖的平静。

又如《火烧云》中体会“烧”一词，换成“红”或者“飘”字比一比，学生就能体会到，“烧”字不仅写出了颜色的多变，更写出了云的动态，与后半句的“火”相呼应。换一换，比一比，不用字义的解释，却可以让学生读出词语更丰富的含义。

二、在前后比较中体会句段，领悟表情达意之巧

新课程标准下的教材充分具备了比较的条件因素。在一篇文章中，作者要表达什么情感，每一段的语言文字在篇章中的分量、位置的安排又是怎样为表情达意服务的，其中就有许多相互联系的内容和可比的素材。教学时，教师如果能把这些内容挖掘出来进行比较，不仅能使学生进一步理解课文，还能使其领会表情达意的技巧。

1. 对比之处比一比，体会作者描写的深刻之处

阅读文本中有许多内容存在着一定的对比特点。把这些内容挖掘出来进行比较教学，就能让学生领会到比较的写法对文本表达的作用，体会作者描写的深刻之处。

例如《少年闰土》一文中把一个聪明、健康、知识丰富的少年闰土形象展示给读者。课文的一个显著写作特点就是将两个孩子——“我”与闰土对比起来写。闰土知道的事多，会干的活多，知识丰富，而“我”却“素不知道天下有如许五色的东西”；闰土生活在海边农村，而“我”却生活在“只看见高墙上四角的天空”的高墙大院中……课文对闰土的描写较为详尽，但对“我”的描写却只有只言片语。因此引导学生挖掘了文中潜藏的语言素材，展示一个完整的“我”，并与闰土进行对比，来突出人物各自的特点。教学时，教师可围绕着“闰土是个怎样的孩子？”“与闰土相比，‘我’是个怎样的孩子？”“为

什么同是少年，‘我’和闰土相差会如此巨大？”这三个问题展开，通过组织学生研读比较，不但完整展示了不同人物的不同特点，挖掘了人物特点形成的根源，更重要的是体会了作者的表达描写方式，也培养了学生概括、归纳、比较的语文综合能力。

2. 联系之处比一比，体会作者构思的精巧之处

如果认真地去发现文本就会找到文本中的一些联系之处，这些地方表面上看起来似乎不属于阅读教学的范畴，但是恰当地运用这些资源可以收获意想不到的效果。例如《圆明园的毁灭》一文中前面描述了圆明园过去金碧辉煌的景象，后面又用图片及文字介绍如今的毁灭。在教学的过程中，教师让学生对圆明园的过去的“辉煌”和如今“灰烬”比一比，追寻其中的原因和联系，学生就会深刻感受到当年祖国所遭受的屈辱，从而激发了对圆明园毁灭的痛心，对帝国主义的憎恨，更激发起学生振兴祖国的决心。

教材中有很多优秀的文章，构思巧妙，谋篇布局精巧，是学生学习的典范。如何让学生真正体会到其中的“奥妙”，需要教师挖掘出教材中的可比因素，并组织引导学生采用比较的阅读策略，在比较研读的过程中感悟到文本表达的精髓，加深对文本的理解。

三、在异同比较中阅读篇章，体会布局谋篇之妙

高年级的学生已经具有一定的阅读量，在此基础上，教师可以根据教材的特点和要求引导学生以“选材”“构思”等为内容，在篇章之间的比同或比异中逐步构建起篇章意识。

1. 相同之处比一比，提炼文本的写法

在单篇文本或多篇文本之间，甚至在多本书之间进行异中求同、求同存异的比较，在比较中总结出写法、读法、学法等规律性的东西，可以使学生的思维变得敏捷、深刻，最终提高其阅读能力。

如五年级下册第八单元包括精读课文《自己的花是让别人看的》《威尼斯的小艇》和略读课文《与象共舞》《彩色的非洲》，写法上需关注作者如何把人

的活动同景物、风情结合起来进行描写。一位教师整合本单元三篇课文，在最后的板块中通过比较提炼文本的写法设计课堂，环节如下：

师：这节课我们通过合作学习了三篇课文，梳理出了三张T形图。比较这三张T形图，请同学们找找它们写法上有什么相同点，比比有哪些不同点。

生1：我知道这几篇文章写人时都是抓住人的活动来写出风情。

生2：我知道这几篇文章都是抓住人和景物的联系写出异国的风情。

生3：我知道这几篇文章都采用了人景交融的方法来写。

师：刚刚我们抓联系找到三篇文章都是采用人景交融的方法来写，现在请大家说说它们有哪些不同之处。

生4：我知道《与象共舞》是抓住象与人的舞蹈动作来写，直接抓住象的动作进行描写。

生5：我知道《威尼斯的小艇》虽然在写人的活动，可实际上在写小艇。

生6：《自己的花是让别人看的》侧重于写人的行为。

师：看来，这三篇文章在写人景交融时，也是各有侧重。

以上课例，在形成三篇文章的T形图后，教师及时运用比较阅读策略将三个T形图进行比较，让学生获得新的思维视角，把认知从较单一层面提升至较深刻、系统，为写作做好铺垫。

2. 异同之处比一比，体会诗词的特点

在古诗词教学中，比较法对体会诗词特点同样具有重要作用。《乡村四月》和《四时田园杂兴》是四年级下册两首田园诗，笔者试图循着编者意图通过比较阅读引领学生在读懂诗意、熟读成诵的基础上体会田园诗的特点，进行以下实践。

师：刚刚我们通过比较阅读找到了两首诗的共同之处。同样是写农忙，但两首古诗的写法是不同的。

请大家小组合作，对比读读两首古诗，发现不同之处，完成学习单，如表2-19所示。

表 2-19　比较学习单

不同	《乡村四月》	《四时田园杂兴》
人物		
景物		
农忙时间		

根据交流小结：

生：我们小组发现《乡村四月》既有写景又有写人，《四时田园杂兴》写了大人、小孩都干农活。

生：《乡村四月》农忙时间只写了白天，《四时田园杂兴》白天、晚上都很忙。

（教学乡村四月的优美风光。朗读指导，情景相融，体会诗人对恬静从容的乡村生活的向往）

师：同学们，我们以前也学过关于农民的古诗，你们记得哪些？（预设：《悯农》（其一、其二））

（出示李绅的《悯农》："春种一粒粟，秋收万颗子。四海无闲田，农夫犹饿死。"）

师：对比今天学过的两首古诗，《悯农》这首诗中的农民生活还是如此愉快、令人向往吗？

生：我发现《悯农》诗中的农民生活很悲惨。

师：同样是写农民，为什么三首诗表现的情感会不一样？

（出示翁卷和范成大生平介绍）

师（小结）：读了诗人的生平介绍，我们发现两位诗人都是在官场上遭遇了黑暗，他们笔下的古诗描写农村的风光优美、农民的劳作愉悦是为了借以表达对现实生活的不满，对宁静平和生活的向往。这是田园诗不同于其他诗歌的一个特点，所以说，不一定写农民生活的就是田园诗。

比较阅读使学生在"异"与"同"的揣摩与品咂中读懂了诗意，并做到了熟读成诵，还了解了田园诗的一般特点。在之后的田园诗学习中，他们一定会

关注田园诗的特点，形成文化关注意识。

从字词、句段和篇章不同层面进行比较阅读是研究作者如何遣词造句、如何表情达意、如何布局谋篇的过程，在这一过程中，学生有条理地分析问题、解决问题，极大地增强了他们思维的灵活性、创造性和深刻性。

参考文献

[1] 汪潮.语文教学专论[M].北京：教育科学出版社，2008.

[2] 周一贯.语文教学优课论[M].宁波：宁波出版社，1998.

（作者单位：岱中小学）

基于语文核心素养的童话教学策略

沈晓静

童话作为儿童文学中的重要体裁之一，深受儿童的青睐，其对激发儿童阅读兴趣、陶冶儿童情操以及培养儿童创造性思维有重要的作用，是小学语文课程中不可或缺的组成部分。《义务教育语文课程标准(2011 年版)》提出第一学段的阅读目标是让学生“阅读浅近的童话、寓言、故事，向往美好的情境，关心自然和生命，对感兴趣的人物和事件有自己的感受和想法，并乐于与人交流”。语文教师有责任引领儿童亲近童话，走进真善美的世界。笔者分析了当前童话教学的误区，根据统编教材中童话的基本特点及学习目标，结合自己的教学实践，提炼了一些基于语文核心素养童话教学的策略。

一、当前童话教学的误区

1. 教学模式单一

按照文体来划分，童话是记叙文的一种，具备记叙文的六要素。但童话的教学与记叙文的教学方式大不相同，比如在学习故事情节和写作手法上，童话与普通记叙文相比更加生动形象，更加具有情趣、有吸引力。在教学时，教师应该从童话的特性入手，采用不同于普通记叙文的教学模式。但现在还有很多教师在采用“字词学习—认读课文—分析故事—得出道理”这样乏味单调的教学模式。长此以往，学生学习童话的兴趣将会被扼杀。

2. 说教意味偏浓

在小学语文教学中，教师肩负着对学生道德教育的使命，童话特殊的文本特点又带有一定的道德教化性，这使得许多教师在童话教学中过于注重道德说教，让童话教学失去其本来的意义。童话教学的本质是让学生从中领略到童话世界的美好一面，让学生自行体悟童话中的寓意，教师只需要进行适当的引导。但是在当前的教学中，教师过于注重童话故事的思想灌输，忽略了整个童话故事的体会过程，直接对学生讲解其中蕴含的思想，这样明显歪曲了童话的本质，也违背了童话的初衷，使得童话教学进入误区之中。

3. 童话意蕴拔高

童话大量采用了夸张、象征和隐喻等手法，使得故事的内涵与意蕴深厚。在小学童话教学中，很多教师没有站在学生的角度，而是以成人的社会阅历和知识结构对童话中的内容和形象进行剖析，往往忽视学生对童话中形象的感知、体悟与理解。刻意拔高童话意蕴的现象时有发生。

二、基于语文核心素养童话教学的策略

1. 学习语言，在品读中感受童话趣味

语言素养是语文核心素养的重要组成部分，也是语文素养整体结构的基础层面。统编教材第一学段入选的童话故事，语言简洁活泼、自然明快、浅显易懂、富有音律美。童话故事借助动物或人物之口进行表达，与儿童自身的语言比较接近，对于低段学生的语言学习有积极作用。

(1)注重朗读，读中悟情。童话故事的语言优美，很多童话故事情节是运用对话的形式表达出来的，是最适合朗读的体裁之一。也正是其朗朗上口的阅读基调使小学生能很快融入作者描绘的理想世界中。因此，教师在进行童话教学时应以读为本，以讲助读，使学生在读中整体感知，在读中有所感悟，在读中培养语感，在读中受到情感的熏陶。

如统编教材二年级下册《小马过河》是一篇具有教育意义的童话故事。该故事生动有趣，对话精彩，富有儿童情趣，是分角色朗读的好材料。老马、小马、牛伯伯、松鼠四个角色，说话都富有个性。老马温和亲切；牛伯伯见多识广，说话沉着肯定；松鼠亲眼见到自己的伙伴淹死在河里，说话大喊大叫，

非常急切;小马的心情变化更是复杂,开始是高兴,接着是犯难,然后是犹豫,后来是难为情,最后是毫不犹豫。学生在分角色朗读课文中进一步领悟"人物"的身份不同,说话的表情、语气也不同,既加深了对课文的理解,又激发了阅读的兴趣。

(2)听讲复述,加深理解。在童话教学过程中,复述——讲故事仍是最重要的策略之一。从童话的起源上讲,最早流传于民间的童话就是成人为儿童编的、讲给儿童听的故事。童话本来就是一种口耳相传的文学作品,具有容易复述的特征。因此,听故事和讲故事是进入童话和走出童话较好的教学策略。

我们可以在教学童话前通过教师声情并茂讲故事的方法吸引学生进入情境,激发阅读兴趣。童话故事结构上的表达特点适合低龄儿童进行口头复述。大多数童话是按照事情发展顺序来叙述的,故事性强,很多情节结构又是反复呈现,便于学生记住故事的情节进行创造性复述。

《小毛虫》是一篇充满儿童情趣的科学童话,其巧妙之处在于将小毛虫从结茧到破茧、羽化成蝶的过程设计在一个生动的小故事里。"能借助提示用自己的话完整讲故事"是本课的教学重点。在教学这篇童话故事时,可以结合课后第二题突破教学重点。"小毛虫、茧、蝴蝶"三个词语提示了小毛虫经历的三个变化阶段,"每个人都有自己该做的事情""万事万物都有自己的规律"这两句话能帮助学生回顾故事情节,梳理故事内容。教师可以引导学生借助这三个词语和两句话将小毛虫的变化过程有序完整地讲述下来。这样为学生复述课文提供了支架,减缓了坡度,同时又增强了学生运用语言的意识,促进了其语言能力的发展,加深了对文章的理解。

2. 感受形象,在表演中获得情感体验

童话故事富有情趣,通过肢体扮演可以满足儿童游戏的自然天性。用"玩"的方式对待童话,是儿童对文学的一种独特的学习方式。统编教材中选编的童话课文可以采用表演的形式来帮助学生理解课文内容,可以化抽象为形象,化难为易,突出重点,突破难点,突现特点。学生通过自己的语言、动作把童话故事中人物的动作、神态表现出来,情感发自内心,外显于动作。这样的表演使学生不知不觉融入童话之中，体验到童话中人物的情感，使课堂充满情趣，这种体验是单纯的阅读学习活动所不能达到的。

如教学《狐假虎威》一课，教师让学生戴上童话故事中角色的头饰，重点指导他们表演狐狸的“神气活现、摇头摆尾、大摇大摆”，老虎的“半信半疑、东张西望”。学生表演得淋漓尽致，不仅仅通过有声语言，还以表情、肢体语言诠释了这几个词语的意思，加深了自己对人物的理解，更为全面、立体地呈现文本。

日本作家新美南吉的作品《去年的树》主要是通过对话展开故事情节，推动故事发展的。学完全文后，教师指导学生分角色表演，扮演好鸟儿、树根、门先生、小姑娘等角色。“鸟儿”在寻找大树时的急切、失望，寻找到“大树”和即将离开时的悲伤心情感染了每一个学生，“树根”“门先生”“小姑娘”表演时也情不自禁地流露出难过和同情。学生在这样的表演中理解了课文内容，体会到鸟儿与大树最真挚的感情，也感悟到真正的友情是建立在诚信的基础上。

可见，分角色表演活动能拉近学生与童话中各种角色之间的距离，给学生一个展示自我的机会、一个创新思维的平台，学生的表现欲和创作欲被激活。童话的语言、形象深深扎根在学生心中，童话中蕴含的语文核心素养得以无声渗透。

3. 引发想象，在创编中走进童话世界

童话描述的是一个光怪陆离的世界，在这个世界里，可以存在这种想象的、夸张的事物，动植物能够按照人类的思维思考，能够像人一样说话，也有自己的喜怒哀乐。低年级学生具有活泼天真、爱幻想、爱思考的特点，写话正处于起始阶段，语言的发展也在敏感期。他们富有想象，希望能到天上、到海底去漫游，对童话世界充满了向往和憧憬。因此，在童话教学时，教师要重视激发学生的感情，引发他们的想象，深入挖掘童话故事中的空白点、延伸点，利用童话的一些语言特点进行学习和迁移，引导学生展开合理的想象，还原场景，丰满人物形象，启迪学生思维。

《蜘蛛开店》是统编教材二年级下册的一篇童话故事，讲述了一只蜘蛛因为寂寞无聊决定开一家商店。他卖口罩，来了一只河马，他织口罩用了一整天；他卖围巾，来了一只长颈鹿，他织围巾足足忙了一个星期；他卖袜子，来了一条42只脚的蜈蚣，他吓得匆忙跑回网上。课文故事情节简单，读起来却无重复啰唆之感，反而令人觉得趣味无穷。在教学时，教师让学生根据课文结尾展开想象，续编故事。如想象蜘蛛继续开店，教师引导学生依据童话结构反复的特点来续编：蜘蛛想卖什么—写招牌—顾客来了—结局怎样。也可以引导学生从蜘蛛改变经营方式来展开想象，如改变经营品种——同时卖口罩、围巾和袜子等东西。还可以从蜘蛛改变计价方式来展开想象，如卖口罩，按大小计价；卖围巾，按长短计价；卖袜子，按只数计价……

学生的写作思路慢慢打开，写作热情也被充分点燃。十多分钟后，充满想象力的小童话诞生了：

生1：

第二天，蜘蛛的招牌又换了，上面写着："耳罩编织店，每位顾客只需付一元钱。"

顾客来了，是一头大象。大象耳朵那么大，像两把大蒲扇，扇啊扇。耳罩好难织啊，蜘蛛用了整整一星期的时间，终于织完了。

生2：

蜘蛛想：动物有大有小，如果每位顾客的价格都一样，也太不公平了。我得改变主意，按动物大小来定价格。

第二天，蜘蛛的招牌又换了，上面写着："裙子编织店，小个子顾客只需付一元钱，中个子顾客需付三元钱，大个子顾客需付五元钱。"

顾客来了，是一只可爱的毛毛虫。毛毛虫长得小巧玲珑，蜘蛛只花了一个小时就织好了一条裙子。毛毛虫付了一元钱，穿上漂亮的裙子去参加舞会了。

……

夸美纽斯说过："好的教学必须能够促使学生学得投入些，学得愉快些，学得透彻些。"模仿与创造的结合会让学生体验到无限的乐趣。他们发挥合理的想象，续编故事，感受到童话神奇而美好的意境，语文素养也在不知不觉中得到了提升。

4. 领悟意蕴，在理解中受到情感熏陶

领悟意蕴就是感受童话故事中蕴含着的美好情感，让学生在阅读中受到情感的熏陶和正确价值观的引领。引导学生思考并讨论童话的内容和寓意，使他们能通过语言、透过形象感受到童话所包含的文化意蕴。同时，让学生逐步学会由表及里、由感性到理性地认识生活。

例如统编教材二年级下册“语文园地三”“我爱阅读”板块中的童话故事《小柳树和小枣树》，故事语言生动，通俗易懂。在教学时，教师可以先鼓励学生借助拼音尝试把故事读正确，读通顺，然后引导学生默读故事，画出写小柳树和小枣树的有关词句，想一想“小柳树和小枣树外形和特点有什么不同”“小柳树前后有什么变化”，在了解故事主要内容的基础上，引导学生交流读后感受，说说自己受到的启发或收获。

生1：文中的小柳树很骄傲，它只能看见别人的不足之处，却没有看见自己的短处。我不喜欢它。

生2：可是后来小柳树也意识到自己错了。

师追问：你是怎么知道的？

生2：我从“小柳树听了，不好意思地笑了”知道的。这说明小柳树也是一个知错就改的好孩子。

生3：尺有所短，寸有所长。每个人都有自己的长处和短处，我们不能拿自己的长处与别人的短处比，这是不对的。

生4：我们要多学习别人的长处，取长补短。

……

从教学实录中我们可以看到，阅读是学生个性化的行为，“一千个读者，就有一千个哈姆雷特”。即使是同一篇童话故事，不同的学生也会有不同的解读方式，获得不同的情感熏陶。

5. 拓展延伸，在阅读中提升语文素养

语文课程是实践性较强的课程，语文素养的提升离不开大量的阅读实践。虽然统编教材选用的童话数量比旧教材增加了许多，但对于这个年龄段的儿童来说还是远远不够的。不难发现，统编教材十分注重学生课外阅读的指导、扩大学生的阅读量。因此，拓展阅读是童话教学一个必不可缺的环节。在小学语文童话教学过程中，教师就应重视学生的课外童话阅读指导，在教学完一个童话后，可以补充相关资料，推荐阅读相同主题或者同一作家的作品，延续童话，丰富童话，提升童话教学的品质。

统编教材二年级上册“语文园地”“快乐读书吧”板块安排了读童话故事的内容，要求教师指导学生阅读《没头脑和不高兴》这个童话。这是统编教材第一次出现读整本书的设计，编者用“泡泡提示”的方式提醒学生阅读整本书时要关注书的封面、书名和作者等信息，同时提醒学生养成爱护图书的好习惯。在教学时引导学生认识书的基本信息，通过导读制造悬念，激发了学生阅读这本书的兴趣。接下来的几天教师发现，学生一有空就喜欢捧着这本书读，有时看着看着还会情不自禁地发笑。随着阅读的推进，一段时间后，教师组织读书交流会，带领学生交流阅读的收获、感受，回顾书中最有趣的部分，说说最想演的角色等。学生畅所欲言，即使是平时内向的学生也能说上几句，也许学生在“不高兴”和“没头脑”的身上找到了自己的影子。这样的交流加深了他们对课文的理解和体验，领略到了童话的魅力，感受了阅读的快乐，提升了语文的素养。

总而言之，童话是小学语文教学的重要组成部分，其趣味性强，想象力丰富，有其独特的文体特点和规律。教师要全面把握童话特点，挖掘童话的教学价值，运用童话教学的策略，引领学生学习语言，感受形象，引发想象，领悟意蕴，拓展延伸，从而提高学生的语文核心素养。

参考文献

[1] 徐林祥，郑昀.基于语文核心素养的“语用热”再认识[J].全球教育展望，2016(8)：14-23.

[2] 王菲.小学语文童话教学改革的若干思考[J].现代教育科学，2014(5)：140-141.

[3] 李萍.精准定位 有效教学[J].小学语文，2018(3)：13-16.

（作者单位：岱山县高亭中心小学）

六年级整本书阅读教学实施策略

王蝶琼

《义务教育语文课程标准(2011年版)》在"教学建议"部分指出"要重视培养学生广泛的阅读兴趣,扩大阅读面,增加阅读量……提倡少做题,多读书,好读书,读好书,读整本的书"。可见,义务教育课程标准对整本书阅读已经高度重视。

当前,在"倡导全民阅读"的大背景下,教师尤其要引导学生走上整本书阅读之旅。学生在小学阶段养成整本书阅读的习惯,将会对他们的成长产生积极而重要的影响。那么如何引导学生走上整本书阅读之旅?在小学六年级的教学实践中,笔者采用阅读前的导读分享、阅读中的摘抄分享、阅读后的心得分享的策略,激发学生阅读整本书的兴趣。

一、阅读前的导读分享

在整本书阅读之前,成功的导读活动,如同一把开启兴趣大门的金钥匙,能将学生的好奇心和阅读兴趣充分激发出来。根据教学的学情、教材的资源,在教学实践中可以采用以下两种导读形式。

1. 教师导读

一个优秀的语文教师在阅读方面应该是学生的精神导师,是学生的心灵摆渡人。教师的导读应该符合学生的课外阅读学情,贴近学生的喜好。

六年级上学期,笔者把自己阅读过的圣埃克苏佩里的童话《小王子》中自己最喜欢的一段话与学生分享:"我为她浇水,我为她盖罩子,我为她竖屏风,我为她捉毛毛虫……我倾听她的哀愁，留意她的沉默，享受她的喜悦和芬芳，因为她是我的玫瑰。”小王子对他的玫瑰付出了时间、精力和感情，玫瑰就是他的玫瑰了。此处的玫瑰可以是一个人，可以是自己所珍爱的一种物，即可以是自己付出了时间、经历和感情的人、事、物。譬如你的一个知心朋友、一只形影不离的小狗、一盆每天灌溉的小花、一架经常装卸的玩具飞机等。

看到学生静静地听着，并且若有所思，笔者继续讲述：“其实《小王子》有很多人翻译过，老师喜欢的这段话在不同的翻译者的版本里翻译的语言风格是不一样的，但是老师喜欢的是上面的这种翻译，因为语言整齐，富有诗意，充满感情。”

另外，笔者还设置了一个悬念：不同版本的《小王子》文中小王子看日落的次数不一样，有些是四十三次，有些是四十四次，这是译者失误，还是中法文化差异？

带着强烈的兴趣和种种的疑问，几乎全班学生都买了《小王子》，这其中至少有 15 位不同的译者，而尹建莉、林秀清和李继宏翻译的版本最多。这样，班级里就掀起了一股阅读《小王子》的热潮。

当然，每一本课外书籍的体裁有别，吸引读者的亮点也不同，在形式多样的教师导读分享中，班级绝大部分学生在六年级上学期阅读完了《绿山墙的安妮》《狼王梦》等作品。

2. 学生推荐

教师推荐固然有吸引力，不过，一个人的阅读量毕竟有限，一个人的视野也总是有限的。教师可以发动学生的力量让他们推荐好书，这既是对学生阅读情况的一次小普查，也是对他们阅读过的书的一次“反刍”，因为学生要写书面形式的“好书推荐”，以及“推荐理由”。理由可以就书的内容思想、人物形象、语言特色、读后感悟等一方面或几方面进行阐述，不求面面俱到，只求有个人特色。

一个星期后，全班 43 个学生的好书推荐书面材料交上来了，很少有同学推荐的好书是雷同的，有历史类的，有家训类的，也有中国传统经典书目，当然更多的是那些中外文学类书籍，如：

《草房子》:秋天的白云,温柔如絮,悠悠远去;梧桐的枯叶,正在秋风里忽闪忽闪地飘落。在这唯美的背景里,出现了同龄人麻油小学的学生桑桑。

《老人与海》:我最喜欢这本书里的圣地亚哥老人,他有着非凡的毅力,在茫茫大海中同鲨鱼搏斗,同孤寂搏斗,最终战胜了困难,顺利返航。这本书向我们揭示了海明威的"硬汉精神":你尽可以消灭他,可就是打不败他。

就如一位学生在推荐理由中写的那样,"让我们捧着好书阅读,枕着好书入睡,一起进入纯净而甜美的文学世界,一起进入心灵秘密花园,一起分享精神上的愉悦"。

二、阅读中的"存折"分享

阅读前的各种形式的导读分享足以激发学生的阅读兴趣,让他们迫不及待地阅读整本书。当然,对整本书的阅读,光靠阅读前的几分热情是远远不够的。毕竟六年级的学生有爱玩的天性,有各类电子产品的诱惑,有学业作业的压力,各种外界的干扰总是会打断学生的阅读进程。这个时候,就需要教师用各种活动来激励学生的阅读,来刺激整本书阅读持续有效地进行下去。笔者设计了"阅读存折"活动,借用银行存折的形式,用文字形式来记录阅读的时间、内容梗概、精彩片段、好词好句、心得感悟等。

1. 阅读卡片

阅读卡片是两周展示一次的学生"阅读存折",利用班级软木墙展示阅读中的部分成果,不限形式,不限篇幅。有的学生擅长绘画,阅读卡片像一张小小的精美手抄报;有的学生擅长硬笔书法,阅读卡片不逊于一幅赏心悦目的书法作品;有的学生把书中的经典台词或最有共鸣的语句摘出来,可见阅读之用心……课间,学生可以随时观赏自己的作品,品赏自己辛勤阅读的收获,这种分享形式悄无声息地点缀了学生们的学习生活。

2. 阅读摘抄

每周五则阅读"采撷",一则阅读感悟,统一时间上交交流,有利于教师及时掌握学生的阅读情况、阅读进程。那些书写规范、"采撷"优秀、感悟深入的学生的阅读“采蜜本”可以受到奖励，为期末“阅读之星”的评选累计积分。

如学生王佳梦的一则“采撷”与“感悟”：

采撷：黄昏前的片刻，反而可能是一天里最明亮的片刻。根鸟清清楚楚地看到鹰的目光里似乎有一种哀戚的呼唤，并且这种呼唤就是冲着他的。他犹豫着。而就在他犹豫的这阵子，那鹰就一直用那对使人心灵感到震颤的目光望着他。他在它目光的呼唤下，一步一步地走向它。当他终于走到它身边时，它意味深长地看了他一眼，随即，脑袋像藤蔓枯萎了的丝瓜垂落了下去。

（曹文轩《根鸟》）

感悟：白色的鹰为了寻找可靠的人来帮助紫烟，不远万里来到东方菊坡，它找到根鸟时候的目光，就像一个使者完成任务后的“意味深长”的目光，这种“哀戚的呼唤”，不仅让根鸟的心灵震颤，更是让读者的心灵震颤！多么细腻的描写，多么动人的文字！

3. 阅读批注

做阅读批注前，教师先给学生讲解“不动笔墨不看书”的阅读习惯。

在自己拥有的书中，学生时常对阅读内容进行圈点或批注，这不失为一种简便而实用的阅读习惯。批注的或是对所读的内容理解，或是对作品的思想感悟，或是对作者的遣词造句、谋篇布局和语言风格的体会。当然，这样的方式属于阅读者的个人习惯和隐私，在征得本人同意的情况下，教师可以把他们在自己书上的批注与其他学生分享。

例如王晨栋同学的《摆渡人》部分批注：

“我是摆渡人。”他（崔斯坦）开口说道……他松了一口气，继续说道：“我引导灵魂穿过荒原，保护他们免遭恶魔毒手。我告诉他们真相，然后把他们送到他们要去的地方。”①

（[英]克莱尔·麦克福尔《摆渡人》P58）

但她（迪伦）还是下了决心。过去几天的经历让她更好地了解自己。她不再是那个为装不装泰迪熊而犹豫不决的小女孩了。她已经能够正视危险，

① “摆渡人”在作品中首次出现，并且明确“摆渡人”的作用。

勇敢地面对自己内心的恐惧感。[①]

（[英]克莱尔·麦克福尔《摆渡人》P58）

小学六年级的学生能够有这样的批注、有这样的感悟，足见他们整本书的阅读已经渐渐走上深度阅读之旅。像“阅读摘抄”“阅读批注”这样的“阅读存折”，一直可以保存在自己的“阅读银行”里，这也许会成为他们童年记忆里最美的珍宝之一。

三、阅读后的心得分享

整本书阅读的好处不胜枚举，但学生如果只是在读的时候心潮澎湃，仅仅以“阅读存折”来维持其阅读热情还是不够的。整本书阅读毕竟耗时、耗精力，随着时间的推移，可能部分学生的阅读热情会慢慢消退。所以，在阅读到了一定的阶段，教师可以布置学生写读后感，或者开班级读书会。

1. 读后感

有了写读后感的任务，对学生来说，既是阅读的压力，也是阅读的动力。学生在阅读的同时，还要学会揣摩作品的表现手法，体会作品的思想感情，甚至学会质疑文中的观点。书读得越深越透，感悟就越丰富，写读后感也就水到渠成。

尽管指导过如何写读后感，但还是有不少学生写得很稚嫩，甚至写成“梗概”形式，但是也不乏笔法老练的习作。

例如，陈述同学的《我是自己的摆渡人》片段：

最近读了一部畅销小说《摆渡人》，作者从少年人的角度写了人性的温情。女主角迪伦遭遇车祸灵魂出窍，偶遇了他的摆渡人崔斯坦，并且被成功摆渡到荒原的另一边，可以获得灵魂的安宁。可是，当迪伦“爱上”崔斯坦，想和崔斯坦一起穿越回到人类世界的过程中，角色变换了，迪伦成了崔斯坦的“摆渡人”。在这中间，是迪伦的信念、勇气和不断的尝试战胜了她内心的

---

① 迪伦的蜕变：能够正视内心，直面现实！

畏惧。

这真是一部心灵治愈小说，我们的学习、生活中，不就是这样吗？如果命运是一条孤独的河流，真正能够摆渡自己灵魂的人只有也只能是自己！

2. 读书会

班级读书会是学生很神往的一个班级活动，就像诗歌朗诵会和辩论赛一样，可以在班级舞台上“晒晒”自己的才艺，“秀秀”自己的口才，每次活动总会有几个脱颖而出的“新秀”，成为同学们心中的“男神”“女神”。

人教版六年级下册教材中有一篇课文《卖火柴的小女孩》，为了让大家熟悉《安徒生童话》，更好地贴近安徒生这位伟大的童话作家的心灵，教师可在课程前一个月布置“安徒生童话故事会”。于是在班级阅读课、在课余时间里，人人都在看不同版本的安徒生童话，他们在寻找自己最喜欢的童话，并且要依据自己的理解适当改编童话，更有甚者有故事配以背景舞蹈来演绎童话。

一堂安徒生童话故事会让学生获益匪浅，并认识到一般童话里的结局总是美好的，如格林童话中《白雪公主》《灰姑娘》《睡美人》等，最后王子和公主都过上了幸福的生活。而安徒生童话中，由于作者特殊的个人经历，童话中也有不幸，如《卖火柴的小女孩》；也有讽刺，如《皇帝的新装》；也有凄美的爱情，如《海的女儿》。但是安徒生童话中，我们也看到自信，那只变成美天鹅的丑小鸭；我们也看到坚定，那只有一只脚的小锡兵；我们也看到真情，那只用心歌唱的夜莺……

阅读的主体是学生，学生通过阅读整本书交流了真正属于自己的体验，这样的阅读会更动人、更持久。当然，故事会只是读书会的一种形式，教师可以根据阅读的书目的体裁特点、语言特点等设置丰富多彩的读书会。

在平时的课堂教学中，单篇教学、群文教学的最终目的是让学生在课堂内外爱上整本书阅读。在浩如烟海的书籍中，读一本好书就好像与一位高尚的人交流。要让一本好书阅读从“泛观博取”走向“熟读而精思”，那么教师在阅读兴趣与习惯的培养中采用不断推动阅读的“分享”策略，也不失为一种行之有效的办法。

一本好书可以在阅读的不同阶段分享、在不同阅读者中分享、以多种方

式分享。这种阅读的分享是一种精神的分享、心灵的交流，经常开展这样的分享、交流，学生的阅读兴趣和习惯在潜移默化中得以养成。当阅读习惯逐步养成后，学生就可以真正成为阅读的主人，从而走上整本书的深度阅读之旅。这个时候，阅读不再是一种任务、一种负担，而是一种安静却温暖的生活方式。阅读让我们的生活更丰富，让我们的精神更丰盈，让我们的生命更丰润！

参考文献

[1] 中华人民共和国教育部.义务教育语文课程标准(2011年版)[S].北京:北京师范大学出版社,2012.

[2] 安东尼·德·圣埃克苏佩里.小王子[M].柳鸣九,译.北京:中国宇航出版社,2015.

[3] 陈晓浒.向《朱子读书法》学读书[M].南京:凤凰出版社,2014.

(作者单位:岱山县衢山镇敬业小学)

低、中段学生课外读物伙伴共读活动策略

周维维

阅读能力是一个人终身学习的基础。阅读将伴随学生不断成长。在全民阅读的大环境下，儿童阅读已成为最受教育界、出版界共同关注的大事。《义务教育语文课程标准(2011 年版)》对各年级阅读总量提出了具体要求：低中年级阅读总量不少于四十五万字。但通过与低年级学生和家长接触了解，笔者发现学生的阅读量远远达不到这个要求。小学低年级学生自主阅读能力差，部分家长对阅读不重视，使低年级的课外阅读处于一种边缘的状态。

低年级部分学生爱读课外书，自主学习了不少的知识，但大多数学生只是看插图，不读文字，没有进行深入学习。他们读书有一定的阅读障碍，缺少同伴间的相互"切磋"，相互合作。针对这一情况，教师可着力培养低、中段学生伙伴间的合作阅读习惯。

据美国书商协会一项调查结果显示，选择课外读物的一个最普遍的理由是从朋友处听到信息。这个结果值得我们教师反思。花时间鼓励学生谈论阅读过的书，就等于是帮助学生阅读更多的书。伙伴共读成为学校课外阅读开展较有效的模式。

伙伴共读是指伙伴之间共同阅读、分享、交流和探讨。但在现实的情境中，这样的伙伴共读大多是在比较不正式的场合下进行的。课堂之外学生之间彼此闲聊时，帮助学生分享阅读以及扩展他们对彼此的影响力，可以采取一些比较正式的策略，以提高阅读的效率。本文主要就低、中段学生课外阅读中伙伴共读活动的策略，谈一些看法。

一、课外读物推荐活动

教师可以安排一个固定的时段让学生畅所欲言，分享他们所阅读的书，以及他们最喜欢并希望其他同学也能去阅读的书。

一次儿童节，笔者在课堂上组织学生观看动画片《查理和巧克力工厂》，学生被神奇的巧克力工厂深深地吸引了。笔者向学生阐释这部电影是由一部小说改编而来的，作者叫罗尔德·达尔，他写过好多有意思的书。几天后，便有学生买齐了罗尔德·达尔的一套小说，并且被深深地迷住了。笔者装作无意地问起那个学生阅读《查理和巧克力工厂》的情况：你还看了作者的其他小说吗？那个学生侃侃而谈，其他学生在底下听得津津有味。事后，其他学生纷纷向那个学生借阅书籍，班级里掀起了一股“达尔热”。

班里有个男生内向胆小，从不敢在同学面前主动回答问题。笔者得知他是个小昆虫迷，而且特别爱看《昆虫记》。有一次的口语交际课主题是——长大后我想干什么，便特意点到了他。在一番沉默与鼓励之后，他吞吞吐吐地说出了他想当昆虫学家的愿望。听他说完，笔者追问：“那你一定特别喜欢看《昆虫记》这本书吧？”一听到《昆虫记》，他就两眼放光，一改往日胆怯的模样，滔滔不绝地说起了这本书，说得四周的学生连连发出阵阵感叹声。也有班里其他学生看了这套书，你一言我一语的交流，甚是热闹有趣。第二天，他把这套书带到了学校，他成了那段时间班级里的“小红人”。

其实不必特别要某个学生去准备什么，教师可以每星期安排一个时间让3～4个学生介绍他们想跟大家分享的书。但作为协助者的教师，要清楚地掌握每个学生想讲些什么，让他们能展现他们介绍的书，并确认他们掌握了足够多的细节——作者、其他同类书、相关图片等信息，使他们的介绍更有趣。

分享之后，要鼓励其他学生提出问题，发表他们的看法。这个时候，教师扮演的应该是类似讨论会主持者的角色，任务在于让每个想发言的学生都有机会讲话，只在他们需要的时候给予协助。活动结束时，教师可以结合重点，做概括性的总结，并把所有提到的书名、作者再重述一次，以加深学生的印象。如果可能的话，教师还可以准备一些推荐的书籍，让学生有机会借阅。

二、共享读书感受

学生进行阅读总会产生某种感觉，如喜欢、有趣、愉悦、厌烦、刺激等，而这些感受正是他们进行阅读的最大乐趣所在。其中，有两种回应对帮助学生成为一位思考型的读者非常重要。第一种回应是在读完一本喜欢的书之后，期待能再经历相同的阅读乐趣；第二种回应则是在读完一本喜欢的书之后，迫不及待地想和人谈论自己的阅读心得。我们期待其他人，尤其是我们的同龄人或者是我们的好朋友，也能够和我们经历相同的喜悦，共同探讨各自的感悟。

谈论的书籍大概有两种形式：一种是生活化的，朋友之间漫无目的的闲谈，这并不适合低、中段学生的阅读交流；而另一种则是在教室或者图书室等场所的正式讨论，是较具有思考性的形式。

作为伙伴共读中有协助能力的人，老师的职责是让不喜欢阅读的学生学会阅读，让喜欢阅读的学生读更多的书，让阅读有障碍的学生跨越阅读的障碍。因此，在低、中段学生的伙伴共读中，教师更多的应该起到牵引、协调的作用。统编教材二年级下册“快乐读书吧”栏目“读读儿童故事”中，向学生推荐了《神笔马良》《七色花》《大头儿子和小头爸爸》和《愿望的实现》四本儿童故事书，是伙伴共读的契机。在家委会的组织下，笔者所在的班级购买了十套共四十本书，班级里每位学生都可以分到一本。学生以四人学习小组为单位，每个小组一套故事书，读完一本，按顺序交换阅读，教师要求学生每交换一本书要和同学说一说这本书自己觉得哪里最好玩、哪里最有趣。根据学生不同的阅读水平，可规定四本书在 7 到 10 天内读完。

读书交流会可选择安排在学校图书室。在共读活动中，交流环境的选择也非常重要。现在很多学校的图书馆，馆藏图书丰富，环境舒适安静，把共读活动安排在学校图书室是很不错的一个选择。色彩鲜艳的舒适的矮凳围成一圈，四周是高高的书架，学生们在书香的包围下畅谈。第一次交流，阅读同一本书的同学为一组，交流自己阅读中觉得有趣的部分。说到有趣好玩的地方，让学生读上一段，基于之前的阅读，很容易引起共鸣。第二次交流，可采

取另一种分组的方式：最喜欢哪一本书，喜欢同一本书的同学坐在一起。这一次交流的话题是：小组合作，向没有读过这本书的家长或者小伙伴推荐这本书。这是教师有组织、有计划的设计。这个时候，教师扮演的应该是类似讨论会主持者的角色，让每个想发言的学生都有机会讲话，在他们需要的时候给予协助。如果是中年级，教师也可以在交流会后把学生的阅读感受制作成采蜜卡、阅读卡等，在班级阅读展示板块中展出。现摘录部分读书交流会学生觉得最有趣的故事：

“最有趣的故事是围裙妈妈讲故事时打嗝。大头儿子和小头爸爸觉得很好笑。最后，大头儿子和小头爸爸打了一个响亮的嗝，把围裙妈妈的嗝吓跑了。”

“大头儿子和胖外婆玩捉迷藏的游戏，大头儿子的双眼被黑布蒙住了，使劲地吸鼻子，闻到了白兰花的香味，冲过去把胖外婆抓住了。轮到胖外婆来捉了，他才明白大头儿子是在捉香味，是她胸前的白兰花暴露了方位。”

“我觉得最有趣的是珍妮买甜甜圈，后来被狗吃了的情景。狗把珍妮还有她的爸爸妈妈的甜甜圈都吃光了，珍妮回头一看是狗吃了她的甜甜圈，啊呀，害人的狗。我觉得好有趣！”

“我觉得最有趣的故事是《愿望的实现》，苏希常常搞得整个街坊不得安宁，于是老苏巴不得不时常跑着追他，想抓住他狠狠揍一顿，但是苏巴的腿患有风湿病，而他的孩子苏希却像头小鹿似的蹦跳着飞快地逃跑。”

……

低、中年级的学生表达和写作能力相对都较弱，在交流感兴趣部分时，不要做太高要求，能说出感兴趣的内容，哪怕只是故事情节或者故事的一部分内容即可。

为了提高伙伴共读的效率和可检测性，我们也可以设计伙伴共读的记录卡。例如，统编三年级上册第三单元“我们读书吧”，配合这一单元引导学生阅读童话类的课外书籍的任务。为了扩大学生的阅读量，提高阅读效率，老师设计了阅读卡，如表 2-20 所示：

表 2-20　伙伴共读阅读卡

交换阅读同学	交换书名	最喜欢的主人公	喜欢的理由

当然，这样的共读还可以有很多种方式，能在潜移默化中帮助学生爱上阅读。教师可以尽情地和学生分享自己的阅读世界，包括教师的想法、意见、品位和乐趣。一个共同阅读的气氛、一种共同阅读的集体舆论，胜于教师的无数教育。

心理学家马斯洛在《成长心理学》中指出，学生生而具有内发的成长潜力，不需要教师刻意教导。教师的主要任务是为学生设置良好的学习环境，让学生小组合作起来，自由选择、自行决定，他们就会学到他们所需要的一切。合作学习是以学生为主体，在相当程度上表现出学生学习的自主性、独立性和创造性，学生之间相互合作、相互影响、相互促进，显示出充分的互动作用。

三、活动分组策略

伙伴共读大多是建立在分组的形式上。将全班学生进行分组，是进行伙伴共读的重要一步。伙伴共读分组，可分为以下几类：

1. 同质组

兴趣或能力相仿的学生分为一组，这种小组所读书的题材、内容相仿，层次相近，利于学生之间互相讨论，交流阅读心得。如科幻故事阅读小组、成语故事阅读小组、神话故事阅读小组等。

2. 异质小组

将智力类型、认知风格和个性差异较大的几名学生分为一组。这种小组成员理解能力、读书兴趣有较大差异，能起到互补共进的作用。当然，分组时也应充分考虑到学生个人的愿望和实际的需要，以利于学生发展为宗旨。

以指导童话故事小组合作阅读为例，来谈谈伙伴合作阅读的几个步骤：

(1)小组合作读顺、读通。读顺、读通是理解文章的前提。如一位学生读童话故事《虎大王》中的一个片段时不会断词断句，其他组员帮忙，直到组内每个成员都读顺、读通了这个故事，才算读完了这一节。

(2)小组合作交流讨论。组长组织每个成员进行交流、讨论。交流讨论的成效取决于小组内成员之间的互动作用，这种互动越充分，小组成效就越显著。因此要求每一小组的成员必须做到在态度上要相互尊重，在认知上要集思广益，在情感上要彼此支持。

在笔者的指导下，童话小组交流情况如下：

生1：读完《虎大王》这则故事，我学会了几个成语……我来讲给大家听，请大家写在摘录本上。

生2："……"这一句写得多美啊！请跟我读。

生3：读了这个故事，我明白了……我们可不能……

生4：我与他的看法不同，我觉得……

生5：你们说得都不错。

生6：你们看，这个字(嗯)怎么读啊？还有(——)这一长横是什么意思？

六个组员互相讨论后，对学生无法自主解答的问题，教师稍加点拨。

这一合作过程使学生努力调动自己的知识库存，把已有的知识重新组合、迁移，在认知的道路上开拓前进，直至悟出规律。一旦有所突破，他们则会产生很强的成就感。这就是陶行知先生所描绘的理解的学习模式："学生很主动地去寻找知识。解释困难，贡献他所学的知识。先生不过站在旁边的地方略加指点而已。"

阅读深刻地影响着生活，一个愿意阅读的学生，他的知识储备必然是丰富的。我们都期望学生是喜欢阅读的。因此，用伙伴共读的策略引导学生阅读，创设优良的阅读环境，为他们打造一个理想的阅读环境，让学生感受阅读的快乐十分重要。

参考文献

[1] 艾登·钱伯斯.打造儿童阅读环境[M].许慧贞，译.北京：北京联合出版公司，2016.

[2] 蒋军晶.让学生学会阅读[M].北京：中国人民大学出版社，2016.

[3] 卡伦·坦珂斯莉.教会学生阅读[M].王琼常，古永辉，译.北京：教育科学出版社，2008.

（作者单位：岱山县高亭小学）

第三编

习作、口语交际教学

依托教材优化低段写话教学

何香儿

在新一轮课程改革背景下，语文的重要性日益凸显。语文素养包括听、说、读、写四个方面，“写”是语文素养的一个综合体现。

《义务教育语文课程标准(2011 年版)》(以下简称《标准》)中对写作进行了不同阶段的划分：第一学段(小学 1～2 年级)为“写话”，第二学段(3～4 年级)、第三学段(5～6 年级)为“习作”，第四学段(7～9 年级)为“写作”。做这种划分的目的是根据儿童的身心发展规律及认知特点来循序渐进地进行教学，促进儿童语言的发展。

写话是写作教学的入门阶段，对于儿童作文能力的形成和发展有着重要作用。因此，提高中、高段学生的语文综合素养和写作水平需要从低段写话抓起，注重训练，提高写作质量。

一、写话教学问题分析

1. 学生方面的问题

小学生写话原本应该是一个充满童真童趣的自由表达的过程，可现实情况是小学生对写话没有兴趣，没有写作素材，无话可说，不会下笔，写出来的东西“干瘪”，没有真情实感。有些小学生一开始就对写作产生畏难情绪和厌倦心理，有些学生纯粹是为了完成任务，要么生搬硬套，要么随意编造，要么照搬照抄，写作中假话、空话、套话比比皆是，作品没有个性，千篇一律。久而久之，这些学生就会对写话失去信心，也得不到教师、同学和家长的积极评价，从而越觉得难，越是写不好、不敢写，最后形成恶性循环，到了中、高年级就变成了“写困生”。

2. 教师方面的问题

教师方面的主要问题是课堂上讲述的内容太多，很少倾听学生的声音，给学生的时间太少，除了语文课本的看图写话外，平时没有将说话和写话结合起来，进行有意识的训练。尤其是很多教师对于学生的要求过高，总是希望学生的写作能够文从字顺、生动形象、妙语连珠，对于学生稚嫩的表达，充满童真的语言不能够发现其亮点，对于学生在写作的初级阶段的错字连篇、语句不通、字数不多、记流水账等现象不能包容，而是把这些当作错误和毛病进行过度干预或指责。这样的教学对于刚开始进行书面表达的小学生来说，容易导致其对写作产生畏难情绪和抗拒心理。

二、写话问题矫治策略研究

写话是写作的起始阶段，也是培养学生写作兴趣和自信心的重要阶段。虽然相对于习作而言，写话的要求要低得多，但对于年龄尚小、阅读积淀尚少的低年段学生而言，却是一大难点，《易经》云，“变化之中必有不变”，我们也常说“教学有法，教无定法，贵在得法，妙在导法”，写话教学也是如此。写话教学的“不变”“得法”就是要依据写话本身的内在运行机制。第一学段写话教学的一个重要机制就是“中介”，写话教学不能凭空进行，不能为写而写，应该寻找“中介”，凭借“中介”进行写话教学。教师可将目光锁定于教材，充分依托教材这个“中介”，激发学生们写作的兴趣，为初学写作的学生点亮灯盏。下面着重以统编一年级教材为例，谈谈做法。

1. 依托教材，依说促写

著名特级教师施民贵曾指出，语文教学的主要任务是“语言的构建与运用”。儿童语言发展是关键，小学一入学就要创造条件让学生开口说话，学会表达。从语言发展的顺序看，先有口头语言，再有书面语言；从学生学习的心理特点看，刚入学的学生口头语言占优势，且有一定的表达能力，但书面语言水平较低。这种学情决定了小学第一学段的教学思路应以口头语言为中心，借助口头语言促进书面语言的发展。

统编教材的编写遵循了学情特点。一年级上册主要是口语训练，下册主要是写句子的初步训练。从一年级上册教材口语的编排看，主要有三种类型：(1)四次“口语交际”的专项训练。(2)教学过程中有机渗透口头语言的训练，包括始业教育、识字教学、拼音教学和阅读教学。(3)课堂口语练习。如一年级上册《小小的船》中的课后练习2“读一读，照样子说一说”；一年级上册《四季》中的课后练习2“你喜欢哪个季节，仿照课文说一说”；一年级上册“语文园地七”中的“字词句运用”第2题“看图写词语，再说一两句话”等。

借助教材，学生有了谈话的内容，需要用适当的语言形式表达，这就促使他们把自己原来记得的以及也许是第一次使用的词语都使用起来。多说多用，消极词语就会不断地转化为积极词语，学生不仅说得流利、畅通，而且能把话说完整，说得有条有理。有了说的积累，写就自然水到渠成了。依说促写，“给家人或朋友写一句祝福的话”，把观察、说话、写词、写句融为一体。一年级下册教材安排了四次“写”的练习，除了结合“字词句运用”设计两次“写”，又随文在“课后练习”中设计了两次写话练习，引导学生依据课文，或表达自己的愿望，或进行句式的仿说训练。由“说”到“写”，迁移运用，拓宽了学生“写话”的渠道。

2. 依托教材，从“仿”到“创”

皮亚杰曾经说过：“对于孩子来说，从他一来到这个世界上的一举一动，无不都是以模仿为基础，正是这种模仿才成为日后形成思维的准备。”儿童心理学研究也表明，模仿是儿童学习技能的基本手段。对于低年级学生而言，模仿是写作的捷径，也是以别人的内容为自己服务，使自己的写作水平真正有所提高的方式。统编低年级教材中的课文，题材多样，清新、充满童趣的小诗，有趣的童话故事，简单却富含意义的小文章等都是培育学生写话兴趣和习作乐趣的绝佳素材。教学时，我们应该有意识地引导学生关注教材中的文字表述，抓住关键语句指导模仿，让写话变得轻松、有趣、有序。

例如《我多想去看看》课后练习：以“我多想……”开头，写下自己的愿望，再和同学交流。让学生们模仿课文的写法，四人小组每人写一个愿望贴在便利贴上，组成一棵愿望树。

学习《操场上》一课时，笔者让学生们用上自己生活中见到的体育活动写一写：

晚饭后，小区里，＿＿＿＿＿＿＿＿＿＿＿＿＿＿＿＿＿＿＿＿＿＿＿。

周末到，公园里，＿＿＿＿＿＿＿＿＿＿＿＿＿＿＿＿＿＿＿＿＿＿＿。

假期里，体育馆，＿＿＿＿＿＿＿＿＿＿＿＿＿＿＿＿＿＿＿＿＿＿＿。

星期四，社团课，＿＿＿＿＿＿＿＿＿＿＿＿＿＿＿＿＿＿＿＿＿＿＿。

学生们写道：

晚饭后，小区里，真热闹。跑步打拳广场舞，天天锻炼身体好。

周末到，公园里，真快活。蹦床跳绳滑滑梯，快快乐乐身体好。

假期里，体育馆，好开心。打球游泳跆拳道，天天运动身体好。

星期四，社团课，多丰富。折纸跳舞小提琴，天天学习长知识。

学生把教材的语言变为了自己的语言，用规范的语言表达自己的真情实感，在模仿的基础上，进一步加工、改编、延展，形成了自己的创意文。

《青蛙写诗》是一首轻松活泼、朗朗上口的儿童诗，描写了青蛙在下雨天用“呱呱呱”的叫声来做诗的场景。课文将自然界中的小蝌蚪、水泡泡和水珠等景物比作标点符号，非常生动形象，学生们很喜欢这首诗。学完这首诗，笔者让学生们来仿写其他小动物写诗，他们兴致颇高：有的编“小狗写诗”，有的写“小猫写诗”……真是“八仙过海，各显神通”。

蜜蜂写诗

一（2）班　赵睿豪

丰收了，
果园里金灿灿，红彤彤。
蜜蜂说：“我要写诗啦！”
香蕉弯着腰说：
“我来给你当逗号。”
苹果红着脸说：
“我来给你当句号。”

一串葡萄说：
“我们可以当省略号。”
蜜蜂的诗写成了，
“嗡嗡”“嗡嗡”
“嗡嗡嗡”。
“嗡嗡”“嗡嗡”
“嗡嗡嗡”……

小鸡写诗

一(2)班　张静语

今天晴空万里，
暖暖的阳光照射着大地。
小鸡说:“我要到田野里写诗去啦!”
小蜻蜓飞过来说：
“我能当个小逗号。”
大豆从豆荚里跳出来说：
“我能当个小句号。”
一群蚂蚁排着整齐的队伍说：
“我们可以当省略号。”
小鸡的诗写成了：
叽,叽叽。叽,叽叽。
叽,叽叽,叽……

让仿写伴随着阅读,伴随着愉悦的情感体验,可以形成易于动笔、乐于表达的写话情态。学生用自己稚嫩的笔头进行模仿表达,从仿写句子到独立写句子,从单句到复句,到句群,到语段,仿其内容,仿其思想,仿其格式,领悟文本语言表达的形式与精髓。正如郭沫若所说,“于无法之中求得法,有法之后求其化”。这就是文本神奇的地方,不可言喻,但能意会,学生乐此不疲。

3. 依托教材，由画到写

低年级学生，尤其是一年级学生，无论是识字量，还是认知能力、观察能力都十分有限，想一下子就能写话是很难的，教师可先指导学生以画画的形式写话。

在学《春夏秋冬》一课时，教师指导学生进行看图说话。当学“语文园地一”中的“日积月累”，可以带学生走进学校的小花圃。学生闻着诱人的花香，抚摸着挺直的小树苗，追逐着美丽的蝴蝶，兴奋得手舞足蹈。回到教室后，教师引导他们说说刚才看到了什么、做了什么，让他们尽情表达自己的感受。顺势引导：这么美的景色、这么开心的事，怎样才能记录下来与别人分享呢？经过讨论，大家决定把自己看到的情景画下来、写下来。学生拿出彩笔，开始了创作。然后教师指导他们在画面空白处做适当的文字补充。这样绘画加文字的写话就诞生了！学生们欣赏着自己和小伙伴的“大作”，兴奋地点评，教室里热闹非凡。在做《四个太阳》课后练习“说说你会为每个季节画什么颜色的太阳，试着画一画，并说明理由”时学生更是大显身手，精彩纷呈。趁着学生兴趣正浓，教师鼓励他们就用绘画的方法记录自己所经历的有趣的事情，学生热情高涨。

教师可把他们的“大作”分“风景篇”“生活篇”“愿望篇”三类编成图画书，让他们轮流看。捧着自己的图画书，学生爱不释手，自豪之情溢于言表。

4. 依托教材，以做代写

汪潮指出，小学第一学段的学生活泼好动，以直观、动作、形象思维为主。这时的写话教学要少理性分析，多形象感悟，提倡游戏精神，使写话教学“游戏化”。先做游戏后写话，以做代写，一边做一边写，应成为写话教学的常态。

在学习了《端午粽》后，教师请学生跟着爸妈去做做点心，也学着写写。他们有的做汤圆，有的做饺子，有的做青团，还有的做番薯老鼠，真是五花八门，写得更是精彩。笔者将他们的“佳作”编成了“美食美篇”：

汤圆

陈淑瑶

平时，隔三岔五，妈妈就会包汤圆给我们吃。

汤圆是用白白的糯米粉和面包的，里面裹着各种各样的馅料，中间还有一粒粒的小芝麻。妈妈一掀开锅盖，煮熟的汤圆就在锅里上下翻滚，好像在跳着欢快的舞蹈。夹起一颗，咬上一大口，真是又黏又甜。

妈妈包的汤圆十分好吃，花样也多。有红豆沙馅儿，有绿豆沙馅儿，还有黄糖馅儿。我们一家子美滋滋地吃了之后，妈妈还会装一小盘汤圆放进冰箱冷藏，方便有时候当早饭吃。

我最喜欢吃妈妈包的汤圆了，因为它里面包着的都是妈妈满满的爱(见图3-1)。

馄饨

戎幸嘉

平时我只负责吃馄饨，今天我决定自己动手包馄饨。

一大清早，爸爸就准备好肉馅儿和馄饨皮，我们便开始“工作”了。

馄饨是用正方形的皮，里面的馅儿是用白菜、虾仁和肉馅儿拌成的。爸爸一掀开锅盖，煮熟的馄饨在锅里漂浮着，像在跳舞一样，散发出一股浓浓的清香来。爸爸给我盛了一大碗，我狼吞虎咽地连续吃了十一个，吃着自己包的馄饨，我心里美滋滋的。

妈妈说，馄饨单纯是家庭节令饮食而已(见图3-2)。

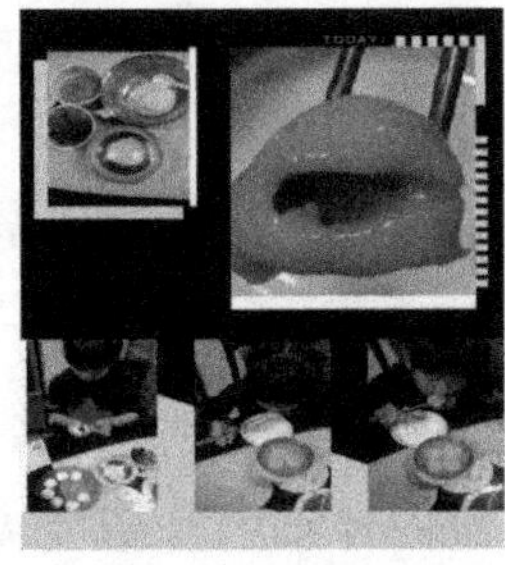

图3-1　包汤圆

图3-2　包馄饨

学了《操场上》一课后，教师可以要求学生自己去亲身体验一项活动或一次劳动，并仔细观察写一写。学生经过自己亲身体验后，写话更加形象，有表现力。

跳长绳

一(2)班　徐斌涵

星期天早上，阳光明媚，我、小明和小丁来到公园里跳长绳。

我和小丁拿绳子的两端有节奏地甩了起来，小明在中间随着绳子的上下摆动一下又一下地跳了起来。我们一边跳，一边数个数：一、二、三……小明真厉害呀，一口气跳了一百个！轮到我跳了，随着绳子在空中舞出优美的半圆形弧度，我一鼓作气跳了一百二十个，伙伴们都情不自禁地为我喝彩！虽然我累得满头大汗，但是心里却是美滋滋的，因为我又进步了！

在我们的欢声笑语中，跳绳游戏结束了，今天我们不仅收获了快乐，还锻炼了身体。

帮妈妈洗碗

一(2)班　夏一冉

晚上，吃完晚饭，妈妈接连打了三个哈欠。我灵机一动，对妈妈说："妈妈，我帮您洗碗吧，您太累了，休息一下。"妈妈听了我的话，露出欣慰的笑，说："好啊，可是你会洗碗吗？"我说："您可以教我啊。"妈妈说："好吧！"

于是，我和妈妈先把桌子上的碗筷收到洗碗盆里。妈妈告诉我，先把毛巾弄湿，再把洗洁精挤一点儿在毛巾上，揉出泡沫，就可以洗碗了。我照着妈妈说的方法，一个一个地把碗上的油渍抹得干干净净，最后又用清水把所有的碗都清洗一遍，这样洗碗的任务就大功告成了。

妈妈看着我洗好的碗，露出了满意的笑脸，她开心地说："我的女儿长大了，能帮妈妈干活了！"我说："这是我应该做的。"厨房里响起了一片欢声笑语。

正是让孩子们"做"得开心，"玩"得有味，有了现场的观察和亲身体验，也就有了特别的感受，普普通通的饺子因为有了他们汗水的浇灌变得别有一番味道；简简单单的洗碗因为有了他们的参与变得不再简单。借助教材，以做代写，不仅促进学生认知增长，还激励他们思考与探索，让他们的思维更周全、更深刻，探求精神得到更充分的发挥，更多了一份独立见解。

5. 依托教材，以展激写

人是需要被肯定、激励的，尤其是低段学生。因此，教师要重视积极评价学生的写话，对每一篇写话都给予积极的评价与指导，组织学生一起欣赏，还可以把学生写的话出成班刊，编成美篇，集辑成图画书，并积极争取家长的配合，共同关注学生的写话，让他们能获得全方位的成就感。不到一年的时间，笔者所教班级已经出了三期班刊，五篇美篇，一本图画书。

看着孩子成长，家长欣慰；学生被肯定，自身信心倍增。通过展示，学生将写话当成一件非常快乐的事，家长也开始重视孩子的写作，进而形成良性循环。成功，是每个学生内心的渴望，只有让学生在获得成功的喜悦之后才会唤起他们的自我意识，让学生积极地认识自我、提高自我，从而激发写话的兴趣和动力。

总之，提高学生的写话能力并不是一蹴而就的事情，这需要时间，更需要方法。教师可以着力借助文本提供写话素材，为学生搭建充满乐趣、兴趣与热情的写话平台，让他们在写话的路上自由快乐地前行。

参考文献

[1] 汪潮.统编教材第一学段写话教学的理据分析[J].语文教学通讯，2017(9)：8-11.

[2] 吴鹃.教材，激发写话兴趣的七彩桥[J].语文教学通讯，2012(7)：19-20.

[3] 王晓荣.让小学生带劲地写作文[J]. 语文教学通讯，2017(3)：51-52.

[4] 胡元华，何捷.儿童写作起步阶段的教学要旨[J].语文教学通讯，2014(9)：16-18.

[5] 侯婉婷.借助图画书指导低年级学生写话[J].小学语文，2017(4)：39-44.

（作者单位：岱山县高亭中心小学）

低年级情趣"画话"的思考和探索

陈燕红

"画话"指结合低年级学生的年龄特点，让学生把平日所见、所想用图画的形式表达出来，并在图画中适当地插入词话。这样的探索活动源于对低年级学生实际表达情况的思考。

儿童是极富想象力的。他们特别喜欢艳丽的色彩，喜欢描描画画。画画是儿童的一种表达方式，他们用画画这种形式表达内心的一种需要、一种想象中的童趣世界。一、二年级的学生正处于智力开发期，求知欲强，既具有丰富的情感，善于形象思维，同时又处于口头语言向书面语言的过渡时期。如果教师在课堂中只进行大量规范的组词、造句训练，就无法激发学生的表达欲望，还会使他们逐渐失去真心表达的兴趣，很难爱上写话。因此，在低年级进行情趣写话起步教学很有必要。情趣"画话"的实践活动不受识字量等限制，它让学生在描画中表达内心的情感，想象阅读和生活情景，有趣有效。

一、细化学段目标，确定合适的情趣"画话"要求

低年段的写话教学定位于情趣表达。《义务教育语文课程标准(2011 年版)》写道："对写话有兴趣，留心周围事物，写自己想说的话，写想象中的事物。在写话中乐于运用阅读和生活中学到的词语。"这是第一学段的写话目标与内容。它倡导写话要以兴趣为首，情趣表达，表达自然的童心童趣。

学段目标内容可具体细化为年级内容与要求，如表 3-1 所示。

表 3-1　年级内容与要求

年级	内容和要求
一年级	能借助图画、拼音和汉字简单表现一个场景或一个事物。 能图文结合，在图中插入词或句，把一个画面内容表达清楚。 能根据文本词语想象，描绘一个画面。
二年级	能编画连续性故事，借助符号和词句把图意表达清楚。 能看图写话，结合一幅图或几幅图写一个简短的故事。 能根据提供的一组词语或创设的情景编画一个生活故事。

二、适机引导，丰富情趣“画话”形式

由于低年级学生的注意力集中时间不长，对同一形式的内容很容易产生厌倦的心理。因此，我们在实际教学中要适机引导学生用不同形式“画”下要写的话，以保持他们持久的画话热情。

1. 漫画型

教材是个很好的范例。低年级的文本，有的是文字中插入图片，有的是在整个文本前面或后面配上相关的图，低年级的所有课文几乎都配有插图，图文并茂，赏心悦目。另有一些文本在结束时或课后练习中插入泡泡型提示，如《柳树醒了》后面有一个泡泡提示：在春天里，还有什么醒了呢？引导学生采用漫画型“画话”，在图画中插入一个词语或一句话，就和学生常看的漫画书样式一样。

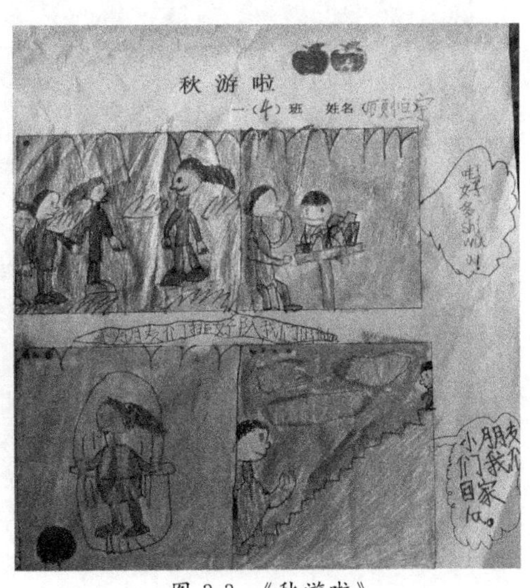

图 3-3　《秋游啦》

一年级学生在秋游活动后画下的图（见图 3-3），图中插有泡泡型提示，泡泡中是他们要表达的内容。

2. 绘本型

绘本是低年级学生接触最多的图书样式，里面往往是一大幅图，然后配上少量的文字。在实践中，教师可引导学生在阅读图书时学习这种样式，模仿并运用到情趣“画话”中。绘本型的作品，文字与图没有明显界限，文字往往就围绕在图旁。在教学实践中，教师带学生阅读一种绘本图书后，可尝试着让他们直观模仿“画话”。

如图 3-4 所示，这幅作品是班级一个爱画画的小男孩看了“鼠小弟的系列故事”后创编的故事：《鼠小弟上学记》。他既模仿绘本给每一幅画配了简短的文字，又给鼠小弟这个主角插入了泡泡型的对话。整个作品妙趣横生，让人喜爱。

图 3-4 《鼠小弟上学记》

3.“小人书”型

小人书一般由一幅故事情节图及一段文字构成，图文并茂，妙趣横生。“小人书”型指的就是图文结合的形式，一幅故事情节图配上一段文字。低年级课文多数会在文中配上相应图片，或插入中间，或在文字前，或在文字后面。它最明显的优点是给想写的学生提供借鉴，使其不会受泡泡空间的限制，也不似绘本型那样只能写少量文字。在日常教学实践中，教师对学生的写话教学大多采取这种形式。尤其是进入二年级后，学生想表达的内容更加丰富了，不再满足于一个词语、一句话，需要留一定的空间让他们写一写。

三、开发情趣“画话”资源的途径与方法

1. 借助活动，涂画有趣的生活

童年的生活是五彩的、充满童真童趣的。教师要引导学生从生活中发现“画话”的内容，用笔描绘五彩的童年。

(1)校园活动是主旋律。学校是学生学习、生活的地方，各种活动吸引着他们，如令人向往的春游、秋游活动，丰富多彩的课间活动，各式各样的节日活动、生动有趣的班级活动等。

春天到了，教师带着学生在校园里“找春天”，他们用稚嫩的小手涂涂画画，写下：春天在那小池边的柳枝上，看，柳枝上长出了小小的芽苞；春天在我们教室窗前的茶树上，看，那朵红艳艳的茶花正张望在窗前。

秋游时，学生在公园里拍照、跳绳，回家后“画话”。他们心思细腻，图中连老师的不同发型都细细描绘。跳绳是学生们最喜欢的课间活动，于是学生们又描绘《跳绳比赛》。学习单元课文故事后，教师组织小组活动，如“假如我们是校园美容师……”然后把小组活动经过画写下来。图文并茂的作品记录下他们自己最真实的经历。

(2)家庭镜头是调色盘。除了学校活动外，家庭活动也是学生生活的重要组成部分，是他们情趣“画话”的调色盘。教师可引导学生观察家庭生活，描绘一个个家庭镜头。在“画画我妈妈”活动中，有的学生发现妈妈洗衣做饭十分辛苦，于是为妈妈递上一杯茶，并画下一幅《妈妈笑了》作为礼物赠送给妈妈，画中配文：“早上，妈妈在洗衣服。我见妈妈一脸的疲劳，就倒了一杯暖暖的茶。这时，我看见妈妈脸上洋溢着幸福的笑容。”一位学生发现妈妈爱打

扮，于是认真地画下照镜子的妈妈和一只色彩斑斓的蝴蝶，并配文道："我妈妈 cháng cháng 把自己打扮 de 像一只美丽的蝴蝶。"

一个个家庭镜头为情趣"画话"增添了亮丽的色彩！

2. 结合文本，涂画眼中的美好

（1）利用插图，拓展想象，描绘憧憬。如在学习了《小小的船》一课后，教师布置作业："同学们，夜晚的星空是美丽迷人的，是充满神秘的。现在就让我们变成小精灵，插上翅膀，飞到夜空去看一看。你又会看到什么？把它画下来！"一年级的学生会写的词语不多，但喜欢用图表现心中所想。个别学生还在图中插入了飞机、嫦娥和玉兔等词语。在交流图画时，教师可组织学生用一两句话介绍自己的图画。他们争先恐后，一个个比喻贴切的句子、一则则奇思妙想的故事展现了其丰富的想象力和强大的语言能力。同样，学习了《月亮的心愿》后，教师可以让学生"画话"：我的心愿。

图 3-5 《菜场里的蔬菜》

（2）根据文本和插图进行仿画仿写。如学习《菜园里》一课后，教师可布置作业：每个同学先到菜市场里参观，认识各种蔬菜，再选择一两种把它画下来，然后在图画下面写上一句儿歌。以此来鼓励有兴趣、有能力的学生仿写整首儿歌。学生兴趣盎然，在家长的指导下不仅认识了许多蔬菜，还学会了用生动的句子描写蔬菜的特点（见图 3-5）。有的学生还仿写了整首儿歌，如《山野里》《果园里》《大海里》《花园里》等。

经过深入的观察加上丰富的想象，学生能够在纸上再现生活的世界，流露真实的情感。教师及时奖励，将学生的画话作品展示在教室墙面上。色彩明丽的图、生动有趣的话，吸引了学生的眼球，激发了他们对情趣"画话"更大的热情。学生在做这类作业时，即

使时间花得长一些，也乐此不疲。

(3)引用文本词句，描画美好。新教材中有学生喜闻乐见的韵文式识字课文、图文式课文故事，语言意境优美、词语丰富。新课标明确指出，在第一学段，学生要“在写话中乐于运用阅读和生活中学到的词语”。因此，在低段的学习中，学生不仅要识字，还要逐步运用学过的词语。在学习课文《美丽的小路》后，教师组织学生走一走学校操场旁的小路，然后画一画、写一写。在“画话”中，学生自觉地运用了“花花绿绿、干干净净、长长的、方方的、各种各样”等词语，个别学生还运用了“有……也有……”“有的……有的……”这样的句式。一年级下册课文《识字3》是一首节奏明快、意境优美的对对子韵文，课文后面有八个词语要朗读积累，可以把后四个词语“山清水秀、鸟语花香、和风细雨、万紫千红”的积累形式变为：请选择一个词语，想象它描绘的是一幅怎样的景色呢？把它画下来。然后在图旁配上反映图意的词语。这样图词结合，既让学生把词语意思具体化、形象化，又在配写词语中积累了更多的词语，延伸了词语意蕴。课文文本是一个很好的载体，教师要做教学的有心人，为学生寻找这样的“画话”点，丰富学生的积累。

另外，低年级配套的读物中也有很多这样的“画话”点。《吹泡泡》是一首儿歌：“星星是月亮吹出的泡泡，露珠是小草吹出的泡泡，苹果是花儿吹出的泡泡……”诵读欣赏后，让学生想象画话：(　　)是(　　)吹出的泡泡。每人画写一句，一个小组的成果组合起来就是一首美丽的小诗。《鞋》是一首充满生活情趣的儿歌，诵读欣赏后，教师可以组织学生描一描喜欢的事物，然后仿照着写一写。他们不亦乐乎地描画，做小诗人，写下了许多富有情趣的小诗，如：五颜六色的伞，五颜六色的我，走在回家的路上。我把《童话》搬到书架，我把《大自然的科学》搬到书架，我也把《智慧故事》搬到书架，各种各样的书，像是开启我智慧的钥匙，当我疑惑时，他们就会伸出援助之手。我回家，把伞放好，妈妈回家，把伞放好，爸爸回家，把伞放好，爷爷奶奶回家，也把伞放好，大大小小的伞，好像刻着小花的蘑菇，回到茂密的森林。

低年级的学生的创作力是无穷的，涂鸦、画画是儿童表现生活的起点。在幼稚可爱的画中，在短小简单的诗句中，他们描绘着自己丰富多彩的世界，描绘着生活中的美好。我们看到的不只是一首诗，还有一种希望、一种久违了的感动、一种儿童与生俱来的灵性及悟性。

3.“悦”读绘本，新编想象的故事

绘本是低年级学生最常看的书籍。一本图文结合的绘本包含文字讲述的故事、图画讲述的故事、文字和图画相结合而产生的故事。无论是单独“图”“文”，还是“图”“文”的关系组合，都为学生画话提供了丰富的素材。有时绘本故事中的语言特点鲜明，表达形式比较典型，就可以让学生模仿编画。如阅读了鼠小弟的系列故事 ，让学生们模仿编画鼠小弟的新故事，《鼠小弟上学记》《鼠小弟过河》《鼠小弟找快乐》《鼠小弟学本领》等便是学生们结合自己的生活而想象出来的。在交流绘本故事《我爸爸》时，当中风趣幽默的描写令人捧腹，就如“游泳像鱼一样灵活”“我爸爸像笑眯眯的河马一样快乐”，把爸爸的特点(某一本领或情绪)与事物联系起来比较，夸张而形象。教师可组织一年级学生也模仿课文，画画、写写爸爸的一个方面，如：“我爸爸游泳的速度太快了，简直就像鲨鱼一样。这就是我爸爸。他真的很酷!”

学生交流介绍自己的作品时，都兴奋极了，既对他人画面的可爱感到愉悦，又得意于自己的精彩表达。教师应在这样的探索中不断思考，寻找绘本图书中的画话资源，让他们在快乐阅读中放飞自己的想象，一点儿一点儿地积淀与浸润语文素养。

4. 创设情景，描绘童趣生活

儿童用丰富的语言来描述自己多彩的童年世界，表达对生活中美的憧憬。教师应尝试以创设情景的方式激发学生的兴趣，引导学生自主、自信、自由地写话。

(1)结合文本，创设情景画画写写。例如，学习了《小白兔和小灰兔》后，教师可以引导学生想象，当小灰兔最后听了小白兔的话后，它想些什么，又会怎么做，要求学生们动笔画画写写《小灰兔变了》。学习课文《坐井观天》后，教师可让学生画一画，写一写：那只青蛙终于跳出了井，它会看到怎样的情景？你会跟它说些什么？欣赏课外诗歌《巴喳巴喳》后，教师还可以创设情景：现在，“哗哗”(雨)来到了校园里，那又会有怎样的情景呢？让学生用声音来画写一种景象，如：“沙沙”(树叶)在快乐地摇摆，“呼呼”(风)调皮地跑过，

"扑通"跳进了水塘,"啪啪"踩起快乐的水花……诸如"我长大后干什么""我自己去""画海岛"等也是结合课文而画画写写的。

(2)创设声乐情景,想象画画写写。声乐包括儿童音乐作品和教师录制的声音。低年级的声乐情景要简单明了,不能太复杂,教师录制的声音须是学生熟悉或能猜想到的,否则本末倒置,不利于激发学生画画写写的兴趣。儿童的音乐作品形象鲜明,非常贴近生活,能引发学生无穷的想象。听着音乐,他们仿佛看到兔在跳、鸟在飞、星星在说话……他们充满激情地到声乐中去看、去说、去画、去写,学生对声乐有了富于童趣的丰富想象,他们的画画、说话、写话内容也会变得生动起来。

画画写写增添了学生的描画情趣,拓展了自由的写话空间,擦亮了学生的眼睛,点燃了语言的心灯,让学生饶有兴趣地表达。用童心画文章,使低年级学生的写话之路充满花香与快乐!

参考文献

[1] 李白坚.民国先生谈作文教学[M].南京:江苏科学技术出版社,2013.

[2] 余宪,龚明斌.直击新课程学科小学疑难 小学语文[C].北京:教育科学出版社,2013.

[3] 中华人民共和国教育部.义务教育语文课程标准(2011 年版)[S].北京:北京师范大学出版社,2012.

(作者单位:岱山实验学校)

唤醒农村学生写话的本能

杨月昕

从二年级开始，写话作为教学内容的一部分被纳入教材。生活是写作的素材。很多作家都是出自农村，他们生活的环境质朴真实。农村学生其实拥有比城市里的学生更多亲近自然的机会，让心中所感变成文字应该是他们的本能。但很多农村学生连基本的表达都存在问题，写出来就更显困难，往往需要教师进行补充。而有的农村学生虽具备口头表达能力，但写在纸上却不那么容易。教师作为他们写话道路上的启蒙者，应当思考如何帮助他们不再畏惧写话，唤醒农村学生写话的本能。

一、明确写话目标，切忌“揠苗助长”

低段学生对习作并未产生浓厚兴趣。《义务教育语文课程标准(2011 年版)》要求第一学段(一、二年级)的写话要对写话有兴趣，写自己想说的话，写想象中的事物，写出自己对周围事物的认识和感想；在写话中乐于运用阅读和生活中学到的词语。其实，在现实教学中要达到这一习作要求并不容易。

新课标中提出的目标最容易的一点是“写自己想说的话”。学生一年级的时候喜欢互相写信，虽然相隔只是几个座位，有什么话当面说更容易，可他们还是想写下来。这是低段学生的好奇心所致，平时看到父母或者教师都是发短信、发微信互相联络的，他们也会觉得把说的话写下来交流很有意思，所以就自发地“书信”往来了。

但让学生每一次写话都可以有“自己想说的话”，又是一个很难达到的目标。他们往往不知道怎么写，自己没有想法。而教师对学生的期待值过高，

这也是导致学生态度消极的重要原因之一。对于低段的学生，无论写作的质量如何，老师都要予以肯定，让他们大胆写，勇于表达自己的想法。

二、关注学生生活，注重“因势利导”

学生需要慢慢地接受第一学段写话的要求，不能在一开始就让学生产生畏难情绪。

1. 激发兴趣，克服畏难情绪

写话其实就是把我们想说的话记录下来。说的话只有通过文字记录下来，才会变得有生命力。很多有意思的事情，它们只会在我们脑海中存在一段时间，但是变成文字却是可以存在很久。

放寒假时，教师可布置作业让学生把寒假发生的有趣的事情画下来，并配上文字。笔者执教的班里 37 个学生，交回的优秀作品 14 份，大大地超出了预期。他们用画纸画下自己做过的事，有和小妹妹玩跳绳的，有乘坐轮船回家过年的，有放鞭炮、包饺子的……画画是他们的兴趣所在，在画上，配上文字，记录一天自己做的事，是写话学习的开端。

2. 唤醒需求，表达自我想法

在学生的生活中，写话是必不可少的。有些学生离好朋友较远，因为条件的限制，他们会把自己想说的话通过信件的方式传出去，用书面的语言表达自己的想法。节假日书写贺卡，向教师请假写请假条，书面的表达方式会显得更为正式。教师要抓准时机鼓励他们关注自己的生活。

(1)巧用“告状”。低年级的学生常向老师“告状”。这时候教师就可以建议写下来。这样一来，学生会去思考自己该写什么。比如一个男孩子这样写道：“今天下课的时候，我不小心弄湿了某某某的书，我都跟他道过歉了，可他还是故意把水泼到我的书本上，我很生气。”

(2)宣泄情感。低年级的学生其实对生活有很多的感受，但有的感受他们不知道如何跟别的同学说，不说又难受，就会记录下来。

一个学生回老家看望病重的爷爷，他写下了这样一段话：“今天我放学的时候,妈妈告诉我爷爷快不行了,听到这句话我惊呆了!然后妈妈给我请了一周的假,我们要去看爷爷。我们到家的时候,没想到爷爷已经去世了。我和姐姐哭得连饭都吃不下了。”他的语言简单又真挚,可以感受到他写话时悲痛的心情。

一个中午,几个学生偷偷地去抱来学校门口的一条流浪小黑狗,被门卫发现了,门卫就直接把狗扔到了地上。有个男生把这件事记录了下来,他写得很长,这里选取部分:“保安叔叔拿起一根棍子向小狗打去,被打中的小狗一直在叫。我们看得十分心疼。可是保安叔叔打呀打,他把棍子放在旁边,揪起小狗的毛往电线杆上一扔,小狗的头飞向电线杆。”读给班里学生听时,他们的脸上都流露出了心疼、难受的表情。

文字只有倾注了情感才会变得有血有肉,富有生命力,不能为了写话而写话。

3. 立足事实,分享生活体验

(1)真实为美。生活是写话的源泉,写话是生活的一种方式、一种需要。教学让学生观察生活,养成习惯;开展活动来丰富生活,关注学生的生活体验感受;动手操作,感受生活;观看图画,重视积累,联系生活,让学生有话可写,想写能写。

在笔者刚开始从事写话教学时,曾有一个学习成绩优异的女生交上来一篇写话,是记录自己暑假生活趣事的。她写了暑假的很多趣事,一会儿去海边玩,一会儿去钓龙虾,或者去沙滩玩,可她父母工作很忙,根本没那么多时间带她出去玩。后来,她向笔者坦诚这篇写话是自己编的。

这让笔者开始思考在日常教学中应如何引导学生记录生活中许许多多值得记下来的东西。于是笔者带着他们在校园里观察树叶上冒出的新芽以及枯黄的草丛中冒出的新绿的小草,激发学生观察生活的兴趣。

对于学习有困难的学生,笔者引导他去思考:讲春天的雨,就让他写春雨,再让他想想,春天的雨落在哪儿,那里会有什么变化呀?这个学生的写话是这样的:“春天的雨落在大树上,大树吐出点点嫩芽。春天的雨落在大地上,小草从泥土里冒出来了。春天的雨落在小蜗牛的背上,好像在给它洗澡。

春天的雨真神奇呀!”这样的写话就是他们自己看到的世界,真实而又神奇。

(2)乐于分享。学生写得有意思的,笔者会在课堂上朗读。一方面,被分享写话的学生会有自豪感,作为其他同学的榜样;另一方面,班里的学生也很好奇其他同学会写些什么。

三、立足学情特点,及时评价反馈

经过一年的写话指导,大部分学生的写话有了一定的基础。作为教师需要了解不同学生写话水平的差异,有针对性地评价,切不可要求过高。以二年级下册“语文园地四”的看图写话为例,这篇写话是要求学生看图想象,写写小昆虫们一天的经历,辅助了四幅情境图和四个与时间有关的短语。对于学习困难的学生而言,能用上时间短语有顺序地把这四幅情境图说清楚就够了,每幅图一句话也是可以的;而对于学习能力稍强点儿的学生,教师可以要求他们去想想每幅情境图中发生了什么故事;对于学习能力很好的学生,还可以指导他们分段落来写,初步树立布局谋篇的意识。

总体来说,农村的学生在语言表达和情感体验上较城区学生更朴实,但正因为这样,他们能更容易地从生活中寻找写话的素材,他们的写话有着最本真的童心和最纯粹的情感。低年级的写话可以为学生以后的写作打下坚实的基础,寻找并发现一条能够提高学生写话训练的途径已经成为农村小学低年级语文教师的一项重要而艰巨的任务。

参考文献

[1] 楼珠凤.农村小学低段学生看图写话现状分析及对策研究[J].小学教学参考,2008(13):41-43.

[2] 凡红梅.浅析农村小学生写话教学的有效开展[J].学周刊,2014(7):127.

[3] 孙润萍.农村小学低年级学生写话训练探究[J].黑河教育,2014(8):40.

(作者单位:岱山县岱中小学)

起始阶段习作由模仿到创新的渐进策略

於南红

作文是小学生语文能力的综合体现，是语文教学的重要组成部分，而起始阶段作文教学是小学生写好作文的关键环节。《义务教育语文课程标准(2011年版)》对三年级学生的作文要求是：能不拘形式地写下自己的见闻、感受和想象，注意把自己觉得新奇有趣或印象最深、最受感动的内容写清楚。然而，目前三年级作文教学却存在着诸多问题，如学生生活单调、阅读面狭窄，写作时往往无话可说；学生写作缺乏兴趣、信心，作文内容空洞、缺乏真情实感；习作教学时间有限、训练有限，提升写作能力的效果不佳……针对这一系列问题，教师可尝试在作文教学多策略并行，从模仿到创新，逐步提高学生的写作能力。

一、模仿作文，开启习作大门

所谓“模仿”就是学模仿样，词典上解释为“照某种现成的样子学着做”。习作教学中的模仿主要是谋篇布局、语言运用和内容选择等。模仿是创新的起点，创新是模仿的发展。

1. 积累，扎实写作基础

“不积跬步，无以至千里”，量的积累才有可能导致质的提升。没有大量的语言积累学生是无法写好作文的。三年级的学生大多缺乏自觉性，只有不断地鼓励和督促才能帮助他们积累语言，提高语言的储备量。教师应指导学生多读课外书，培养学生“不动笔墨不读书”的习惯，让学生每人准备一个记

录本，遇到名言、佳句就摘录下来，牢记在脑海里，随时积累写作素材。在班会课、读书课、午读时，开展读书交流会、朗诵比赛、文学知识竞赛、成语接龙等有趣有益的活动，提高学生自觉积累的兴趣和积极性，加深他们对语言本身及其应用的印象。这样不但在潜移默化的过程中感染学生，还使学生会学习、能分析、增长见识，积累一定的文学素养。

除此之外，教师要指导学生重视从社会生活和自然生活去积累。社会生活和自然生活丰富多彩，新人新事层出不穷，让学生做生活的有心人，随时随地留意周围人的一言一行、一举一动，开阔视野，把所见、所闻、所感形成感性认识在头脑中储存起来，为作文提供“粮草”。

经过长期的积累和内化，学生写作的语言资料库不断丰富完善，写作时遇到的障碍就会大大减少，作文也能生动起来。

2. 仿写，架构写作技能

写作仅仅靠积累是不够的，更重要的是迁移运用，让积累成为自己写作的“源头活水”。迁移运用很普遍的方式是在潜移默化中学会模仿。模仿是人类学习、掌握技能的重要方法之一，对于许多学生来说，模仿是他们驾轻就熟的。模仿的特点在于针对性强、有法可循。结合学生的特点，让学生进行适当的模仿，既降低了学习的难度，又能收到明显的效果。

课文、名家名篇、同龄习作、教师文章都可以当作范文，在阅读教学中、在动笔写作前、在习作后、在二次习作修改间隙进行模仿。范文提供优美语言文字的欣赏、习作技法的学习、习作难点突破的借鉴。

学习三年级下册第一单元《燕子》第 1 自然段时，我让学生进行“一(　　　　)，一(　　　　)，加上(　　　　)，凑成(　　　　)”的句式练习，引导学生学习抓住物体的主要特点进行描写的方法。《荷花》第 2 自然段将荷花的不同姿态描写得栩栩如生，是写景文章的典范。教学时，用多媒体课件展示此时马路上怒放的白玉兰、校园里的茶花、田野里的油菜花……引导学生观察各种花的姿态，用“有的……有的……还有的……”的句式说一说。像这样在阅读教学时结合写作方法的指导进行片段仿写，既能引导学生积累优美语段，又可以巩固写作技法。

【案例】“说说我自己”习作教学

在三年级下册第三单元“说说我自己”习作教学中，向学生提供同龄人的范文：

小个子大女生

我是一个小小的女生，个子小小的，脸小小的，手和脚也都小小的。不过，别看我又瘦又小，力气和脾气可都大着呢！

有一天，我正和小伙伴们练习着舞蹈，跑来一个调皮的男生。他鬼头鬼脑地张望着，随即大喊：“快来看呢！有人在教室里跳老人舞！”一边还挤眉弄眼地朝我们做鬼脸。

这下可把我气得火冒三丈，抬起脚就往他身上踢。可机灵的他哪能如我的愿，后退几步就躲开了我的“飞毛腿”。瞧着他嬉皮笑脸的样子，我狠狠地瞪了他一眼，紧握着拳头，像个小老虎似的飞快地朝他冲去……在我挥舞的拳头下，他灰溜溜地回到了自己的座位上。

这样的事数不胜数。无论是男生欺负女生，还是高年级的同学跑来班里捣乱，我总是挺身而出。早自习，我瞪大眼睛，让想浑水摸鱼的同学不得不捧起书本，认认真真地诵读；课间，我扫视全班，让奔跑的同学放慢脚步……

这就是我，一个小个子的大女生。

让学生在阅读后思考讨论：

(1)文中人物的特点是什么？

(2)作者举了哪几个例子来证明这个特点？其中具体写的是(　　)，略写的是(　　　　　　　　　　　　　　　　　　　　)等。

(3)具体写的事例里，作者抓住人物的什么特点？

提出这些问题的目的是引导学生从例文中提炼写人物的方法。范文本身虽然可以作为写作支架，为学生提供参考和借鉴，但在实际运用中，对写作有困难的学生来说帮助并不大，尤其在三年级起步作文阶段。教师需要对范文进行必要的教学处理，选取一些对学生的写作有价值的信息。这一过程实质上是将范文转化为有助于学生写作的“支架”的过程，也是将范文作者的写作思维可视化的过程。学生经历“认知—实践—迁移”的学习过程，从而掌握写作的方法，提高写作能力。

二、创新作文，徜徉习作殿堂

1. 观察，获取写作素材

文章不是凭空想出来的，而是现实生活的反映。观察是获得作文素材的重要途径。良好的观察能力是保证作文创造性的一个重要前提。

(1)有顺序地观察。观察是一种有目的、有计划的认识活动。有顺序的观察有助于抓住事物的联系，全面、有效地认识事物，也有利于促进逻辑思维能力的发展。观察有一定顺序，思维才有条理，表达才会层次分明，文章让人看了之后才会头绪清楚、印象清晰。教师应指导学生按照空间上的远近、前后、内外、左右、上下等方位顺序或时间上的先后顺序来观察事物。

培养学生自己确定观察顺序能力的关键在于指导学生在课内、课外阅读中分析文章的作者是如何从各自实际出发确定观察顺序的，并归纳总结出不同的观察对象情况下，观察顺序的相同点和不同点。通过对作者观察顺序、写作思路的学习，启发学生的思维，使其根据观察对象的特点确定观察顺序。

有教师结合自己多年的教学实践从阅读教学中总结出“观察五法”，对于帮助学生确定不同观察对象的观察顺序有一定借鉴意义。观察植物一般从株形、杆(茎)、枝、叶到花、果及生长变化；观察动物一般是从部分，包括头、嘴、耳、眼、背、尾、上肢等，再到整体，并应抓住特点观察其生活习性；观察人物则应从观察人物的外貌入手，包括人物的身材、容貌、姿态、神情、衣饰、风度等，再到观察人物的动作，体味人物的语言，最后推想人物的心理活动；观察景物一般是在选准立足点后，按事物空间位置变换的顺序来写，也可按事物发展变化的顺序来写，并应抓住景物的特征进行观察，写游记则常用移步换位法；观察活动场面时，通常是从整体感觉再到个别重点观察；观察事件时，则主要按起因、经过、结果的发展顺序进行观察。

当然，每一类观察对象在具体细节上也表现出不同。教师的责任在于帮助学生认识、积累各种确定顺序的方法，着力培养学生独立确定观察顺序的能力。

(2)全面细致地观察。学生的作文内容空洞、言之无物几乎成了通病。

其实这与小学生观察笼统、模糊的特点有关。儿童观察事物往往只看主要对象，而忽视背景，哪怕对主要对象的观察也是仅注意其突出的表面特征。因此，培养学生全面细致地观察势在必行。

教师在教学生观察时，首先要提出观察的任务，其次要有计划地培养学生独立观察的能力，而不是处处依赖教师。但是当学生不会观察或观察遇到困难时，教师必须利用具体化的问题进行启发引导。教师还可以运用比较法让学生观察事物，提高学生分辨事物的能力。

2. 预写，沟通写作内外

在习作教学中我们可以利用预写帮助学生穿越“最近发展区”。习作教学只有建立在学生现实发展水平的基础上，教与学的沟通才成为可能。在三年级下册第一单元“介绍家乡景物”习作之前，可以设计这样一张预写单，如表 3-2 所示。

表 3-2 “介绍家乡景物”预写单

<table>
<tr><td colspan="3">美丽的（ ）
要求：按游览顺序或方位顺序分几方面描写家乡的一处美丽景色</td></tr>
<tr><th>观察地点</th><th>景物</th><th>景物特点</th></tr>
<tr><td rowspan="3"></td><td></td><td></td></tr>
<tr><td></td><td></td></tr>
<tr><td></td><td></td></tr>
<tr><td rowspan="3"></td><td></td><td></td></tr>
<tr><td></td><td></td></tr>
<tr><td></td><td></td></tr>
<tr><td rowspan="3"></td><td></td><td></td></tr>
<tr><td></td><td></td></tr>
<tr><td></td><td></td></tr>
<tr><td>其他</td><td colspan="2"></td></tr>
</table>

从学生的预写情况可以发现，他们习惯用陈述性、概括性、总结性的语句来代替描写，不知道如何将景物描写细致，写出景物的层次，同时游览顺序混乱，不能条理清晰地描写景物。

根据以上学情，教师可以确定如下学习目标：

(1)定好景物的观察点，注意写景顺序；

(2)学会观察景物特征，明确写景亮点；

(3)运用多种修辞手法，写出景物的特色与情趣。

显而易见，预写单不仅可以帮助教师了解学生的学习起点，诊断学生预习中的问题，而且可以启发、引导学生主动学习，掌握科学的学习方法，培养良好的学习习惯。教师需要注意的是，预写单的设计要符合学生的多元认知结构，符合学生基础的差异性，符合学生思维的开放延续性。

3. 活动，链接写作内容

三年级学生的思维、习作技巧等尚处于待开发阶段。在教学中，采用体验、游戏、情景再现等多种形式的活动，联系旧经验，接纳新经验，融汇新、旧两种经验，将写作素材具体呈现，这样可以打开学生的思路，使其有话可说，有内容可写。

例如在三年级上册"熟悉人的一件事"教学中，搭建"真心话大冒险"的游戏支架，让参与者回忆并叙述"熟悉人方方面面的细节"。借助支架整理"交往中旧经验"，参与游戏进一步了解写作对象，增添"新经验"，活动过程本身也能成为写作素材。游戏作为支架让写作内容得到丰富和重组，经验成为可用的写作素材。

教学三年级上册"编童话故事"时，教师可以创设"大森林动物开会"的情境，让学生扮演不同的动物角色，围绕着情境中遇到的问题展开讨论，创编故事。创设与习作相关的情境，让学生融入体验，在情境的感染与浸润下更加主动地表达。

这里的活动基本以情景模拟和实践体验为主，旨在通过多种形式的活动帮助学生理解写作要求，丰富内容，实现交际交往的写作功能。搭建活动支架要注意"本""末"关系。不要让活动的分量超过写作，更不要用活动取代写作，活动在适当的时候要撤离，“让位”才能服务，支架的作用是“帮助”而不是“替代”。

4. 形式，丰富习作课堂

兴趣是最好的老师。在教学中，我们可以结合训练内容与要求采用与学生学习风格相适应的多种教学方式，从而改善学生对写作的态度，提高作文教学的效率，发挥学生的创造性。实践中有教师总结出“快乐作文教学20式”，其中适合三年级学生的主要有以下几种：

(1)玩写式，即“玩玩、说说、写写”，是将玩、说、写三种活动融合在一起，从中学习作文知识，培养说话和写作能力。这种教法的优点是使学生的学习心态始终处于最佳状态，最大限度地调动学生说写的积极性。但必须明确的是，玩是手段，说、写是目的，教师要注意每个环节的把控，增强趣味性，加强目的性，让学生在欢乐的气氛中学到知识、增长才干。

(2)情境式，即师生共同创设一种与写作内容相吻合的情境，然后把学生逐步引入这种情境，因势利导，指导学生写作，培养学生作文的主动性。

(3)竞赛式，教师根据写作要求，从几个方面编拟竞赛题目，然后用抢答计分的形式开展活动。应注意：①竞赛题不仅要有层次性、启发性，而且要有趣味性；②运用抢答的方法必须坚持面向全体，要照顾中下水平的学生；③要注意能力的培养和多种思维的发展。

(4)采访式，即运用记者采访的形式让学生以“小记者”的身份当堂采访班级的某位同学，拟好采访记录，并据此写记事写人的记叙文。

(5)故事式，就是采用讲故事的方式指导学生听故事，学习写作知识，进行写作实践。这种方法的关键是把习作内容及注意要点编成写作故事，既要有知识性，又要有趣味性。

(6)目标式，每次作文之前，先根据大纲、教材和学生实际学情制定出通过自身努力能够达成的目标，然后根据目标指导学生分步努力，最后攻下总目标，完成习作任务。

(7)自由式，即写“放胆文”，引导学生“用我手写我口”，无拘无束地进行练习，无论“命题”“文体”“立意”“选材”“结构”“讲评”等都倡导自由，给学生发挥的空间。

三、习作评价，扎根习作舞台

习作评价是习作过程中极其重要的环节，在评价文章的实践中可以学得习作之法，激发习作之趣。要十分重视习作评价的开展，如片段作后自评、写作障碍求助和写作经验分享等，通过学生间相互帮助、示范、启发等引发共鸣，辅助写作。

1. 片段作后自评

每次习作都会有时间限制。在规定时间点让学生对自己的习作片段进行评价（一般分为非常满意、满意、不满意三档），并说出评价理由，也可以诵读自己非常满意的习作片段。

这一评价形式一般在习作课初始阶段，主要是针对习作命题，让学生自主解析，抓住题目中的题眼，缩小选材的范围，进行初次创作后的评价。其目的是掌握习作现状，了解学情，发现学生在命题习作中的难点所在，便于下一步确定教学方向。这也是习作评价的开始。

2. 写作障碍求助

很多时候，一些写作有困难的学生会拿着笔发呆。这时候寻求帮助是习作得以延续的保障。因此，在习作中允许学生使用一次“小伙伴的紧急求助”特权。这特权可以是“点兵点将”——想听班级中任何一位同学的习作片段都可以，也可以是“邻座帮帮”——请四人学习小组的同学出主意，该怎样写具体。

这一评价形式放在习作练习的过程中，既是对习作困难学生的帮助，为其提供习作的“拐杖”，又是对于优秀习作的肯定，明确习作的方向。

3. 写作经验分享

好的习作离不开反复的修改，而修改需要一定的支架支撑。这时，经验的分享就尤为可贵。经验分享可以是片段的展示，可以是写作方法的分享，可以是材料选择的心得，也可以是谋篇布局的思路……这一评价形式主要目的是让学生在交流中共鸣，在讨论中豁然开朗。

评价的手段还有很多很多。各种评价形式的搭建旨在启发互助，引发共鸣，促进写作。部分学生“写不出、写不好”的现象在同伴的帮助下，在集体写作氛围的推动中，在好方法分享里将逐渐消失。

总之，起始阶段习作教学从模仿到创新，是一个漫长的过程，不能急功近利，应该让学生充分地积累知识和能力技巧，提高学生的语言表达能力和解决问题的能力，逐步让学生的写作水平得到提升。

参考文献

[1] 黄秋红.小学生作文练笔方式探究[J].学周刊，2014(12)：218-219.

[2] 戴志梅.关于支架式作文教学的一点思考[J] .语文天地，2011(4)：23-24.

[3] 郑向阳.小学作文教学中的观察五法[J] .教育评论，1998(1)：58-59.

[4] 赵万荣.快乐作文教学法 20 式[J] .湖南教育，1991(Z2)：19-20.

（作者单位：岱东镇中心小学）

用绘本提高中段学生习作能力的探索

毛雪红

语文教学的落脚点是要提高学生的口头表达和书面表达的能力，习作教学在小学语文教学中占据重要地位，是多年来困扰学生和教师的一大难题。很多教师投入了大量的精力去指导、批改、讲评，但是效果并不理想。习作、带给师生双方的是烦恼、无奈与困惑。那么，如何让习作教学更轻松、精彩呢？如何让学生的习作能力更快地提高呢？

一、中段学生习作能力现状分析

三年级语文教学，学生刚刚迈入习作的门槛，习作的要求又比低年级的写话高出一个层次，很多学生便对作文产生畏惧心理，无从下手。长期的习作教学实践表明，与其帮学生打开写作之门，不如教给他们怎样找到这扇门的方法；与其将全部精力消耗在机械地批改学生习作上，不如分一部分出来积极寻找问题的根源及解决的方法，切切实实地帮助学生克服畏难情绪，提高写作水平，从而达到“教”是为了“不教”的目的。通过多年的作文教学，将影响作文教学效果的两个方面总结如下：

1. 学生的习作兴趣全无

众所周知，小学生是写作的初学者，阅读面不广、生活圈子窄，普遍怕写作文或不会写作文，而且他们没有强烈的表达欲望，写作文只不过是教师、家长硬逼的，因此一写作就抓耳挠腮，不愿意思考，最后放弃或依赖他人，养成思维惰性，在家依靠父母，在校依靠教师抑或一写作就套旧作，思维陈旧没有发展。例如，一个学生游览磨心山后写下一篇文章，教师给了他一个好分数，于是他就开始了套作之路：写难忘的事——游磨心山；写有趣的事——游磨心山；写母爱——母亲带我游磨心山；直到毕业写回忆——依旧是游磨心山。

2. 关键的写作过程缺失

写作教学先后有“作前指导”“作后指导”两种主流观点。“作前指导”容易造成千人一面的作文“死结”。教师过大的暗示、限制作用影响学生的自由发挥。“作后指导”中，教师辛辛苦苦写出来的评语，学生却不屑一顾。学生写作常常出现“三无现象”：无监控，大家自由写；无辅助，不会写的依旧不会写；无提升，无论写得好或写得不好都是“吃老本”。这样无目标地写“前不着村”——不需要指导也可以写，“后不着店”——写后即了事。写作过程中的教学缺失是对学情的严重忽视。其实，学生写作需要的是方法指导、过程关注、困惑解疑、互相协作。

二、用绘本提高习作能力的解决策略

绘本教学正好能解决以上两个问题，对中段学生来说，教学趣味大于认知自觉，对学习内容的感知、洞察、发现、理解很大程度依赖于有趣的呈现方式。绘本教学能更多地满足中段学生的兴趣和需要。教师应不断利用学生的兴趣点，通过别样的推荐和游戏，点燃学生的阅读热情，让学生对课外阅读产生兴趣，而有了心动，才能将兴趣付诸行动。我们要多站在学生的角度去选择读物，将一次次的阅读变成学生的自主“悦读”。德国教育家第斯多惠说过“教学的艺术不在传授本领，而在于激励、唤醒、鼓舞”。新课标在习作要求中也强调让小学生“易于动笔”“乐于书面表达”，对作文“有兴趣”。儿童天真、活泼、好唱、好跳、好胜的心理特点决定了小学作文教学应采用适合学生年龄特点的教育方法和手段，营造生动、活泼、和谐的教育氛围，适时地给学生创设各种情境，进行愉快教学，调动学生参与写作的积极性，让学生感受到习作的精彩，体验作文的快乐，使学生在作文的天空里自由地飞翔。

1. 借助绘本，激发兴趣

学生不是没有表达的内容和能力，而是教师没有想方设法地去激发学生

表达的欲望,使写作文变成一件冷冰冰的任务,对学生来说何谈兴趣?爱因斯坦说,“兴趣是最好的老师”。学生对所学内容感兴趣,积极性就会明显高涨,教学效率也会大幅提高,正所谓“好之者不如乐之者”。教师要想尽办法让学生“乐”于表达,使学生不把表达当成一个沉重的包袱,摆脱畏难情绪,主动、积极地在广阔的思维空间中驰骋,写出更好的文章。

好的开端意味着成功了一半,课的引入非常重要。在作文教学中,如果能引导学生到一个生动活泼的情境中去学习,更容易激发学生的表达兴趣,调动其表达欲望。如上习作课“调皮的故事”,老师可提问引入:“从小到大,你肯定做过调皮的事,今天老师带来了一个美国孩子的调皮故事——《大卫,不可以》。到底是什么调皮的故事呢?”学生们最喜欢听绘本故事,投其所好,能激活学生的表达欲望。可见,巧妙地使用绘本阅读,有利于激发学生的表达兴趣和创造欲望。

2. 创设情境,唤醒思维

何为表达?表达就是用口语或文字把思维展露出来。有所思是有话说的基础,思维是表达的“先行官”。思维综合了观察、记忆、想象、创造、积累等诸多信息,是外界摄取到的信息在大脑内部的投射,其外化表现就是语言表达。所以,要想顺畅表达,必先唤醒思维。

叶圣陶先生说过,“生活犹如源泉,文章犹如溪水,源泉丰盛而不枯竭,溪水自然活泼流个不停息。”小学生本身活动范围窄,生活经验少,亲身体验少,对自己亲历的事情往往记忆也不完整或不深刻。这会让一些学生害怕表达,无话可说,无事可写。虽然教师都在有意识地组织学生开展各种活动,让学生在实践中取材,但由于时间、地点等所限,这样的活动并不能经常开展。那如何唤醒学生的写作思维呢?

(1)谈话法。围绕话题,师生互动交流,以此激发学生思维的活性。

如上习作“调皮的故事”:

①他叫——大卫,边出示图片,看看他在什么地方做什么调皮的事?

②你认为哪一幅最调皮?用一两句话来说说。

③你们在客厅里、餐桌上、浴缸、厨房干过什么?

④除了客厅、餐桌上、浴缸、厨房这些地方，你还在什么地方也干过调皮的事(教室、小区、操场)？

经过这样的一段谈话，学生知道了“调皮的故事”原来藏在客厅里、餐桌上、浴缸中、厨房内，藏在教室、小区、操场，藏在平时的小事中，这样就拓宽了学生的写作思路。

(2)陌生化法。有意避开主题，采用迂回的、陌生的素材引入，渐入佳境地引起学生关注，激活思维。“陌生化”这一概念由俄国形式主义理论家什克洛夫斯基最先提出。将“陌生化”原理运用于写作教学就是要瓦解儿童的惯性思维，使其既要根据自己的切身体验，又要避陈去俗，翻新出奇，从新的角度、新的层面去感受和发现旧对象的新意义，调动其写作积极性。那些生活中经历过但不常被提及与察觉的情境是需要发掘、创设的。

如“写出心里话”的习作设计：

①这个单元的习作主题是“说出心里话”。说话我们都会，可是，什么才是心里话呢？请大家想一想、聊一聊。预设：

A.心里话就是心里头的话。

B.心里话就是在心里想说的话。

②课件展示：想一想，什么是心里话？

最真实的话、想说但是不好说的话、藏在心底的话、小秘密四个选项，你认为哪一项属于心里话？或者你自己对心里话还有新的认识？不同的学生分别选择了四项中的某一项。

③原来，看上去很神秘的心里话，我们常常都会说。现在大家认识了什么是心里话，这节课就来试着说一说、写一写心里的话。

要写心里话，首先要认识什么是“心里话”。但“心里话”的概念本身是模糊的，因此这个环节教学设计为“多项选择”，自由谈话。这样做的目的就在于让学生从不同角度认识“心里话”，之后通过课堂中的生生互动、对话交流，逐渐使每一个学生都对“心里话”形成一个较为清晰的概念。

(3)情境创设法。创设与写作相关、相符的情境，让情境成为活跃思维的催化剂。创设与写作相关的情境，让学生融入其间去体验，在情境的感染与浸润下更加主动地表达。如模仿绘本《城市老鼠和乡下老鼠》里的情境，让学

生分别扮演不同身份的同一动物，创编“城市”与“乡下”各种版本的对话情境。也可以让学生扮演不同的动物角色，围绕着不同情境中遇到的问题展开讨论，再现生活情境，配上适当的音乐和夸张的表情，让他们身临其境。有了说的欲望，再提供表达的素材，就成功了一大半。

表达之前必须唤醒思维，有思维含量的表达才是真正意义上的写作。思维的活跃度也直接决定并影响着表达的效果。

3. 共享创意，指导方法

美国的创意写作主张写作可教，作家可培养，创意可通过教学顺畅地引导出来。激发了学生极大的写作热情，有了丰富素材之后，老师通过“教”解决学生的写作困难，运用绘本中的范例，提供给学生一定的写作方法，辅助其顺畅地把自己的思路写出来。

(1)模仿迁移。语言表达质量的提升更多依靠阅读积累。“取法乎上，仅得其中”，写作教学要注重对经典阅读的学习，鼓励学生沉浸于极具魅力的文字中，在阅读中模仿、迁移、浸润。

人教版教材只是很笼统地提出习作要求，没有很明确的指导步骤，未能给出如何指导学生怎么写、用什么方法写、怎么样才能写好等问题的具体方法。仿写是小学生从阅读到能够独立写作的桥梁，但课本中没有学生可以赖以模仿的例文，学生的习作训练存在很大困难。绘本是我们课堂教学的好帮手，如写“我的一家”，笔者借助绘本《我家是动物园》，先出示原文：“嗨，大家好，我是祥太。其实……我是小猴子。我最爱吃香蕉，爬树很拿手，还很会模仿。”接着让同学们发现文字表达中的规律，如实简洁地进行自我介绍，借助比喻介绍自己，用几个理由集中说明。学生们明白了“别人是怎么写成的”之后，就更容易“自己试着这么写”。最后，再让学生根据这“三步走”尝试以“第一人称”的方式做好自我介绍。有了之前的分析说明，还有范文的引路，学生快速入门，写出通顺详尽的内容，解决了“写不具体”“写不明确”的困惑。

(2)写中学法。写作教学时可以采用技法教学，强调一课一得，每节课都有教学主题，即本次习作所要用到的最主要的技法。

如“调皮的故事”课程设计：

①现在我们已经打开记忆的闸门，都找到了自己认为调皮的故事，但你能运用语言文字把这个有趣的场面进行复活吗？今天我们就来做一张场面复活卡。你们看，这是大卫的场面复活卡，出示一段话：

吃过晚饭，爸爸在客厅看球赛，妈妈在房间里嘻嘻哈哈打电话。大卫溜到厨房，见墙上挂着一排锅铲，突然有了灵感：妈妈常说“锅碗瓢盆交响曲”，我就来当个小乐手，将这“交响乐”演奏一番吧！想到这，他跑到卧室，从柜里翻出幼儿园当鼓手的礼服套在身上。当乐手怎能没帽子？他便随手从墙上摘下一只汤锅扣在脑袋上，将锅柄转到脑后，一个神气的乐手诞生了！演奏开始，大卫左手挥动平底锅，右手摆动铲子，左右开弓，“叮叮当当”此起彼伏。“啦啦啦，我是快乐小乐手，既当歌手又伴奏……”大卫侧着脑袋，眯着眼睛，张大嘴巴，情不自禁地跟着节拍载歌载舞。“大卫，你影响我看球赛了！”爸爸不耐烦了。好戏刚开始，就让我结束。这小乐手我还没当够呢！“大卫，你在搞什么？快停下！”妈妈大声命令道。妈妈呀，只要有一点儿动静就嫌我烦，你一有空就不停打电话，我可从来没有打扰你哦！大卫啥都不顾啦，继续沉浸在他的音乐王国里。

②指名读，你们觉得他写得好不好？他用了哪些方法把调皮的故事写得活灵活现？

A.连贯动作：找出动作词；B.夸张神情；C.开心语言；D.好玩心理。

③分享“调皮”的故事。提出要求，现场写作片段：看了大卫的调皮故事，你肯定也有一种急于表达的欲望，用上面的这些窍门，把它写下来，跟大家一起分享。要求：选择一个让你一想起来就发笑的调皮故事，用一段话写出来。

绘本“写中学法”这种新型的形式调动了学生的各种感官，使他们觉得教师不是在说教，而是在玩一种新的游戏。有人说过：最好的教育，是让学生感觉不到是在教育他们。

(3)展开想象。想象是儿童写作的一大优势。写作教学立足儿童本位，自然要更多地涉及想象，正视儿童天性，发挥儿童特长，让想象成为儿童引以为豪的优势。如上《小真的长头发》一课：

①带领学生读绘本，了解小真是怎么想的，而且是怎么把自己的想象表达出来的，然后学习小真，用上她每句都用的“要是……就能……”来想一想，写一段话，说说小真的长头发。看谁的想象既具体，又生动。

②学生读了自己的片段后，教师让学生看看谁想象中的长发“最有用”，评选一个“最有能耐奖”；谁的动词使用得最精彩，评选一个“最具动感奖”；谁的语言最有趣，评选一个“最佳幽默奖”。学生发表想法。

③知道最后的金奖得主是谁吗？是古希腊的科学家阿基米德。从阿基米德的故事中，大家发现想象让人接受的秘密了吗？预设：大胆、和别人不一样的、不能太夸张。

④小结：想象确实要大胆，也要合理，还要表达清楚，这样，关于想象的表达才能被人接受。只有你的表达被人接受了，你的想象才会引发关注，也就有了“同盟军”。这样，更有利于将想象变成现实。接下来，请大家修改，让想象的表达更容易被人喜欢，被人接受。

⑤看看绘本是怎么表达的。我们可以学习一些简单的方法，如借助比喻，让想象更加形象，读起来更有意思。来吧，试一试。

模仿是孩子的天性，这样的绘本阅读使学生轻松地掌握了表达方法，不仅有语言的示范，还有方法的示范，大大降低了学生表达的难度。

总之，牵手绘本，可以曲径通幽，尽最大可能地提高学生的习作能力。极具张力的图文结合形式可以用来辅助表达，逻辑严密的文字可以用来模仿写作，超凡脱俗的创意想象可以催生创作激情，多元融合的文化主题可以用来拓展写作思路，柔软细腻的儿童情感世界可以用来浸润文字生命，生命成长的精神底色可以为写作做好最佳铺垫……对于绘本阅读，你要什么它就给你什么，只要你取用得法，就能让学生的习作能力更上一层楼。

参考文献

[1] 何捷.作文课的魔力：写作教学“进行时”[M].南京：江苏凤凰科学技术出版社，2018.

[2] 何捷.绘本的魔力：让儿童爱上写作[M]. 南京：江苏凤凰科学技术出版社，2018.

[3] 中华人民共和国教育部.义务教育语文课程标准(2011 年版)[S].北京：北京师范大学出版社，2012.

（作者单位：岱山县高亭中心小学）

例谈童话习作教学策略

洪雪英　闫　言

童话是一种美妙、神奇、幻想的虚构故事。它借助奇特的想象摆脱时空的束缚，将平凡的真实世界幻化为美丽、超现实的境界，给儿童以审美愉悦及情感熏陶。在人教版语文教材整个小学阶段的300多篇课文中，童话约占13%，其中低段课文中童话的占比更高。创编童话也是小学阶段习作教学的内容之一。在人教版第二学段中，就有三次习作是关于童话的。

尽管童话是学生最熟悉的文体，他们通过家人、教师、伙伴、媒体和自我阅读，从幼儿园到小学三四年级已接触了大量的童话，可让他们自己创编，还是有很大的难度。这也说明阅读与表达有着本质的区别。阅读是理解、领悟、鉴赏、探究的思维过程，而习作是运用语言符号反映客观事物、表达思想情感、发表独特见解的创造性思维过程，它是言语能力、思维能力和审美情趣等诸多语文素养的综合体现。所以，童话对于中段学生来说仍然是“熟悉的陌生人”，亟待教师的引领与指导。笔者以四年级上册第三单元童话专题教学和习作指导为例，谈一些粗浅的看法。

一、认识童话文体的基本特征

由于学生对童话文体认识不够，导致在创编时未能获得良好效果。以人教版四年级上册第三单元的课文为例，引领他们认识童话文体特征。

1. 明确童话的分类

第三单元四篇课文分别为《巨人的花园》《幸福是什么》《去年的树》《小木

偶的故事》。学生通过文后资料袋阅读知道，童话可分为两类：一类由作家创作，另一类口耳流传，经有心人收集、整理而成。这是从来源进行分类的，对他们的童话创作启发不大。紧接着，教师进一步告知学生童话还可以从角色进行分类：一类是超人体，即描写一些超自然的人或物；一类是拟人体，即描写一些拟人化的有生命的物体或无生命的物体；一类是常人体，即描写普通人的活动。学生马上进行匹配，知道《巨人的花园》《幸福是什么》是超人体童话，童话中的"巨人""小男孩""智慧女儿"具有超越自然和人类的非凡魔力；《去年的树》和《木偶奇遇记》是拟人体童话，作者将小木偶、动物、植物都拟人化了。

2. 感受童话的主题

学生在童话创编过程中由于缺乏生活化的主题，致使创编的童话枯燥乏味，拓不开思路。笔者带领他们回顾在语文课文中曾经学过的15篇童话，通过"忆一忆、配一配"的活动学习每个童话故事寄托作者独特的感受与情感，给读者以真善美的熏陶。具体内容如表3-3所示。

表3-3 童话主题

童话题目	主题	出处
《雪孩子》	善良的心灵，乐于助人	一年级上册
《月亮的心愿》	心中有他人	一年级下册
《美丽的小路》	学会保护环境	一年级下册
《小蝌蚪找妈妈》	学会独立，主动探究	一年级下册
《称赞》	学会表扬别人	二年级上册
《纸船和风筝》	要与他人友好相处，团结合作	二年级上册
《从现在开始》	学会尊重他人	二年级上册
《笋芽儿》	成长的渴望	二年级下册
《丑小鸭》	只要坚持不懈，定能获得成功	二年级下册
《陶罐和铁罐》	学会正确看待自己和别人	三年级上册
《七颗钻石》	爱的力量是神奇的	三年级下册
《巨人的花园》	独乐乐不如众乐乐，要与别人分享快乐	四年级上册
《去年的树》	要信守诺言，珍惜友情	四年级上册
《幸福是什么》	幸福是靠劳动给他人带来益处	四年级上册
《小木偶的故事》	生活中不仅仅只有高兴，还有更多的情感	四年级上册

3. 体悟童话形象与主题的关联

童话的主要形象一般以自然界的动植物、生活中的物品和“超人”为主流，形象的选择虽有一定自由度，但也不是随心所欲，要考虑与主题表达的匹配性。课堂上，教师可以组织学生开展“探寻主题和形象的奥秘”的活动。还是以前面15篇童话为例，学生经过探究讨论，发现了一些规律，并达成共识：写环境类童话，选择的形象是与之紧密关联的动植物；写成长类童话，选择的是外形变化特别明显的对象；写“各有所长”类童话，要选某方面有一定关系的两个形象进行对比。

4. 教给童话情节构思的诀窍

一是巧合，充满幻想是童话的核心，在幻想的空间里童话人物都有着超乎常态的表现，情节发展有着奇妙的巧合。例如在《幸福是什么》一课的教学中，在初读课文后，出示了一个主问题：“请你再细细地阅读本文，你觉得文中最不可思议的地方是什么？”学生用心阅读后，不约而同地说出了以下发现：当三个牧童砌好水井高兴地坐在井旁的大石头上时，从树林里走出了一位美丽的姑娘。当三位青年都说出了自己对幸福的看法时，那位姑娘又出现了。还有些超人体童话，一些超越常人和自然的神魔或宝贝都会在关键时刻出现，给予超凡的力量。如《七颗钻石》中，当小姑娘把水罐递给这个过路人时，突然从水罐里跳出七颗很大的钻石，接着从里面涌出了一股巨大的清澈又新鲜的水流。重读这两篇童话后，让学生议一议巧合的用意，学生智慧碰撞后明白了这样的巧合都是作者的刻意安排，目的是让情节变得更加传奇、夸张，从而吸引读者。二是对比，对比法是童话情节构思常用的一种方法。教学中，笔者有意引领学生重读《巨人的花园》，引导他们发现对比手法运用之处。他们发现巨人态度前后发生了很大的变化，花园景色也随之发生很大的变化。故事的情节就是在这样的变化中加以推进。再引导学生读一读、找一找前面的15篇童话中哪些也运用了对比法。他们马上意识到《陶罐和铁罐》一文也运用了对比的方法。三是反复法，作家在创编童话时，反复法也是常用的情节推进方式之一。让学生比较《小壁虎借尾巴》《小蝌蚪找妈妈》两篇童话的相同点和不同点，他们发现在情节构思上类似，都是童话形象与不同对

象的三次相遇，但每次都有所变化、递进。再联系本单元的童话《去年的树》，发现文中“鸟儿向山谷里飞去”“鸟儿向村子里飞去”这两部分也是运用反复法。反复法的运用不但使故事曲折起伏，引人入胜，而且使童话形象更丰满，主题更鲜明。

二、拓宽童话习作的途径

童话习作质量不高，最主要的原因并不是没有内容可写，而是学生现有的习作经验与习作内容之间存在的差距太大。所以教师要创设符合学生生活场景的习作情境。具体而言，可以从以下几方面进行指导。

1. 基于生活幻想

洪汛涛认为“人由视、听、嗅、味、触而产生种种幻想”。童话习作最重要的特性就是幻想。基于生活幻想的童话习作必然是儿童乐于接受、喜欢创编的。睁开眼睛看世界，倾听生活中的声音，用嗅觉感知自然，展开想象的翅膀。观察窗外的景物或是家中的摆设，倾听自然界的声音或是各种音乐，跟小伙伴一起玩玩具，让玩具“角色”充分地“活动”，大胆地“说话”。观察时的奇特发现、倾听时的奇思妙想、玩耍时的喃喃自语，都是学生真实的生活反映。最后根据观察的、倾听的、玩耍的情境，学生就能发挥大胆的想象创编一则童话故事。

2. 立足读写结合

当学生已有一定的童话阅读积累时，可以将阅读中获得的知识迁移到习作中去。尝试相近思维的迁移，让学生就《小木偶的故事》进行续写，并提示他们像作家那样抓住“人物”的神态、语言、动作展示其特别的形象，开展相似思维的训练。学生读了《陶罐和铁罐》后想到了好多事物的对比，蒲扇和空调、自行车和轿车、楼梯和电梯等，以这些事物为童话形象，运用对比法进行创编。还可以让学生展开奇思妙想。很多经典童话由于创作年代久远，有些细节和现代生活有一定的差距，或是有一部分故事的结尾与学生的期盼不相吻合，他们在读这些故事时有很多自己的想法或愿望。此时教师可以把经典童话当作素材库，让学生按照自己希望的故事结局来改写。比如改写《小红帽》，把小红帽放在现代社会，假设她有手机、会上网，那么故事又将如何发生？

3. 放手自由创编

在熟悉的童话中找到未知的创作之法，让学生把握童话的基本特征，为他们自由创编搭建思维的坡度。教师可提示学生根据童话主题确定童话形象，也可尝试画思维导图，帮助他们进行情节的构思，让他们从整体视角出发对故事情节做出合理的安排，以解决他们在创编童话时情节不太清晰、缺乏层次或是虎头蛇尾等问题。例如写《小马过河新编》的故事前，让学生画线路图，再参照画的图把故事写下来。画一条河，在河的不同地方画上三个点，做出标识，比如 A 表示河这边，B 表示河那边，C 表示河中间。给每一个点设置一个情节，在旁边简单标注一下。在其中一点上画一匹小马，然后从小马开始点起画一条线，把三个点连起来。如果学生选中的是以中间的点作为开始叙述的话，那肯定有一条线是要往回走的，这段就是倒叙，回忆刚刚的经历；还有一条线是往前走的，那就是顺叙讲故事。

三、教给童话评改的方法

目前的习作课堂上，很多教师都把指导重点放在写什么和怎么写的问题上，对作后的评改这一块做得比较欠缺。习作是一个体验、构思、尝试写作、修改、完稿的过程，只有经历过完整的过程，才能提高学生的习作能力。《义务教育语文课程标准(2011 年版)》在第二学段中提出“学习修改习作中有明显错误的词句”，而到了高段则要求学生学会分享，在自己修改的同时主动与他人交换修改，并能斟酌字句的细节处，最终能通过合作对彼此的作品互评互改，分享成果。笔者认为修改的习惯应在中段开始培养，要求学生能根据提供的修改任务修改自己和他人的作品，最终养成修改习作的习惯。在四年级上册的童话习作指导中，我着重围绕童话的主题、形象和情节这三个维度指导学生进行评改。

1. 如何使童话形象更吸引人

作家正因为刻画了栩栩如生的形象，才使读者爱上他的作品。为了让学生进一步领悟形象刻画的秘诀，笔者选用了一位学生的作品并设计了一张修改清单(见表 3-4)，组织开展小组合作学习，由组长梳理同伴的回答，小作者根据同伴的点评进一步修改并完善。其他同学的习作修改可以参照这个方法进行。

表 3-4 《蚂蚁与食蚁兽》修改清单

参考问题	你的回答
①故事中的人物形象突出吗？如果是，那么你读一遍就能说出主人公的性格特点吗？	
②为了突出人物形象，小作者运用了哪些写作秘诀？你还有别的诀窍吗？	

2. 如何使情节中的细节描写更突出

描写的成功关键在于细节。如果细节不足，人物就成了干巴巴的活动的影子，事件就成了一个线路团，主题就显得生硬。就以另一位学生所写的《神奇的纸》为例，笔者请学生说说最喜欢读哪部分并说出原因，随即引导学生思考：针对此文把情节写细，可以用什么办法。

3. 如何以环境描写来增加童话的美感

通过渲染、营造氛围，来烘托人物心情、命运变化，并以此推进情节的发展。对四年级学生来说，可引导其初步感知。笔者选用了一位学生的习作《栀子花和女孩儿》一文，让学生找找童话中环境描写部分，读一读，说一说如果去掉这部分感觉怎样，让他们初步感受环境描写的秘妙。

相比修改自己的初稿，学生更喜欢挑小伙伴习作中的毛病。在点评、修改带有范例性的童话后，学生在学习小组中交流自己的童话，互相提出修改意见，着重就主题、童话形象和情节的展开等方面进行互评和自改。

参考文献

[1] 汤锐.童话应该这样读[M].南宁：接力出版社，2012.

[2] 顾巧英.关注写作迹象 优化习作教学 [J].新作文(小学作文创新教学)，2016(4)：30-34.

(作者单位：岱山县东沙镇蓬山小学)

农村小学中段“随堂小片段”现状与优化策略

虞佳妮

《义务教育语文新课程标准(2011 年版)》对中段写话提出了以下要求:懂得写作是为了自我表达和与人交流;养成留心观察周围事物的习惯,有意识地丰富自己的见闻,珍视个人的独特感受,积累习作素材。

但对于农村学生来说,基础差、语感弱、眼界小成为学生提升写作能力的主要障碍,学生拿到作文题目经常不知从何下手。三年级上册《课堂作业本》中的小练笔就为我们提供了一个很好的训练切入口。小练笔是“读写结合”最有效的载体,课堂教学如果能够充分利用课堂小练笔这一得天独厚的形式,就能够为语文综合素养的提升作奠基。它机动灵活、形式多样、切入口小、难度低,是培养学生写作兴趣、提高学生写作水平的一种有效的方法。

课堂中想要提高小练笔的有效性,教师就应当从实际出发,将小练笔与文本结合,有效地利用开发好文本,在文本的精彩之处、空白之处引导学生仿写补白;也可以将小练笔与课外阅读结合,在课外读物中积累练写素材;还可以将小练笔和学生生活实际相结合,真正做到内化与高效,提高学生的写作能力。

一、农村小学中段语文课堂随文练笔的现状及其成因研究

加强课堂小练笔给教学带来了良好效果,尤其是在学生习作能力的提高上的确起到了一定的作用,因此,一时间一股“课堂小练笔热”悄然兴起。但是在大量安排课堂小练笔的课堂中,由于认识上的偏颇,或重视不够,或理解理念不到位,致使阅读教学中的随文练笔设计存在如下问题。

1. 时机不准

教师选取“练笔”的时机比较随意，在没有充分朗读、感悟和体验的基础上就安排学生“练笔”，致使学生无话可写，写出来的也只是套话、假话、空话，失去了在阅读教学中安排“练笔”的意义。

2. 目的不明

习作，有的是在学生充分阅读理解、感悟课文内容之后产生新的思想认识、情感体验进行的个性化表达；有的是让学生联系课文、联系生活、联系自己的经验进行的个性化解读、体验并用文字表述出来；有的是在阅读中借鉴、模仿、运用这些语句、段落，逐渐体悟其中的表达规律并内化为学生自身的语言表达能力。但是在练笔中，学生没有明确的目的，不知道是为什么而练笔。

3. 切入不准

由于一些教师对教材的研读、对文本的钻研不深，随便找到一个“练笔”的点就喜出望外，以为自己已经为学生创设了“练笔”的机会就万事大吉了。没有联系学生的生活实际、认识水平、发展规律和教材的特点来考虑“练笔”的切入点，出现“切入不准”的现象。设计脱离实际，拔高或降低对学生的要求，形成离题万里的“假练笔”，千篇一律的“伪练笔”，缺失引领的“浅练笔”。

4. 形式呆板

有些教师不管学生喜不喜欢，每次“练笔”均采用单一、呆板的形式。在我们的课堂中经常会出现“你想对×××说什么”或者“假如你是×××，你会做什么”……由于学生缺乏生活体验，只会写出一些干巴巴的陈词滥调。此类小练笔形式往往不过是一种“公式”代入法，生搬硬套，这种方法是不可取的，它不仅无法达到课堂练笔的目的，甚至可能会使学生产生厌烦的情绪，不利于语文教学的开展。

5. 流于形式

在课堂中，只有小部分学生能写出教师设计的练笔，大多数学生只是走马观花，拿起笔不一会儿就放下。这样的练笔不服务于全体学生，只是适用于优等生，甚至在学生写完后，教师安排个别学生读一下，每次都是“蜻蜓点水”走过场。设计等于没有设计，不面向全体的练笔，等于放弃一部分学生，练笔成了一种赶时髦，流于形式。

6. 缺少反馈评价

一般教师都因教学时间关系把练笔设计在课堂中的最后一个环节，这样有助于机动运用时间，万一时间不够了，教师就说把练笔带回家；写下来，课上完了，练笔就结束了。所以，练笔缺少反馈交流。有句话说：“没有交流，就没有思维的火花。”很多教师是写了就算，听之任之，没有评价，没有修改，没有提升；而有的教师让学生“练笔”之后安排个别学生读一下就结束了；有的教师虽有评价，但没能抓住每次“练笔”的不同目的，对症下药。

这些都是现在小学语文教学中随文练笔设计常见的问题，为了解决以上问题，笔者在实践中进行了一些探索。

二、农村小学中段语文课堂随文练笔实践策略研究

1. 小练笔与课文巧妙结合

“理解语言”“积累语言”“运用语言”是语文阅读教学中最关键的三个环节。而促使学生把课文中的好词佳句内化为自己的语言，就要尽可能地让学生多运用语言，小练笔正是将读写结合。在教学中，精讲、多读、常练，将小练笔有效地穿插于课堂中。

(1)于语言精彩处切入“小练笔”。一篇文章的教学不能也不可能面面俱到，所以我们要善于抓住文中最精妙的语言片段，抓住最扣人心弦的情节，深入解读，扎实练笔。

【案例】《我们的民族小学》一课，有这样的句子：“这时候，窗外十分安静，树枝不摇了，鸟儿不叫了，蝴蝶停在花朵上，好像都在听同学们读课文……”这句话通过侧面描写突出了同学们读书的认真和此时环境的安静。于是我先引读，然后创设情境：“孩子们，这段话写得真好，学着这一段话，我们来说说节日的广场真热闹，好吗？当然也可以说别的。”学生发挥想象，自由表达。我顺势提出：请用上这样的句式说话并写下来吧。（课件出示：节日的广场真

热闹）

你瞧！____，

你听！____。

学生可以依样画葫芦，语句通顺优美。可见，只要抓住文中的精彩处，激活思维，展开想象，就能进行更好的语言训练。

【案例】 我在教学《秋天的雨》这一课时，发现作者在文中用了很多修辞手法，使文章的语言生动优美。在学习“你看，它把黄色给了银杏树，黄黄的叶子像一把把小扇子，扇哪扇哪，扇走了夏天的炎热。它把红色给了枫树，红红的枫叶像一枚枚邮票，飘哇飘哇，邮来了秋天的凉爽……”一段时，我让学生在反复朗读的基础上模仿写话，想一想，秋天的雨还会把什么颜色给谁。学生的模仿能力是很强的，有的写：“它把黄色给了稻田，稻田成了金色的海洋，它们迎风歌唱着丰收的喜悦。”有的写：“它把黄色给了梧桐叶，黄黄的叶子纷纷扬扬，像一只只黄蝴蝶，为人们送来了秋的消息。”还有的写：“它把红色给了大柿子，红红的柿子像一盏盏小灯笼，在向人们点头微笑。”基于学生对课文内容的理解和文章语言的欣赏感悟，抓住了这些“读写结合”点，可以激发学生表达的欲望、写作的兴趣，更重要的是由此学生借鉴了作者的写作手法。

（2）于式样经典处切入“小练笔”。文本中典型的句式、段式和结构等承载了丰富的语言训练信息，教师要善于引导学生对教材中的典范进行揣摩、赏析、借鉴，学会迁移运用。小学生正处在模仿力最强的时期，在他们了解了课文语言的精妙之后进行仿写就会容易很多。

【案例】《富饶的西沙群岛》一课的第5自然段描写海龟的片段特别有意思，教学时，我以“品读词句”为基础，引导学生充分地读，再说一说这样写好在哪里。在这之后，我出示了练笔的要求：按照“最__________的要算__________了。____

____。”

进行仿写，学生一开始不知道应该写点什么，在同学们一次一次地头脑风暴后，很多有创意的点子应运而生，如“最聪明的要算猴子了……最迷人的要算秋天了……”由于学生有形可仿，就个个有话可说。

【案例】《赵州桥》一课的第3自然段写赵州桥美观的特点："栏板上雕刻着精美的图案：有的刻着两条相互缠绕的龙，嘴里吐出美丽的水花；有的刻着两条飞龙，前爪相互抵着，各自回首遥望，还有的刻着双龙戏珠……"抓住"有的……，有的……，还有的……"关联词，展开想象，说一说精美的图案。

(3)于情节跳跃处切入"小练笔"。课文中有很多叙事篇目，都有情节上的"留白"和跳跃，有意无意地给读者留下了无穷的想象延伸的空间，这也是进行小练笔的极好机会。

【案例】《小摄影师》一课，作者用生动的语言讲述了一个小男孩想要给高尔基拍照却没有成功的故事，但课文却没有直接写出故事的结局，于是我引导学生展开想象"小男孩最后没有成功地给高尔基照相呢?"学生七嘴八舌地发表自己的见解，趁着这个契机，我及时出示"小练笔"：我来当当小导演，接着编故事。

"留白"是文学作品艺术处理的一种策略，教师要善于挖掘教材的空白跳跃处创设情境，让学生植根于课文，想象于书外，进行练笔，培养学生的想象能力和发散性思维。这样的练笔设计要求明确，操作性强，经常进行这类仿写训练可提高学生写作的规范性，克服随意性，利于语言结构化。

2. 小练笔与课外阅读无缝结合

古人云"读书破万卷，下笔如有神""口不绝吟于六艺之文，手不停披于百家之编"。可见，阅读量对写作的影响是直接的，阅读量越大，对写作的影响也越大。没有大量阅读，一切都是"空中楼阁"。广泛的阅读能帮助学生克服不会写的困难。

(1)教师要及时向学生推荐一些符合他们口味、有利于他们身心健康的书籍。如学课文《蜜蜂》前，推荐学生阅读《昆虫记》，进行读书交流会。教完课文《盘古开天地》后，提议学生去图书室找一些神话故事看。平时，教师还应向学生推荐适合他们阅读的书本，如同年级的《同步习作》以及体现儿童特点的《少年儿童智力开发报》《名师讲作文》《了不起的狐狸爸爸》等，班级还可以要求学生自办手抄报，让学生在搜集饱览中积聚写作材料。

(2)持之以恒地进行读书积累。在学生阅读时，教师要鼓励他们认真积累好词好句、名人名言、优秀片段，以丰富他们语言材料的“仓库”，并要求他们把平时储存起来的一些优美的词句常拿出来诵读，习作就能活学活用，妙笔生花。

(3)在平时的教学中，定期抽出部分时间开展轻松愉快的读书活动，并利用班会、语文实践课进行相互交流，向别人讲述自己最喜欢的一句话、最受启发的一则故事、最重要的一则新闻、最感动的一件事等，帮助学生提高口语表达能力。

古语云“书读百遍，其义自见”“熟读唐诗三百首，不会吟诗也会吟”。学生正是在群书中博读，以“移花接木”之功，把书中的好词佳句、写作方法等灵活运用于写作中，使文章内容更生动、具体，从而提高写作的能力。

3. 小练笔与生活实际有效结合

新课标下的习作教学关注写作过程。“写作教学应引导学生热爱生活、观察生活、感受生活、思考生活并随时记录自己的所见所闻所思表达自己的真实感情。”学生在有了写作兴趣和基本写作能力后，教师要对学生进行写作语言的训练，让作文中的语言生动、丰富、有鲜明的个性。语言表达能力要靠长期不断的训练来提高，光靠语文书上的七八篇大作文很难达到目的，而小练笔正好发挥它的训练作用。叶圣陶先生说：“生活犹如源泉，文章犹如溪水，源泉丰盛而不枯竭，溪水自然活泼流个不停。”教师要让学生把目光延伸到家庭、社会、日常生活中，告诉学生处处留心皆学问，要做生活的有心人，生活中处处都有可写的内容。

【案例】《责任》一文讲述了圣诞节前夜，保罗偶然结识了一个生活贫困的小男孩，在短暂的相处中，小男孩的言行强烈地震撼了保罗的心灵，使他深深地体会到“给予是快乐的”。学生读过课文，教师可启发学生“你在日常生活中有过这样的体会吗?”然后组织交流，鼓励学生课下写一写自己熟悉的此类故事。此时，由读到写，显得那么自然。

丁有宽老师指出读和写是个互逆的过程。它们之间既相对独立，又密切联系。读是理解吸收，写是理解表达。有理解性的吸收，才会有理解性的表达，表达能力强了，又促进了理解吸收能力的提高。在阅读教学中，通过阅读前、阅读中、阅读后系统性的小练笔训练，学生的写作才能有话可写，才能掌握好写作方法，才能真正发挥小练笔在课堂中的作用。当然，教师也需要在不断实践中摸索出一套符合学情的教学方法。

参考文献

[1] 陈琴华.小学中段语文课堂小练笔系列设计之探索[J].作文教学研究，2008(2):53-55.

[3] 罗宇丽.挖掘文本小练笔放飞学生写作思维[J].作文教学研究，2010(3):55-56.

（作者单位：岱山县长涂中心小学）

小学中段“游戏”写作的探究

赵　洋

小学生畏惧写作文是当下的普遍现象，多数学生写作的目的就是完成老师布置的作业，学生在这个过程中缺少积极性与主动性，自然畏惧作文。老师习惯把原因笼统地概括为“没有生活”“没有兴趣”，其实不然，学生时时处于生活状态，“没有生活”是个伪命题，而“没有兴趣”倒是真实存在的，只要调动起他们习作的兴趣，自然解决了大问题。

一、小学中段学生写作存在的问题

学生怕写作文是缺乏写作动机。朱自清先生说过：“无论是读是作，学生易感到实际的需要。”因此要解决学生怕写作文的难题，最重要的是要调动起学生写作的欲望。

开启儿童心门的这把钥匙——游戏，无疑给小学生写作带来了福音。做游戏是儿童的天赋，文静的孩子参与游戏，瞬间活泼起来；好动的孩子参与游戏，尽显顽童天性；不善交往的孩童参与游戏能主动敞开心扉，放飞自我。著名特级教师张化万在《我的语文人生》中提道：“把学生喜闻乐见的游戏带进课堂，让玩激活学生观察、说话、思维和表达的潜能，是被实践证明的，是让学生乐于作文的好办法。”以游戏带动写作教学，借助游戏搭建桥梁，让教师与学生、作文与灵性在此相遇。将游戏融入作文课堂，符合学生的心智发育水平和认知事物的特点，更为兴趣写作开辟出一条坦途。要从兴趣入手，激发学生写作的欲望。

二、小学中段游戏写作策略探究

写作中“游戏”并不单单指我们生活中的游戏，它包含任何学生感兴趣的形式。只要是能调动起孩童的积极性，吸引孩童积极参与的，都是写作中的游戏。

《义务教育语文课程标准(2011年版)》在小学中段习作要求中强调让学生“留心观察周围事物”“能不拘形式地写下见闻、感受和想象，注意表现自己觉得新奇有趣的，或印象深刻、最受感动的内容”。由此，笔者对“游戏写作”做了如下实践探索。

1. 充分调动学生积极性，重在“趣”

兴趣是最好的老师，这已成为大家的共识，游戏作文课更要将“趣”进行到底。

(1)作文主题不可少“趣”。

①科学类主题：“巧分液体”(用不同的方法区分“温水、凉水、白醋、雪碧”四种饮料)；“摔鸡蛋的学问”(把鸡蛋从四楼扔下去，有什么办法让鸡蛋不破)。

②游戏类主题：“吹气球”“比比谁力气大”。

③实用类主题：“写通知”“写请假条”“我是小导游”。

④其他趣味性主题：“第三只眼睛”“抓逃犯”。

(2)课堂伊始“趣”味热身。只有吸引人的开头才会把学生带入课堂情境中，牢牢抓住学生的兴趣。

于永正经典作文教学《三年级人物语言描写练习》课堂实录通过练读和表演有趣的对话激发学生写作的兴趣：

师：“有一天，一只小猴子向妈妈要桃子吃，小猴子和妈妈有一段对话。”

(幻灯片出示)

小猴子：“妈妈，妈妈，我想吃桃子！”

猴妈妈：“一天吃三个，够不够呀？”

小猴子：“不够，不够！太少，太少！还不够我塞牙缝儿的呢！”

猴妈妈：“三天吃九个，够不够呀？”

小猴子:“够了,够了,谢谢妈妈!”

师:“同学们读一读,看谁能读出小猴子和猴妈妈的语气。”

(学生们高兴地练读,师指名读,然后挑两个读得好的小朋友到讲台前,一个扮小猴子,一个扮猴妈妈表演这段对话)

质疑矛盾点,激发学生思维碰撞,捕捉写作要点。

(幻灯片:他长着一对弯弯的眉毛,眼睛圆圆的,高挺的鼻子,一张能说会道的嘴)

师:“大家猜一猜,“他”究竟是谁呢?”

生:“猜不出来。”

师:“他写的是我们班上的一位同学,再猜一猜!”

生:“好像套在谁的身上都可以,猜不出来啊!”

师:“对,这就叫作‘千人一面’。今天这节作文课教给大家人物肖像描写的一个重要的知识点,只要你掌握了,就能‘写得像’。”

(3)环节设计“趣”味十足。

①通过多种形式的表演,激发学生的写作欲望。于永正经典作文教学《三年级人物语言描写练习》课堂实录如下:

师:“猴子有一个经典姿势(说完,于老师双手提起,十指下垂,放于胸前,同时,脖子一缩,眼睛一眨)来,你们两位学一学(生学)猴子还有一个经典动作——抓耳挠腮(说完,师学猴子挠头和脖子)。来,你们再学学(生又学)。”

学生表演。然后,老师分别扮演小猴子和猴妈妈,各表演一次。老师表演得生动、逼真。

师:“这件事有趣吗?请同学们把刚才小猴子向妈妈要桃子吃的事写下来。”

②设置游戏环节,利用感官识物。

游戏一——摸。

师:“那我们来做一个游戏吧!老师的这个瓶子里装着一样东西,蒙住眼睛,谁来摸摸是什么?”

游戏二——听。

师:“蒙上眼睛,这是一个用纸包着的矿泉水瓶。看到这个瓶子你会想到什么?(对猜的学生)你来猜猜是什么东西。下面的同学要看仔细了,他是怎

么做的。”(生晃一晃,听一听)

游戏三——闻、尝。

师给第三名学生蒙上眼睛。

“(出示瓶子)再来猜猜这个。”(生闻一闻,尝一尝)

(4)课前课后手牵手,丰富写作内涵。学生厌烦习作的一大原因是“写作无用”,他们费尽心思写作文只是为了交差。针对这种现象,“学写新闻”是个不错的主题。这样的主题完全在课上完成是不可能的,需要课前课后环节设置的配合,并且要发挥学生的主观能动性,使其乐于参与,做出的成绩要有展示的平台,学生有了成就感自然有收获。

课例“学写新闻”中的教学环节设计如下:

课前阅读报刊,自由摘录新闻;摘录新闻展示;谈论新闻特点;发现新闻写法;现场集体创作新闻;个体创作新闻;课后新闻展示。

“游戏写作”的环节设计可以多样化,根据不同主题选择不同形式的设计,只要能激发学生的写作兴趣都可以使用。

2. 帮助学生提炼信息,重在“积累素材”

学生畏惧作文,很大一部分原因在于不知道写什么,因此作文指导课最重要的目的是为学生写作提供素材准备,让学生下笔前胸中有物。游戏作文就属于当堂提供素材的类型,在设计时,强调作文训练目标,围绕训练目标设计简单易操作的游戏,并以此为媒介和手段鼓励学生参与。游戏中,环节的设计要注重有利于学生积累素材。游戏课要注意学生是否收集到足够的素材以应对写作。搜集素材的形式有多种,学生可以围绕游戏过程记录自己观察所得;表达各自的感受,同时听取他人对自己的评价或意见;针对不理解处进行质疑;写作构思的相互交流等。

(1)适当运用“潜台词”积累素材。著名特级教师张化万的生活作文是当堂提供素材的典范。张老师有意识地帮助学生积累素材,适当地提醒学生“猜一猜”“仔细看”“你想到了什么”,非常注重“潜台词”的运用,关注学生的内心,通过内心感受激发学生表达的欲望。张化万经典作文教学《吃西瓜》:

师(关切地问):“想吃吗?”

生：“想。”

师：“请同学们闭上眼睛。”

（教师揭开布盖，手提切好的西瓜）

师：“说说你现在的心情。”

生：“我已经口水都流出来了，张老师你别磨蹭了，赶快分给我们吃呀！”

生：“肚子里的虫在叫，垂涎欲滴了。”

生：“快乐得不能再快乐了。”

师：“好，现在开始分发西瓜。”

师：“请你仔细看看别人是怎样吃西瓜的。”

师：“吃瓜的感觉怎么样？”

生：“爽！”

（2）回顾活动视频积累素材。写作课例《吹气球比赛》，通过拍视频来帮助学生回忆活动过程，抓住要点，积累素材：

游戏一——吹气球，观察：看、听、摸、动作、神态。

游戏二——计时吹气球，看谁先吹破（拍视频），说一说动作、神态（回顾视频）。

（3）同伴间互动式评价积累素材。何婕经典写作课例《世界因观察发现而精彩》的设计旨在引导学生具体地表述。通过学生对活动过程中行为动作、心理活动和语言等细节的回忆描写，使活动立体、完整地再现，积累写作素材，筛选素材。同时，同伴相互间提问的设计既提供范例，又是一种互动式的评价。

巧用“机器”指导表达。

①引导学生使用“电影回放机”：

像过电影一样，在脑海中仔细地将活动过程回放一遍，不要忽略每一个细节。

提出要求：“请同学确定那次课外活动过程，回忆‘电影’中的细节。如：当时你怎样说，怎样做，又是怎样想的。”

同桌相互交流一次“电影回放”。

“经典电影展播”，选一个代表发言，描述精彩“电影”，其余同学作为小记者针对“电影”细节提问。

②指导学生用上“过滤机”精挑细选。

教师提示：“习作不可能像电影一样细致周详，必须有所选择。请大家先在大脑中对“电影”进行整理、筛选，过滤掉一些无关紧要的细节，将最生动、最吸引人的地方保留下来，并试着打腹稿。”

同桌相互交流。

3. 助力学生下笔有神，重在“写”

学生是否能下笔有神是对教师指导有效性的最好检验。如果教师能在情景设置、环节设计、挖掘素材上都设计巧妙，再加上适当的板书重点内容的提醒，学生不仅有了写作的欲望，也积累了足够的素材，稍加布局和润色，写作便能水到渠成。但是有时我们在一些环节的设计和执行上存在不足，因此需要在学生动笔前进行一些补救。

(1)直接询问。教师可以问一问学生有哪些地方不明白，觉得哪里写起来有障碍，并进行个别或集体指导。

(2)自主命题。同一堂课可供选择的素材很多，每个人观察的角度不同，感受也不同，运用不同的素材写出来的文章也肯定是不同的。命题的多样化正是学生个性化选材、自主作文的体现，教师应充分予以保证。这种求同存异的做法能有效防止统一指导后的雷同。

作文课例《一次有趣的团体游戏》是对学生进行的比较系统的“活动场面描写”的训练，教师的期待是写好这个游戏场面，鼓励学生自主命题后，学生们捕捉的素材和构思令人吃惊。除了《一次有趣的团体游戏》，有写教师的《我老师也有搞笑的一面》；有写本节课与以往课堂的比较的《热闹的课堂》；有写个别同学的表现的《同桌，你真逗！》；有写个别体验的《我赢了》……真正好的作文课就应该百花齐放，让学生放胆去写想说的话。

(3)分层要求。一个班级中学生的写作水平往往参差不齐，为了让学生敢于下笔，没有畏难情绪，分层要求具有人文关怀，使学生写作时充满信心。在写作前提出分层次写作的要求，要不着痕迹。

例如：我很想写；我的题目还不错；我能把语句写通顺；我能把片段写精

彩；我有自己独特的感受……每符合一种，学生给自己一个笑脸，从评价中汲取力量和自信。

4. 游戏写作要涵盖作文训练点，强调“全”

小学中段习作以记叙文为主，涉及写人、叙事、写景、状物等写作内容。新课标还特别强调想象文写作，如果这些作文类型的训练都能编排进游戏作文课中，游戏作文课才会上得扎实有效。

例如，教学“写人”的作文时，为了让学生抓住人物的特点，教师设计了一个抓逃犯的游戏，要学生当目击证人，抓住人物最突出的特点。此外，我们还可以做“寻人启事”的情景游戏。写状物，可以做“现场文字素描”游戏；叙事和想象类作文，可以在给出开头后让学生自由续写；写景，可以为景点设计导游词，也可利用学校现有的资源来设置情景。去年我校开展一项社团活动——启明星电视台，教师要求学生拍摄一个微视频，介绍学校的特色，学生从中学会了如何写好写景类作文。

游戏的形式很多，只要是学生感兴趣的，都具有游戏的成分，都是被学生接受和喜爱的。在平时的作文教学中，我们更要富有实践精神，实践越多收获越大。

游戏，它身份高贵，是童年的“主题曲”，是学习活动的原始状态，它能解放儿童的想象力，释放学生独特的个性。将游戏融入作文课堂，有利于创造真正有魔力的作文课。

参考文献

[1] 何捷.何捷老师的游戏作文风暴[M].福州：海峡文艺出版社，2010.

[2] 于永正.我怎样教语文[M].北京：教育科学出版社，2014.

[3] 张化万.玩出精彩作文[M].南京：江苏凤凰教育出版社，2016.

（作者单位：岱山县衢山敬业小学）

把握中段小练笔训练坡度，提高习作能力

戎明娜

《义务教育语文课程标准（2011 年版）》明确提出第二学段（3～4 年级）的写作目标是“乐于书面表达，增强习作的自信心。愿意与他人分享习作的快乐。观察周围世界，能不拘形式地写下自己的见闻、感受和想象，注意把自己觉得新奇有趣或印象最深、最受感动的内容写清楚”。从课程目标可以清晰地看出小学中段（下文中第二学段都简称为“中段”）的习作教学在整个小学阶段起到了承上启下的过渡作用，为第三学段熟练地进行写作打下坚实的基础。

小学中段教材编排中每学期安排 8 次单元习作，每次习作都提供一个话题，事实上学生对单元习作大都提不起兴趣，甚至有惧怕心理。究其原因主要是教师没有设定一个合适的训练坡度，间隔时间长，任务重，又没有提示具体的写作方法。很多时候，教师只是凭借自己所好，人为拔高训练目标，一味地强调结构形式，强调语言表达，忽视学生写作的情趣和真实感受。学生很难把观察到的趣味点、新奇点写清楚。

如果单元习作前没有“热身运动”，学生根本不可能在短时间内找到写作的题材，即使找到了合适的题材也不可能有积极的语言储备来完成表达。课堂小练笔是单元习作前的最佳“热身运动”，把握中段小练笔的训练坡度能有效减缓单元习作训练的难度。如何把握中段小练笔的训练坡度有效开展课堂小练笔呢？

一、找准训练点，巧设坡度

课堂小练笔的出现深受师生喜爱，但是目前也存在大量虚假的小练笔。教师目标不明确，安排小练笔仅仅为写而写，只是课堂的一个点缀。真正要发挥小练笔的大作用，有效缓减单元习作的难度，对广大一线教师来说有很大的挑战性。教师最大的教学困惑就是找不准训练的点，但看一篇课文我们会发现训练的点很多，这个句式可以练，那个片段可以仿，这篇布局可以模，那个结尾可以续……要想找到精准的训练点，我们既要关注文本特点，关注学生的学情，更要关注课程目标。

1. 找准学生的最近发展区确定训练坡度

钟启泉教授在《课程与教学概论》一书中这样强调："教学目标是教学过程中师生预期达到的学习结果和标准。它是课程目标的进一步细化，在方向上对教学活动设计起指导作用，为教学评价提供标准和依据。"作为教师，我们不能光凭经验，自以为是地确立训练目标。目标过高，学生不得要领；目标过低或目标重复出现，对于学生缺乏挑战性，也不能提高学生的能力。因此我们要立足课程目标，想想学生已经达成了哪些目标，哪些目标是急需达成的，据此设计合理的课堂小练笔的任务目标。目标明确了，才不会白费力气、白花时间，学生通过努力才会学有所得。

如在《麦哨》一课的教学中，可以作为习作训练的点有很多，无论是文章的布局谋篇，还是修辞手法的应用，都不失为学生揣摩文本读写训练的蓝本。其中课文中有大量描写乡村景色的富有个性的句段，作者用色彩鲜明的词汇、节奏舒缓的短语，极其生动地表现出夏天农村景色的美。如果仅仅根据教师的喜好去选择这个练笔，对学生来说实践起来是十分困难的。但是我们找准学生的能力生发点，结合课程目标去琢磨，也可以设计出合适的学生发展的训练点。如模仿文本的行文特点"抓住'麦哨'声音这一线索记录乡村趣事"，写自己在乡村经历的一件具体事件。对于即将迈向高段的学生来说训练篇章意识是极有必要的。学生有了这样坚实的爬梯，可以有效降低布局谋篇的难度，较顺利地写出自己在乡下经历过的乐事。如此找准了学生最近发展区确定训练坡度就有了精彩的随堂练笔，也为单元习作训练铺平了道路。

2. 扣准文本特色，架设训练坡度

文本因作者的文风、文章的结构、语言特色、表现手法、文体甚至描写内容的不同而不同。研读文本，寻找文本特色，把握训练的坡度，可以让学生学到许多有用的写作方法，悟到一些大文豪写作的奥秘。

例如《槐乡的孩子》一文有这样一段话："槐乡的孩子从小就和槐树结了伴。槐乡的孩子离不开槐树，就像海边的娃娃离不开大海，山里的孩子离不开石头。"

这样的文字非常具有个性，她没有直接说"爱"而是用拟人化的手法和做比较的方法表达槐乡孩子和槐树之间的亲密无间，更表达出了孩子对槐树的热爱和依恋。全段近 50 个字无一"爱"字，却实实在在地表达了槐乡孩子对槐树的这份朴素而真挚的爱，极富诗意。教师抓住文本语言特色让学生顺着这把爱的梯子尝试用不一样的语言来表达爱，表达人与人之间、人与物之间、物与物之间的密切关系，为单元习作表达"爱"，积累丰富的语言。教师只要为学生搭好文本的梯子，学生就能爬上去摘取到"写作小能手"的奖牌。

二、注重实践，完成爬坡练习

小练笔训练能够较好地打破教师的求全思维，将单元习作的重难点分解落实于阅读教学中，进行有梯度、有层次的训练。如何让阅读教学和小练笔完美结合，让学生真正有所收获，为单元习作做好准备呢？

1. "读好文本"，走好训练第一步

叶圣陶先生说过："阅读得其法，写作能力也随之增长。"这强调了阅读教学对习作教学的深刻影响和作用。叶老也说过："教材无非是个例子。"课堂 40 分钟，分分珍贵，教师要善于通过"一文本一重点"的思路加强对学生的语言训练。教师教学《爬山虎的脚》时，领着学生通过朗读梳理课文先写了什么，再写了什么，最后写了什么。之后，重点品读描写爬山虎叶子和脚的语

段，引导学生在品读中增强语言的感受力、鉴赏力，丰富他们的语感，促进课本语言的内化，增加积累。整个过程始终贯穿朗读，以朗读为基础，读出心声，读出情味。在品读中开展对话，让学生将外显的语言内化后输出，为单元习作“写一种熟悉的事物”打好基础。

2.“激活情趣”，生发创作力

在随文小练笔中我们不能只是让学生带着任务去完成相关的仿写、扩写、续写、补写……还应该关注学生的情感，激发他们的内心需求。

四年级下册《鱼游到了纸上》是一篇精读课文，课后有一个小练笔“我好像看到了围观的人议论的情景，我想把它写下来”。教学中，通过赏读描写聋哑青年的外貌和他看鱼、画鱼的句子，让学生从心底对聋哑青年产生敬佩和赞美之情。在反复朗诵文中小女孩“惊叫”的句子时，每个学生心中也一样涌动着一种情愫、一种非赞美一下不可的欲望。教师顺势而为，让学生从青年画技的高超和他的专注勤奋等方面去赞美。然后充分利用插图，让学生仔细观察画面，思考画中人群在议论什么。此时，大多数的学生能较熟练地运用点面结合的方式呈现人群议论的场景。

3.“关联生活”，拓宽创作思路

小练笔看似简短，但是对于中段学生来说，如果教师不能为其打开思维，就会出现无话可写、照猫画虎、胡乱编写的状况。练笔虽小，但创作的空间是广大的，教学过程中我们首先应该激活学生的生活经验，打开学生的话匣子，学生才可能有话可写。因此，在教学中应该留时间让学生充分交流，如同桌交流、小组讨论、集体汇报，让学生之间产生思维碰撞，拓宽创作思路。如教学《乡下人家》一课时，教师引领学生关注课文表达的特点“描写＋简单抒情”，体会“构成了一道别有风趣的装饰”“显出一派独特的农家风光”“绘成了一幅自然和谐的田园风景画”等句子在作者表达热爱乡村生活中的作用，然后让学生尝试运用，写写自己眼中的可爱乡村。教师出示“小巧的洋楼”“独立的庭院”“迷人的阳台”“精致的客厅”等让学生欣赏，滚动播放的画面唤醒学生的生活体验。学生想到了爷爷奶奶家大片的果园菜地，想到了好玩的蚱蜢、蜻蜓……此时只要给足时间让学生模仿课文运用“描写＋简单抒情”的方法表达自己对新农村的喜爱之情，大多数人都能顺利完成任务且兴趣盎然。

三、强调评改，实现能力提升

练笔虽小，但也不能缺失评与改的环节。“评”能提升学生的鉴赏能力，让学生从优秀练笔中得到启发，也能从一些共同性的问题中得到启迪。教师在评改环节应该给学生针对性的评价标准，让学生能在一定的标准下进行小组互评，自我修改。

如一位教师让学生根据《爬山虎的脚》一文作者细致观察事物的方法去观察自己喜爱的事物后完成一则小练笔，教师立即给出明确的评价标准。

教师用提问的方式给出如下评价标准：

你是从几方面观察的？

你记下了哪部分最有意思的特点？

像大作家写爬山虎的叶子一样用并列的方法记下来了吗？

这样，学生根据问题可以进行同伴互助式评价，也可以根据具体的要求自己修改。这时候，教师一定要留出时间选择典型范例带着学生进行现场示范修改，让学生掌握方法后再进行自我修改。只有经历这样的一次评改过程，学生的能力才能有效提升。

评改的形式可以多样化。教师点拨、学生自评自改是我们目前教学中最常用的一种形式。叶圣陶说过：“假若着重培养学生自己改的能力，教师只给些引导和指导，怎么改让学生自己去考虑去决定，学生不就处于主动地位了吗？”“作了文又能自己改，不用去请别人改，这就经常处于主动地位了，岂不是好？”这样的操作，给予学生及时的表扬和肯定，让学生从中体会到创作的乐趣。

除了自评自改，我还让学生进行相互评价。一个人的能力毕竟有限，尤其是一些能力弱的学生自评自改是有很大困难的。这时候我们可以选择伙伴之间互评互改。潘新和教授强调“习作教学应该是‘发表自己’和‘诉诸他人’的统一”。因此，在习作教学中教师要想办法为学生构建习作读者群，让身边的读者成为导师。根据学生的年龄特点他们更愿意和同伴进行互动，更

愿意把自己的作品拿给小伙伴分享。同伴之间互评互改有一大好处，就是读到不明白之处可以立即与作者商量，研究写作的意图。经过这样的实践活动，学生对教师提出的小练笔的训练目标更加明确，理解更加深刻，写和改的能力自然得到了提升，也减轻了教师的批改负担。

如果我们能够坚持将阶段性的单元习作训练的重难点分解在阅读教学的课堂中，扎扎实实地落实小练笔的实践训练，那么中段写作教学的难度就会降低很多，学生写作的信心也更足，兴趣更高涨。这样一定能为第三学段写出真实而具体的佳作打好坚实的基础。

参考文献

[1] 中华人民共和国教育部. 义务教育语文课程标准(2011 年版)[S].北京:北京师范大学出版社,2012.

[2] 钟启泉.课程与教学概论[M].上海:华东师范大学出版社,2004.

[3] 陶行知.陶行知全集:第一卷[M].成都:四川教育出版社,1991.

[4] 迟子建.朗诵与写作[J].语文教学与研究,2009(3):6.

(作者单位:岱山县高亭中心小学)

中高段随文练笔的问题诊断与优化策略

柴雪南

新课改以来，自上而下对作文教学十分重视，专题培训、作文教学研讨会层出不穷。为了提高学生的写作水平，广大教育工作者殚精竭虑，单元习作训练、周记、循环日记、读后感、小练笔……方式五花八门。按道理来说，多数学生应具有较强的写作水平才对，可现实却不尽如人意。

随着语用理念的提出，各种形式的随文练笔如雨后春笋般不断出现，这是好事。但细细研究，其实练笔存在着不少问题。因此，对随文练笔进行再审视，以求发现问题并解决问题，是十分有必要的。

一、问题提出

习作是小学语文教学的重要组成部分。《义务教育语文课程标准(2011年版)》指出“语文课程应致力于学生语文素养的形成和发展”“写作能力是语文素养的综合体现”，可见作文教学的重要性。

新课改实施以来，尽管广大语文教育工作者进行了很多有益的尝试，然而提高学生的写作能力仍然是许多老师感到头疼的问题。每到写作文，学生便愁眉不展，痛苦不堪。写出的文章有的语言寡淡，言之无物；有的堆砌辞藻，虚情假意；有的语句不通，文理不顺。凡此种种，不一而足。

近年来，很多教师立足课堂，用好教材，把随文练笔挤进了课堂。随文练笔，顾名思义就是随课堂阅读教学进行的小练笔，伴随着阅读教学进程，巧妙利用有关阅读内容进行的一种“短平快”的写作训练。这种小练笔兼具人文感悟和语言表达的功能，是一种读写一体、以读促写、以写促读的读写结合形

式。与传统的作文教学相比，它表达相对自由，学生负担小，效率高，因而是颇受师生欢迎的一项习作训练。

随文练笔的价值被广大教师认可，教师们在阅读教学中频频使用。但是在实际教学中我们不难发现，随文练笔的设计和操作还存在着很多问题。由于现行的小学语文教材中并没有系统的小练笔编排，所以教师常常是即兴发挥。什么时候可以设计小练笔，小练笔如何与课堂教学相联系，这些问题都有待教师的研究解决。

二、问题诊断

1. 千篇一律

随文练笔由于其内容的广泛性和不确定性，给教师的设计带来了一定的难度。如果把握不好，很容易落入俗套。

一位教师执教人教版五年级下册《狼牙山五壮士》一课，设计了这样一个小练笔："学完课文，狼牙山五壮士的光辉形象一定深深印在你的心中，此时此刻，你有什么想对他们说的呢？"

教师设计小练笔的目的是让学生感悟五壮士视死如归、英勇不屈的革命大无畏精神，也符合文本的主题。但学生缺乏这样的体验和感悟，写起来就无法产生共情，写出来的内容基本上千篇一律，学生的表达基本停留在原有水平上，无论是词语的运用还是句式的运用，都没有明显的语言增量。

可怕的是，这样的练笔设计几乎成了很多阅读课结课时的"规定动作"了。学《圆明园的毁灭》，你想对侵略者说些什么？学《全神贯注》，你有什么想对罗丹说的吗？面对这样的课堂练笔，长年累月，学生已经深谙其道，激不起多大的兴趣，甚至变得麻木，又怎么能奢望学生的笔下还能出现多少情感真挚、语言动人的话语呢？

2. 找点不准

理想中的随文练笔应该能使学生通过练习发展自己的语言，同时还能提升理解课文内容的能力、情感体验能力和发展思维能力。在设计练笔时，应该基于这样的考虑，有时候虽不能兼而多得，但至少不能为练笔而练笔。然而不少语文教师由于对文本的钻研不深，对教材的把握有失偏颇，没能联系学生的生活实际、认识水平、发展规律和教材的特点来考虑练笔的切入点，使得随文练笔如同鸡肋。

如《穷人》一文，当桑娜把西蒙的两个孩子抱回家后，内心忐忑不安，正是这种复杂的心理衬托出桑娜的善良。在教学时，教师让学生仿照课文内心独白的写法，以“今天我又……”为题写一段话。有个学生这样写道：“唉，今天又迟到了，都怨自己，为什么昨晚看电视不按时睡觉呢？老师一定会批评我的！那也活该，我自作自受……可我该怎么和老师说呢？就说自己看电视看得太晚了……唉，也不行。”

这位教师设计这个随文练笔应该是想实现语言的迁移，但随文练笔的作用如果仅仅在此，就略显单薄了。如果这样单纯的语言训练点出现在低段，无可厚非，甚至应该大力提倡，因为低段是借助教材学习规范语言的开始。而中高段的练笔，我们大可以选择既能让学生的语言得到提高，又能对感悟人物品质有所帮助的训练点，让练笔与课文内容浑然天成、相得益彰。

3. 错失良机

有一位教师执教《钓鱼的启示》结课时，设计了一个很有价值的练笔，即要求学生以“我”的口吻写写当时矛盾心理。这个练笔理应放在学习课文的过程中，因为只有学生理解了“我”思想斗争的前前后后，感悟了“我”在“放”与“不放”这两者间摇摆不定的矛盾，学生才能理解父亲要求坚决放回鲈鱼的那份诚实与守信，才能真正体会“道德只是个简单的是与非的问题，实践起来却很难”。可惜的是，教师把这个练笔放在了学完全文之后，错失良机，味道尽失。

4. 缺乏评价

很多阅读课虽然安排了随文练笔的环节，但由于安排在课尾，一旦时间不足，就把写的任务也放到课外，那么当堂评价就更加无从谈起了。对于写好的练笔，很多老师是写了就算，听之任之，没有评价，没有修改，没有提升。有的老师让学生练笔之后，安排个别学生读一下就结束了，每次都是“蜻蜓点

水”走过场。有的老师虽有评价，但没能抓住每次练笔的核心问题，对症下药。随文练笔成了走过场，时间长了不仅不利于学生读写能力的提升，反而容易使学生养成敷衍了事的习惯。

三、有效策略

1. 找准有效落点

(1)课文留白处。许多作者在创作文章时常常会运用“留白”艺术，给读者留下思维的空间。这些留白不仅能引发学生的联想和思考，更能作为随文练笔的有效素材，成就精彩。

六年级上册《唯一的听众》一课中有两处省略号，其中一处在文中第11自然段。当“我”得知每天早上听“我”演奏的老人不是聋人，而是音乐学院最有声望的教授，曾是乐团首席小提琴手时，“我”是多么震惊，而作者却只字未提，只用一个自然段、一个省略号留给读者无尽的震惊与想象。

此处让学生写一写“我”的内心感受以及第二天早上“我”再见到老人时的表现。由于学生前面有了对文章的理解，就能和“我”产生共情，笔尖自然能流泻下精彩的片段。

(2)迁移运用时。学是为了运用，这是语文学习的目的。迁移运用的内容应根据不同文本而定。

①迁移运用文本中的表达方式：

如学习了五年级下册《白杨》，可让学生用上“哪儿……哪儿……”“不管……不管……总是……”来夸夸像课文中的爸爸那样的祖国建设者或保卫者。

如学习了《桂林山水》，可设计写排比句式：公园里的花真多啊，____________________；公园里的花真香啊，____________________；公园里的花真艳啊，____________________。

②迁移运用文本中的描写顺序：

如《火烧云》一课，描写火烧云变化的三个自然段的描写顺序是一样的，先总写火烧云出现的时候像什么动物，然后具体对它的样子进行描写，最后写它是怎样消失的。抓住火烧云变化速度快的特点，可以让学生也按照这样的描写顺序写火烧云的变化。

(3)情感井喷处。没有感情的写作只是对文字的机械性累积，累积得越多越容易暴露出文章因缺乏感情所带来的缺陷。古往今来，所有大家名作都讲究一个“情”字，有情才能下笔，有情才能创作出经典。因此，随文练笔首先要把握住学生的动情点。当学生内心的情感有了语言表达的诉求，“趁热打铁”才能激发出学生作文丰富多彩的思想、感情和语言。

曾经听一位教师执教《生命，生命》一文，学生从“飞蛾求生”“瓜苗生长”“心脏跳动”三个事例中感悟出一定要珍惜生命，活得光彩有力。接着教师适时补充作者杏林子的资料，虽然从小病魔缠身，但她残而不废，凭着坚强的毅力，笔耕不辍，成为台湾最有影响力的作家。学生的情感体验有了质的飞跃，此时，教师让学生拿起笔写下自己对生命的感悟，学生们按捺不住写下自己对生命的思考：“我无法延长我的生命，但我要让我在有限的时间里做成更多的事，让生命在工作中延长。”“生命如流水，只有在不停地奔向前去的时候才更美丽，更有意义。”

(4)精彩语言处。语文教材荟萃了许多名家名篇，这些作品都堪称运用语言的典范，课文中的大量范句、范段、范文给学生提供了有效借鉴的对象和创造的依据。叶圣陶也说：“教材无非是例子，凭这个例子要使学生能够举一反三，练成阅读和作文的熟练技能……”因此，在阅读教学中遇到好的文章或精彩、典型的片段，不应该错失让学生学习和模仿的机会。仿写可以针对全篇进行，也可根据实际情况进行片段练习。因此，教师要善于引导学生学习这些文本的精彩点，从而成就高效的随文练笔。

如学习《秦兵马俑》第 4 自然段时，课文中对近看兵马俑的神态进行了细致的描写。在这个环节，教师结合多媒体课件让学生进行语言的模仿练习就能起到很好的效果。短短的时间内，学生在文本语言的例子学习中、在课件提供许多画面的视觉冲击下，结合自己的理解，创造出丰富多彩的练笔内容：“有的兵俑，全身盔甲，手持战刀，一脸严肃，似乎正严阵以待，准备随时赶赴战场；有的兵俑，怒目圆瞪，双眉紧皱，双手紧握兵器，好像在随时听候

上级的命令；瞧，这个兵俑，一脸沉稳，气宇非凡，这也许是位善于作战，胸有成竹的将军吧；看这一排弓弩手，整齐站立，箭已上弦，就等上级一声'放'字了……"通过练笔，学生不仅很好地学习了语言的表达方式，更感受到了兵马俑的栩栩如生。

又如《鸟的天堂》叙述鸟多时有这样一个精彩的片段："我们继续拍掌，树上就变得热闹了。到处都是鸟声，到处都是鸟影。大的，小的，花的，黑的，有的站在枝上叫，有的飞起来，有的在扑翅膀。"在指导学生熟读成诵之后，我是这样设计小练笔的：____________，____________就变得热闹了。到处都是__________________，到处都是__________________。__________________的，____________的，____________的，____________的，有的____________，有的____________，有的____________。请学生选择一处自己熟悉的场景进行仿写。

有了课文语言的支撑，学生中出现了很多精彩的练笔，例如"一大早，菜场就变得热闹了。到处都是人声，到处都是人影。男的，女的，年长的，年轻的，有的大声招揽顾客，有的讨价还价，有的在精挑细选。"

通过练笔，学生不仅跟着巴金爷爷学会了描写大场面的写法，也感受到了鸟的天堂的神奇。

2. 适时指导评价

(1)指导。随文练笔的指导容易被很多教师忽视。课例中比较常见的操作是教师提出练笔的要求，然后学生就开始埋头练笔。

如学了《颐和园》一文后，教师这样设计练笔：根据课文内容，再结合自己的旅游经历和想象，写一则"颐和园"的导游词。

这位老师这番设计的初衷是因为写导游词是该单元的习作内容，她的出发点是对的，但是四年级学生第一次接触写导游词，教师就这么草率地让学生练笔，学生怎么结合旅游经历？又怎么想象？导游词与平常的文章有什么不同？教师不解答这些问题，学生很难写出令人满意的导游词。

著名特级教师于永正执教《再见了，亲人》，安排了这样一个小练笔：

师：通过上一堂的学习，我们知道了，这篇课文写的是志愿军回国时在火车站向前来送行的朝鲜人民话别的情景。既然是话别，就应该是双方的。但是课文只写了志愿军说的话，此时此刻，朝鲜人民会说些什么呢？如果你是大娘、小金花、大嫂，听了志愿军说的话，会说什么呢？现在我想把你们分成三组，第一组的同学以大娘的身份，第二组的同学以小金花的身份，第三组的同学以大嫂的身份分别写一段向志愿军告别的话，好不好？

师：首先，咱们看志愿军是怎样对大娘说的，也就是说，第一段是怎样写的。读读第一段，看看分几层。（学生读、思、议。）

师：志愿军向大娘话别，是分三层意思说的：首先是劝大娘别送，再回忆了两件往事，最后赞扬了中朝人民之间的友谊。这三层意思一目了然，同学们都看出来了，三层意思中最重要的是第二层——回忆事例。咱们也可以分三层来写。不过，因为朝鲜人民是送行的，又是接着志愿军的话说的，所以一、三两层的意思不能和志愿军说的一样。第一层应怎么说？应说什么？咱们读一读志愿军对大娘说的最后一句话，想一想就会明白。（学生读第一段最后一句，思考）

……

在第二个步骤中，于老师帮助学生分析第一段的结构层次，提醒学生注意一、三两个层次要与志愿军说的话有区别，突出“送”和“接”，这便是具体的指导。学学于老师的做法，在让学生动笔之前，教师首先该清楚：学生练笔有难度吗？如果有，我们该如何指导？是梳理结构层次，是指导选材，还是给出语言支撑点？唯有教师想得清楚了，学生才有可能写得精彩。

（2）评价。评价首先要及时。学生练笔后，教师一定要趁热打铁腾出一定的时间对学生的劳动成果进行当堂反馈交流，这样才能做到心有所动，情有所发，写有所得。如果蜻蜓点水、草草过场或者拖到下一节课，就只会使学生淡化练笔的意识，丧失练笔的积极性。

评价要全员参与。评价方式宜灵活多样，可以由学生评价，也可以由老师评价，甚至还可以学生自己评价。最好借助媒体当场投屏学生的练笔，当堂评改，小到文字与标点，大到内容与主题，都可以根据学段要求进行相应的指导，长期坚持下去，学生一定会对随文练笔产生浓厚兴趣的。

随文练笔让我们立足课堂，放眼课外，为学生创造大量语言实践的机会。

当然，对待随文练笔，我们也要合乎学生情感体验的规律，合乎学生习作能力提高的规律，进行适度的开发和利用，绝不能“滥练滥写”，进入无序练写的状态，最终练没了兴趣，练枯了热情。

参考文献

[1] 李琴.小学高年段“随文练笔”例谈[J].学周刊，2015(11)：236-237.

[2] 杨惠玉.随文练笔“效”当先[J].小学教学研究，2011(1)：47-48.

[3] 杜雪英.给随文练笔降降温：谈阅读教学中随文练笔的误区[J].语文天地，2015(9)：48.

（作者单位：岱山县高亭中心小学）

借助“接力”作文提高高段学生习作水平

俞世燕

作文教学是小学语文教学的半壁江山，也是多年来困扰学生、教师的一大难题。很多老师投入了大量的精力指导、批改、讲评，但是效果不甚理想。为了提高学生的习作水平，笔者曾经尝试“绘画作文”“游戏作文”等，但坚持一段时间后发现都存在着一定的问题。绘画作文，部分不擅长画画的同学不喜欢；而游戏作文，很多习作内容无法以游戏表现出来……后来又试图通过让学生坚持写日记来提高其习作水平，但时间久了，学生产生了厌烦情绪，有些学生干脆以“流水账”或者“假大空”应付了事。考虑到学生喜欢竞争，也喜欢合作的心理，笔者决定改变传统的写日记的组织形式，由原来的每人独立完成写作变成小组成员轮流着写作，犹如田径场上的接力赛，组员必须密切合作，既要圆满完成自己的任务，又要及时交接。这样的写作方式得到了学生的认同和喜爱。一本本接力作文本成了师生共同的财富。

一、合理分组，建立制度

合理分组是“接力作文”正常开展的前提和基础，它直接影响到“接力作文”的效果。遵循“自愿组合，适当调控”的组队原则，将全班学生分成若干个小组，小组与小组之间的学生整体实力尽量接近，这样竞争才更显公平和激烈。5人一小组，每周一循环，是最容易操作也是最有实效的，因为学生在校每周学习时间是5天，保证每天有一个人写接力作文。旗鼓相当的五人小组分好后，每个小组由学生民主推荐、教师把关确定一名组长，负责协调、收缴本子(学生一般会选择“写作高手”来当“领头雁”)。组长确定后，由组长依次挑选四名同学为自己组的2号、3号、4号和5号组员。这样组合成的小组更具有竞争性、稳定性。

由于每一组几个成员共用一个作文本，为了更好地发挥团队合作精神，要求每一组为自己起一个有特色的名字，共同选购一本软面抄当作文本，在作文本的扉页进行设计，制定一个共同努力的目标，写上积极向上的口号，或者写一写激励自己小组前进的名言。然后把自己的组名用彩笔写在扉页上。通过这样的运作，一本本精美的接力作文本在孩子们的手中诞生了。漂亮的扉页充满着童趣，蕴含着孩子们积极、乐观向上的心态，更体现着一种合作精神。如“追风少年”小组的口号是“追风少年，追寻梦想”，朗朗上口，很有气势。

二、有序运作，形成常规

接力作文遵循“学生写作—家长点评—接力评议—教师批阅”的运作模式。

1. 学生写作

建议各组在安排“接力表”时，一般周一由组长PK组长，周二由二号组员PK二号组员，依此循环。如此安排写作成员更具可比性，更有激励性。同时，可根据组员的申请进行适当调整。比如，2号组员想挑战其他组的组长，这就要给予鼓励。有时候碰到当天有习作任务，允许调整为该组的5号成员把习作任务当成接力作文来写，在作文本上不重复写作。

2. 家长点评

学生写完作文，第一个欣赏者和点评者是家长。让家长在自己的孩子文末写上几句珍贵的话，既可以助推学生的进步，又可以增进亲情。如××家长在《无语的一天》作文后写了这样的点评：“够悲的，不长记性就得吃黄连。但值得称道的是笔下流露的虽有无奈，但无怨气。虽然焦急，却能坚持守信。因此，我左边为你点赞，右边敲你脑袋。一个诚实的马虎鬼。”这样的沟通、这样的互动，对于学生的成长是很有必要的。

3. 接力评议

《义务教育语文课程标准(2011年版)》实施建议中说:关于写作,应当"重视引导学生在自我修改和相互修改的过程中提高写作能力。"完成写作及家长点评之后的事情就是同伴的接力评价了。写完作文的学生把作文本交给组长,组长阅读后写上点评,再传给各个组员分别阅读、点评。为了集体的荣誉,学生不仅关注内容、段落结构与句子表达,甚至连一个标点、一个错别字也不放过,写起评语来更是有理有据。而他们的评价鉴赏能力就在这一次次的点评中得到了提高。如《童真与早熟》一文之后,组长这样点评:"这篇作文,触及了心灵。没有太华丽的语言,只是默默诉说了不该是这个年龄的孤独与寂寞。从她笔尖流泻的字句,我好像拨开层层迷雾,看见一个独自挨靠在窗边,外表柔弱、内心刚强的女孩。可是,哪怕表面伪装得像刺猬一样,何曾不渴望有慈母严父陪伴自己成长?不过,感谢有幸与你同窗,能和你互相抱团取暖。感谢有你,有这样一个对现实满腔无奈,却会坚强面对一切风雨的天使!"组员这样点评:"从文中可以看出王珂颖小时候很孤独,其实她内心也很想玩游戏,只是因为家庭缘故,不屑玩儿了。这篇作文是她内心的告白,让我们看到了她的内心世界。"从上述点评里我们可以看到,写作文的学生写得很认真,点评的同学也很用心。而习作能力也是在这样的接力中悄然提升。

4. 教师批阅

在组内一个个"小老师"的火眼金睛审视下,小错误不见踪影,老师的批阅不必奔着纠错去。为了激发孩子们的写作欲望,教师在批阅的时候会以表扬鼓励为主,更注重情感化。如"朝阳组"在组长的带领下,写起了校园小说。他们的第一部小说《最后一声对不起》讲的是发生在两个同父异母小姐妹身上的事,感人的情节、乐观向上的心态确实可圈可点。孩子在一吐为快的时候还有点儿担心,批阅时及时加以点评激励。"尝试写小说了,真了不起啊,还是连载的,好让人期待。""我含着泪花读完了本章节。谢谢你带给我的感动。""续编的故事结局与第一位同学的想法不谋而合吧,真是心有灵犀啊!"诸如此类言语,让学生更有信心、更有热情去进行更美的创作了。

写作，其实就是交流、表达。所以，更多的时候，教师要把“接力作文”当作师生心与心沟通的桥梁。批阅学生作文时特别关注孩子思想情绪的波动，及时与他们进行交流。

教师批阅这一环节，老师除了写点评，还有一个很重要的任务就是给每一篇作文以及学生的点评打星，并登记到贴在扉页之后的接力作文成绩登记表(见表 3-5)。登记表包含组名、学生姓名、周次、个人积分榜及小组积分榜。作文最高得星 5 颗，点评每个同学都完成的得 3 星，如果有特别出彩的点评加 1 星。整篇作文书写端正、整洁得 1 星，这样合计最高得 10 颗星。例如，某组的一个同学轮到写接力作文，他的这篇作文写得很精彩，得了 5 星。家长点评及组内同学评价都完成了，但没有特别出彩之处，得了 3 星。学生写作文和写评价语时书写整洁，得了 1 星。那么老师登记该次接力作文的成绩为：5★＋4★，其中 5★计入该生的个人积分榜，9★计入小组积分榜。一周一统计，一月一奖励，学生的积极性就被充分调动起来了。

表 3-5 接力作文成绩登记

组名	姓名	第 周	第 周	第 周	第 周	第 周	第 周	第 周	个人积分榜
小组积分榜									合计：

三、有心插柳，适时指导

1. 松散开放式，自由练写

实施作文接力，一开始我们走的是“松散开放式”路线，也就是不约束学生应该写什么、不应该写什么。自己的所见、所闻、所感都可以写，自己的爱憎悲喜都可以表达。我们的目的是养成学生写作的积极性、习惯性,养护的是自由自主的童心,提倡的是放胆的习作理念。如此自由练写,学生没有了“命题”的束缚,没有了“高尚”的压制,写作内容一下子鲜活了许多。过去那种矫揉造作、自欺欺人的尴尬少了,而信手拈来、随心所欲的自如就多了,诸如《我成了“老挨批”》《我“活”过来了》《踩“被”乐》《受死吧,蟑螂君》,得到了大家的一致好评。

2. 专项训练式,提高能力

一段时间“松散开放式”的写作之后,学生“胆大了”“米有了”,教师适时地抓住学生习作中的新鲜素材加以引导,提出适当要求,有针对性地进行“专项训练式”练写。

如人物描写,班内掀起了一股写人物的风潮,但是写人不能抓住特点生动描写。针对这一情况,我就在作文接力中训练他们的观察能力和表达能力。如怎样把人物的外貌写生动,避免千人一面;怎样把人物的动作细化,让读者如见其人。这样有针对性地训练,学生进步很明显。看看学生笔下的人物:

他,顶着一头浓密的黑发,肉嘟嘟的脸上长着一双黑溜溜的小眼睛,笑起来的时候,眼睛眯起来,只剩下一条缝。他拥有一个忍俊不禁的绰号:肉肉。如果你想读准它,就必须用岱山方言,不然你是品不出这其中的韵味的。

——沈政明《我的同桌》

如果在班中看到一个戴着绿白眼镜,额头有着几颗青春痘的女生,那就一定是她。别看她外表文弱,实则一枚地道的假小子。下课铃一响,老师走出教室,她立马也飞奔出教室,追着某个男生到处跑。但是,她也有软肋。一天下午,於同学带来了一只死虫子,故意吓她。只见他悄无声息地站在她背后,她一转声,“啊——啊——虫子!救命哇!”只见她哭爹喊娘,绕着教室到处跑,还被吓出眼泪来。这一下,平日里天不怕、地不怕的假小子形象轰然倒地。

——鲍芊舍《班里有个假小子》

他身材偏胖,平时走路慢吞吞的,跑步时更有趣了,你可以清楚地看到他脸上的肥肉随着运动上下抖动,圆鼓鼓的肚子上下颤动,真是胖得可爱。

——於科润《瞧,我班的“滑稽豆”!》

四、关注评价，促进提高

歌星需要“粉丝”，演员需要观众，作家需要读者。所以，学生的接力作文除了组内交流展示，还要发挥评价的功能，扩大交流与展示的天地，促进学生积极性的持续提高。

1. 巧言妙语上墙

我们在班级黑板的一角开辟了“巧言妙语”一栏，发现接力作文里的精彩语句就摘录下来，粘贴在栏目里，便于全班学生读一读、记一记。当学生看到自己的文字张贴在专栏里，会觉得特别自豪，没贴出来的会暗暗使劲，争取机会让自己的“经典语句”也能被大家一起赏读。

2. 个性习作上群

现在每个班级都有微信群或者QQ群，凡是有让人眼前一亮的习作，就展示在群里。操作简单，只需要把孩子们的习作拍下照片上传就行了。同时上传的还有作者和作者所在“接力团队”的近照。习作一上传，班内所有同学、家长都可以一睹风采，在上面留言点赞。

3. 出彩文章汇编

每个月会选择接力本上的佳作或者有出彩之处的文章汇编成册，制作成一份精美的班报《向阳花开》。为了最大限度地激发全体学生的写作热情，尽量录用更多学生的佳作。当学生在自己的班报里面看到自己的名字，看到自己的文字变成油印的了，会觉得特别激动与荣耀。

4. 优秀作文投稿

在接力作文的涤荡磨砺中，一些学生已露“尖尖角”，对这些“小荷”，我们会积极推荐投稿，鼓励其参加相应的征文比赛。如《妈妈爱“吹风”》《可爱的小仓鼠》《妞妞减肥记》等作文在《舟山晚报》《春蕾报》上发表；《桥的自述》《我这个“马虎”小姐》《吃货的梦想》等文章在浙江省生活征文比赛中获奖。尝到了成功喜悦的学生更是信心十足，热情倍增。

5. 习作明星评选

接力作文最大的特点就是它赛的不仅是个人，更是团体。每月各组进行统计评分排名，前三名的小组颁发奖状，并合影留念。学期末，我们根据个人作文积分榜评选出班级十大“才子才女”，10 位同学的名字被写进光荣榜，张贴在班内显眼处，同时颁发由老师精心准备的喜报和精美礼品。根据小组的总星星数量分别评选出“金奖团队”“银奖团队”“铜奖团队”，获得此殊荣的小组获得由家长代表颁发的神秘大礼包一份。有了诱人的激励措施，学生的劲头更足了，团队荣誉感更强了，习作水平更是迅速地提高了。

接力作文犹如一股清新的风，在孩子的心潮上吹起波澜，为学生构建了一个“心灵的家园”，也吹出了写作教学的一片生机。接力作文，是值得语文教师共同尝试的习作方式。

参考文献

[1] 中华人民共和国教育部.全日制义务教育语文课程标准(实验稿)[M].北京：北京师范大学出版社，2011.

[2] 管建刚.我的作文教学主张[M].福州：福建教育出版社，2010.

[3] 吴勇.吴勇讲“语用”——小学“功能性写作教学”探索[M].福建：福建教育出版社，2015.

(作者单位：岱山县高亭中心小学)

小学生习作选材的问题分析与改进策略

郑荣菁

近 8 年的海岛农村小学语文教学工作中，我发现农村学生的习作一直面临着选材难、思路狭窄、无话可写等问题，在语文教学中要解决这些问题，教师必须拓宽学生的写作思路，指导学生多角度思考问题，寻找题材。而农村学生拥有的写作素材和资源往往就是农村丰富的乡土资源，写最真实的生活状态，写出农村学生独有的语言特点，也不失为让习作出奇制胜的法宝。本文就以农村的大环境为依托，在农村的广袤田野里寻找素材，指导学生习作选材。

一、问题的提出

海岛农村学生的家长大部分都是靠捕鱼为生，文化水平不高，不会有意识地培养孩子的语言表达能力，而孩子也不了解外面的世界，不知道与他们同龄的孩子的语言发展水平，因此没有竞争就没有动力。那么拓宽农村学生的思路，让他们有话可写，变得尤为重要。古人说“绝知此事要躬行”，拓宽学生的写作思路和写作题材还要从学生身边的事出发。虽然农村地区条件简陋，但是农村亦有农村的地方特色，善于挖掘和开启农村丰富多彩的生活素材，使学生的表达带上浓浓的地方特色，写出农村学生独具特点的文章，是本文的重要意义所在。通过对农村题材的挖掘，让学生了解到农村的美好和淳朴，增强学生对生活的关注度，提高学生对生活的观察能力，培养学生对生活细节的观察，感受农村生活的闲适和自由，进而培养学生浓浓的热爱家乡之情。

二、小学生习作选材存在的问题

1. 选材相似

比如写“我印象深刻的一件事”，海岛学生不约而同地会写沙滩游玩的活动，而且文章写法也相似，总是先写出发前的兴奋，再写到了沙滩后看到的美丽景色，最后写自己在沙滩上的活动。全班90%的同学都会写这个题材，因为这个题材不用动脑筋就能写出来，除了这个题材也想不出其他值得写的题材了。这个是写作时最大的问题，老师批改文章时，拿到的是30篇文章，其实看来看去就看了一篇文章。

2. 角度单一

比如学生在写人的文章时，想到最多的就是自己的妈妈。可能渔民家庭在孩子心中妈妈是陪伴自己最多的，所以写妈妈的事情时想到最轰轰烈烈的、最大的事就是生病时妈妈照顾自己了。在他们的心目中，自己生病是妈妈最忙的时候了。其实，殊不知妈妈为自己做饭洗衣，为自己倒水扇扇子，陪自己读书都是值得写的事。而且除了妈妈，其实还有爸爸、奶奶、爷爷、同学。这些人虽然没人像妈妈那样陪伴自己的时间长，但是爸爸无声的父爱，奶奶慈祥的疼爱都融入平时生活的点点滴滴，学生缺少生活灵敏度，没有关注。

3. 缺少思想深度

比如以“窗外”为话题写一篇文章，大多数的学生都会不假思索地写窗外春夏秋冬的美景，如果能把美景写得美轮美奂就已经是好文章了。但是如果就写普通的美景，这文章就显得普通了，缺乏写文章人的思想深度。其实窗外除了美景，还可以有自己童年的美好记忆，回忆起过去的点点滴滴，看到景色引发的自己的思考，甚至也可以有像牛顿发现地心引力一样的顿悟。总之，有思想深度的文章更能引发读者的共鸣和思考。

三、小学生习作选材改进策略

1. 在自然环境中取材

中国有许多农村题材的电影，在电影镜头中有一片红似海的高粱地，有策马奔腾的大草原，有色彩纷呈的花海。电影题材如此丰富，我们的习作也一定能找到好的素材。我们不难发现农村田野风光、山水、农家新居等都是学生写作的好题材，学生观察自己身边的事物及家乡美景，把自己置身在自然风光中，用语言描绘大自然的美景不失为一件乐事。

(1)镜头聚焦山水田野风光美。青山环抱，四季如春。家乡的小河，清澈见底，水稻、油菜、菜地，各具风韵。它们的外形、色彩、各具特点，随着季节变化组成了一幅幅美丽的画卷。引导学生就地取材，从平平常常的事物中去发掘形式美与内在美。例如在小学语文人教版三年级下第一单元习作“向大家介绍一处优美的风景”，这次习作中，笔者设计了以下几个环节来激发学生的写作思路。

环节一：出示电影片段欣赏。能用语言说说刚才看到的美景吗？说出特点就更好了。

环节二：做“夸家乡，猜美景”的游戏，如表3-6所示：

表3-6　景物特点对照

景物特点	景　物
很大很大	田地、天空、大海、盐田、果园、沙滩……
很高很高	观音山、大风车、家门口的樟树……
很美很美	校园的花坛、村头的荷塘、芦苇塘……
……	……

环节三：请每一小组在组长的带领下选择你们觉得最美的一处家乡景物在小组中像刚才那样抓住一个特点介绍(颜色、样子、四季变化……)。

在以上的环节中，让学生欣赏电影片段，通过画面让学生在视觉上直接感受农村田野风光的美，通过看电影说话的形式，让学生说一说看到的美景，这样一来学生有话可说。接着，通过学生比较喜欢的形式来启发学生的智慧，开启学生的思路，让他们想一想身边许许多多美丽却不曾被大家瞩目的景物，以上只是老师选取的景物，其实还有其他的景物，给学生想象的空间，让他们自己继续想：还有什么景物可以写，有什么特点？这样通过一看、二说、三想的步骤一步步把学生带入创作思维中。

(2)镜头聚焦新农村新居美。在描写景物的选材中可以请学生走出去看一看新农村的变化。一座座整洁的农村别墅在春风里荡漾着生机，一批批新建的农业园区繁荣了农村的经济。学生通过摸一摸、看一看、比一比观察农家园，描绘新农村建设的家居美，也能很好地拓宽写作思路，在写作中更能表达真情实感。

例如人教版三年级第二单元习作是“写一写几年后家乡的环境”。虽然是想象几年后，但是学生可以通过亲身经历了解这几年的变化，为几年后家乡的环境做一个参考。在这次习作中，笔者带领学生走出校园来到距离最近的桂花园村，走一走，看一看，让学生一边走一边说看到哪些环境变化。通过走出去，学生看到的更多了，能写的材料也变多了，比如大的方面，学生谈到道路的变化、河流的变化、房屋建设的变化、公园的变化等；小的方面，学生会说到每家每户会种花养花、地面卫生变化、垃圾桶的变化等。再要求学生写几年后家乡景物的变化，此时，学生就已经有了可以写的对象和物件，写作内容变得丰富多彩。

2. 在劳动中体验取材

与城里孩子不同，农村孩子从小跟在爷爷奶奶身边，从天时、地利、人和上都有劳动的条件。让学生在劳动中体验生活，选取写作素材实在合适不过。像翻地、浇水、施肥、插秧、割稻等学生都能接触到，动员并鼓励学生主动参与这些劳动，认认真真干一番，无形之中又为学生提供了独特的写作资源。

(1)写劳动辛苦，学农民品质。学校的拓展性课程中有一个开心农场的课程，在该社团中，学生可以在田里种菜、浇水、翻土、养花等，体验农田劳动的乐趣，体会农民劳动的辛苦。这种体验就是农村学生独有的体验，我们可

以鼓励学生把这种体验用自己的笔书写在纸上，那么就能呈现出一幅幅生动的劳作画面。

以人教版三年级下第四单元习作为例，要求写“我学会了什么”。学生拿到这个话题其实一下子可能只能想到骑自行车、游泳。思维打不开，想不到还可以写什么，教师可以启发学生：“你看，我们学会的本领不仅仅只有这些，还可以是家务方面的、运动方面的许多事，学习生活上的、课余活动上的……还记得我们上星期一起在开心农场的经历吗？”这样一问，学生一下子打开了回忆的大门，他们可能说出很多，比如：锄地、拔草、烧水、施肥、捉虫……

体验带有真情实感，写起来就容易了。以下为学生习作片段：

片段一：我学会了锄地，我当时手拿着锄柄，双目看着地面找准位置，踮起脚尖，身体向后倾斜，重重地敲打着地面，一直到一块块硬土变得像沙一样，这样土才算是松了。

片段二：在开心农场里，我跟小伙伴们一起种豆角。我先用手挖坑，每个坑大约3～4厘米深，每隔大约15厘米挖一个坑，然后将所有的坑挖好以后，我便把豆角种子放在坑里，每个坑里放4～5粒豆角种子，最后将每个放好种子的小坑盖上土，用手压平。

上述片段写出了“我”锄地时的动作，“我”种豆角时如何挖坑的。虽然本领不大，但是贵在朴实、真实。其实我们选材不一定要写多高大上、难度多大的本领，在我们的身边就有许多题材可以挖掘，农民辛勤劳作的本领也是其中之一，而且这个题材离农村学生的生活比较接近，是学生能随手拿来的创作材料，就近取材就很好。

(2)写观察日记，以劳动为荣。观察日记是人教版四年级上第二单元出现的写作，那么可以观察什么呢？学生的思维可能会限制在狗、猫、兔子，因为这几种动物是农村家庭都会养的，学生每天都会看到的。那么学生的思路还是局限在这些动物中，没有思维的发散和自己的思考。老师就需要帮助学生打开思路了。写观察日记可以课前布置些任务。如：

任务一：每位同学选择一种自己爱吃的蔬菜，种在我们的开心农场里，种完后请按照周期认真观察。

任务二：在观察的过程中，请及时记录下它们的变化，如表3-7所示：

表 3-7　观察记录单

蔬菜名称(　　　　　)		
日期	变化特征	描述具体样子

通过前置性任务的布置，学生会天天盼、日日看，期望自己亲手种下的作物早日开花结果。对这样的素材，学生饶有兴趣。指导学生写观察日记，把他们在养花、种菜中的点点滴滴用自己手中的笔记录下来，富有生活气息的观察日记便跃然纸上。学生写作文再也不用害怕没有东西可写了。

3. 在童年趣事中取材

农家孩子的童年是充满欢乐的。夏天的晚上，他们可以躺在椅子上仰着头数星星；可以到田野里捉各种各样的昆虫，在田野里嬉戏追逐，哪怕弄得满身是泥；可以在屋后的小池塘里钓鱼、捉小虾……这样的写作素材才是我们真正想要的。让我们的学生摄取这些难忘的画面，写出自己的真情实感，这样的文章才饱满，不至于假大空。

(1)课文片段勾起回忆。有时候，学生的习作思路也不只是在教学习作训练时才进行拓宽。在平时课堂教学中，也需要教师不时地启发和引导，只有在平时教学中关注到这一点，才不至于在单元习作时打不开思路。例如在教学五年级下册训练人物描写的《小嘎子和胖墩儿比赛摔跤》一文中，老师就可以通过电影片段的适当引入拓宽学生的素材思路。

(出示电影片段)

师："同学们，在广袤的农村里，你还做过哪些有趣的事情呢？"

生："小时候在沙滩边玩沙子，把自己埋在沙子里。"

生："帮爷爷干活，结果好心办坏事。"

生："和哥哥姐姐们去田里捉蝌蚪。"

……

师："像嘎子和胖墩儿一样，我们也有许多难忘的、有趣的事！选一件写

一写，能加上动作就更好了。”

生：“爸爸和姑父租了一艘橡皮艇，于是我赶紧爬上橡皮艇，爸爸在前面拉，姑父在后面推，我舒舒服服地躺在橡皮艇里享受着阳光的沐浴。突然一阵大浪袭来，把我们的船掀翻了。我经历了一回‘没顶之灾’，尝到了咸咸的海水的味道之后，我们又爬起来重新‘起航’，之后我们成功地驶向远方……”

在电影片段中，除小嘎子和胖墩儿在比赛摔跤这一生动的动作演绎，其实旁边的孩子也在玩耍着，有的爬上树看比赛，有的背着小弟弟看比赛，有的手上拿着鞭子，有的赶着一群小鸭子……以此为启发，教师就可以引导学生关注旁边的小朋友，联想自己平时的玩耍生活。学生就会以这个为点发散开去，想到更多的点。

(2)课文内容启发趣事。一篇好的课文能带给我们很多启发。例如人教版四年级下册《麦哨》一文中的后几段描写了孩子们在土坡上跑、翻跟头、竖蜻蜓、摔跤比赛，还有采茅茅针、吹麦哨等活动，这些都是农村孩子特有的活动，抓住学习课文的契机，及时拓展学生的思路。

师：“孩子们，你们说《麦哨》这篇课文中孩子们的活动中哪些我们也做过?”

生：“土坡上奔跑、摔跤比赛、翻跟头。”

师：“联系我们的生活，我们还有哪些活动也是非常有意思的？能说说吗?”

生：“抓蟋蟀、烤番薯、捉蝌蚪。”

生：“帮爷爷拔萝卜、爬树、摸田螺。”

生：“钓龙虾、喂小鸡。”

师：“是的，刚才说的这些事都是我们可以习作的好材料呢。你们能不能也选一件有意思的事像课文里那样写一写?”

通过抓住课文中普通的事件，笔者及时启发，先问学生哪些活动自己也做过，让学生明白，作者写的这些事情是农村孩子特有的活动，特别有意思，再让学生联系自己的生活实际，说说是否也有像这样有趣的事，也许我们的事情更有意思。以一文带动学生思路，当学生沉浸在课文中的时候，脑海中就会浮现出自己在乡间玩耍的事情。这又为我们农村学生的习作思路打开了一条新途径。

广阔的农村是一个取之不尽的作文题材库，景美、物美、人更美。教师抓住学生学习的契机，有机渗透，有机启发，循循善诱，相信用不了多久学生就不会害怕习作，并且学会挖掘自己身边的事情，使写作素材越来越多样，思路越来越开阔。

参考文献

[1] 吴忠豪.小学语文教学内容指要——写话·习作[M]. 北京：高等教育出版社，2015.

[2] 郦泺静.小学五大习作问题与对策[M].成都：四川大学出版社，2015.

[3] 李玉勤.小学习作教学的突围与实践[M].芜湖：安徽师范大学出版社，2018.

（作者单位：岱山县桂花中心小学）

小学生习作“失真”现象分析和应对策略

朱雨飞

陶行知先生有句名言：“千教万教，教人求真；千学万学，学做真人。”这句话道出了教育的真谛。作文教学也肩负着育人的职责，提倡作文要内容真实，思想健康，其实就是教育学生做一个人格完善、灵魂高尚的真人。有人说：“作文是在耕耘，用脑用笔在耕耘心田的大地、思想的篇章。”品读学生习作，无异于聆听孩子心灵的乐章。在批阅小学生习作时，不难发现，“失真”现象屡见不鲜，发人深思。

一、小学生作文常见“失真”现象分析

小学生作文“失真”现象由来已久，近年来，这种现象并没有得到大幅度的改观。小学生作文“失真”现象，主要有以下几种表现形式：

1. 抄袭套作，敷衍了事

例文：茶花已经开了不少。叶子挨挨挤挤的，像一个个碧绿的小圆盘。红色的茶花在这些小圆盘之间冒出来。有的才展开两三片花瓣儿；有的花瓣儿全都展开了，露出嫩黄色的花蕊；有的还是花骨朵儿，看起来饱胀得马上要破裂似的。

此文段系学生套用叶圣陶先生的《荷花》而作，但基本是照搬照抄，没有用心动过脑筋。此类现象在学生习作中并不少见，每次习作，总有一些学生从优秀作文中照搬照抄，改个名字称呼，或是改个地点，或者改个开头结尾，敷衍了事。还有一些学生拼拼凑凑，大段引用经典语段，看似辞藻华丽，但并

非自己所见、所感，读起来显得情不真、意不切。

2. 矫揉造作，编造情节

例文：我小心翼翼地踩上滑板，可是，小小的滑板像故意跟我过不去似的，轮子一打滑，一个重心不稳，我摔在了地上，手心摔破了皮。我不服气，从地上爬起来，又踩了上去，可是，不一会儿，又是一个重心不稳，摔倒在了地上。我感到手臂一阵疼痛，不好，手肘蹭破了，鲜血直流。小伙伴们把我扶起来，劝我放弃吧。我咬咬牙，心里想：我就不相信征服不了你！于是我第三次站到滑板上，滑板慢慢地移动起来。可是好景不长，啪的一声，我整个人摔了个人仰马翻，浑身像散了架一样。小伙伴们又把我扶起来，热情地为我指点。这一次，我终于能站在滑板上，自由地滑行了。

为了表现学滑板的不易，学生在文中不惜把自己一次又一次“摔”得那么惨。刻意而为，重复啰唆。很多学生在写作时会刻意编造故事情节来烘托表达效果，如为了赞美母亲的爱，硬是把无微不至照顾自己的母亲“累”出病来；为了衬托自己的进步大，把原来的自己写得一无是处；为了表达与小动物深厚的情谊，制造悲情效果，活生生把自家的小狗给写“死”了……看似像模像样，但是细细读来，让人感觉不是滋味。

3. 言不由衷，逢迎讨巧

例文：老师，千错万错都是我的错，您说的话都是对的。俗话说：“不听老人言，吃亏在眼前！”这句话说得一点儿不错。我以后一定会听您的话，这次如果再做不到，我就不是人。请您原谅我，好吗？

很多学生为了达到自己的某种目的，会言不由衷，口是心非。如写师生情，对老师用尽赞美之词，写自己要如何用心学习，才能不辜负老师的期望；写好人好事，曲解主人公乐于助人的朴素动机，硬给主人公贴上“高大上”的标签，最后不忘大张旗鼓地号召大家向他学习；还有不少学生喜欢用大话、套话来表达自己的思想。

二、“失真”原因分析

《义务教育语文课程标准（2011年版）》指出，作文“应引导学生关注现实，

热爱生活，积极向上，表达真情实感”“要求学生说真话、实话、心里话，不说假话、空话、套话”。身为一线教师，应当反复强调，“真实”是作文的生命。然而在教学实践中，不难发现，越到中高年级，作文“失真”现象越严重。究其原因，大致如下：

1. 因“懒于构思”而失真

此类学生习作“失真”的原因归结为“懒”。他们懒于观察生活、积累素材，对身边的事物视而不见。他们依赖优秀作文选中的范文，直接抄袭套用，或拼拼凑凑。这样做省事、省时间，在考试中批卷老师也难辨真假，分数不会低。

2. 因“难以下笔”而失真

写作有困难，难以下笔，主要有两个原因：一是源于缺少积累，平时缺少生活素材的积累，缺少语言文字的积累，临到习作时自然是“难为无米之炊”；二是不得已而为之，因为他们没有掌握写作的方法，无“法”可依。所以，这类学生只能依赖范文走捷径。

3. 因“追求效果”而失真

这类学生虚构情节、捏造事实，只为追求一波三折、出人意料、感人肺腑、推陈出新等效果，打动读者的心。但事实往往弄巧成拙，事与愿违，甚至还会出现啼笑皆非的后果。

4. 因“博取欢心”而失真

为了达到自己的目的，或想让自己的文章受到老师的青睐，用心揣摩老师的心理，猜测老师喜欢怎样的语言，然后迎合老师的喜好，投其所好，以博取老师的欢心。还有一部分学生是不敢实话实说，生怕惹老师反感。

三、失真现象应对策略

世人常说“文如其人”“文品即人品”。人们通常认为文章是一个人性格、修养、才情的自然流露，故而有“观其文知其人”一说。小学生作文“失真”现象如不及时干预,势必助长孩子的懒惰心理,影响孩子健康人格的形成。要想杜绝这种现象,需要一个漫长而艰巨的过程。在日常教学实践中,教师应运用相应的策略干预习作中的"失真"现象,以减少这些现象的滋生。

1. 加强打"假"力度,直击"懒于构思"之"惰性"

(1)坚持以"真实"为首要评价标准。叶圣陶老先生曾言:"作文首先要求说实话。其次才看写得好不好。"教师批改学生习作,如果内容真实,写得确实是真话、实话、心里话,要抱着欣赏的眼光来审视他的作文。即使习作篇幅短,语言不够流畅,也应给予鼓励。甄别"假"作文,重点关注雷同作文、水平超常发挥的作文、内容出现破绽的作文,鼓励学生大胆从生活中选取作文素材,让他们尝到写真话的甜头,杜绝懒惰思想。

(2)展示"佳作",互相监督。针对学生心理,凡是套作、抄袭文章,大多是优秀作文。那么,我们就以展示"佳作"的名义,作为范文在全班诵读,或是将佳作展示于墙报中,让同学在课间阅读。有了这样的监督,绝大部分学生就不好意思再去照搬照抄了。

2. 多管齐下,缓解"难以下笔"之"难度"

(1)链接生活,让学生有话可说。

①改变命题,贴近学生生活。作文的命题影响着学生写作的情绪。江苏省著名特级教师王栋生告诉我们:"一道好题体现了人的智慧,体现了非同一般的想象力和创造力。学生见到这样的好题,他的思维会进入怎样的状态呢?出色的命题,往往如打开的闸门,有可能迸射出汹涌的文思。这些充满震撼力的,有着无尽诗意的作文题灿如星斗,启人遐思,让'他们'眼前一亮,或是引起心灵震撼,使之能有写作的渴望。"所以,不妨尝试让传统的基本命题贴近学生生活,让作文题目成为一种"诱因",帮助学生打开记忆仓库的大门,唤起他们写作的灵感和欲望,把"要我写"变为"我要写"。如传统命题"一件令我感动的事",乍看题目,学生会有些茫然,但是把这个题目做下修改,就会大有改观。参考题目"雨中的小花伞""爱的味道""生日的惊喜""我原谅你了""烈日下的坚守""老师的目光""轻轻的一句'加油'"……这些题目能唤起学生的生活体验,熟悉的场景在眼前再现,学生就不会无话可说了。

②关注生活，勤于积累素材。作文离不开生活，生活是作文最大的素材宝库。叶圣陶先生说：“生活如泉源，文章如溪水，泉源丰富而不枯竭，溪水自然活泼地流个不歇。”所以，在作文教学中，必须让学生关注生活，从生活中汲取写作的源头活水，让学生言之有物，有话可说。

利用生活资源，构建写作素材库。首先可以从学校活动着手，搜集写作素材。现在学校的活动众多，形式众多，丰富多彩。拔河比赛体现出团结的力量大无比；垃圾分类知识竞赛展示出环保的重要性；与作家见面会体验读书与成长的关系……社会实践活动让学生明白了“实践出真知”，学会了沟通和交流。要善于引导学生把这一切所见、所感装入自己的“素材库”。其次，指导学生学会有意识地观察身边的人、事、物。一位新来的老师，一次美味与快乐并存的烧烤，一次终生难忘的交谈，大自然的鸟兽虫鱼、花草树木、日月星辰……久而久之，学生的题材库便会渐渐充盈起来。

多种形式记录，激发积累兴趣。文字记录就是用传统的记日记形式记录素材；图像记录，即运用照片、视频或图文并茂的美篇进行记录；实物记录可以是一张书签、一件手工作品或是朋友赠送的一份礼物等。记录的方式很多，无论哪种形式，都是为了激发兴趣，让学生成为一个有生活情趣的人。等到习作时，旧景重现，学生自然就会敞开心扉，吐露心声。

(2)走出“模仿误区”，让学生“自得其法”。南宋著名理学家朱熹就曾言：“古人作文作诗，多是模仿前人而作之，盖学之既久，自然纯熟。”学生习得写作技巧，大多是从模仿开始的。结合范文，引导学生关注一个实例，启发学生发现作者是怎么写的，因势利导介绍一些浅显的写作技巧，对于写作有困难的学生来说，无疑是一种最有效的方法。崔蕾老师的一番话更值得我们借鉴，“我们应该认识到，作文模仿应该是范文的形式，而非内容”“模仿得多了，学生的写作思路也就拓宽了，能够选择和整合不同的作文形式，模仿也就具有了个性”。在教学实践中，模仿写作的成功案例很多。加以梳理，大致如下：

①模仿“修辞手法”而作。《桂林山水》一文中的排比手法堪称经典，不仅层层递进，增强语势，更是突出了桂林水之静、清、绿，桂林山之奇、秀、险。品味朗读深究之后，我们总会让学生模仿用排比句式表现景物的特点，如云朵、星空、大海等。而学生也不负所望，写出一些清新亮丽的小作品。有学生这

样描写草地:“春天到了,村外的那片草地总是让我们流连忘返。草地多绿呀,绿得透亮,绿得晃眼,像粗心的画家不小心倒翻了绿颜料,空气中都弥漫着绿色的气息。草地多软呀,踩上去软绵绵的,像铺上了一块松软的地毯。草地多热闹啊,我们尽情地追逐,翻滚,一串串银铃般的笑声在草地的上空久久回荡……”如此仿作,虽然有课文的影子,但也融合了学生自我的独特体验,即使写得稍微逊色一点儿的学生也能从现实生活中取材,言之有物,言之有情。

②模仿“表达方法”而作。《威尼斯的小艇》一文采用了动静结合的方法来表现小艇与人们的密切关系。我们可让学生模仿课文,用动静结合的方法来写一写家乡的景物,可以是水边的垂柳、小池塘和广场夜景等。有的同学细腻地刻画了无风时和微风吹拂时的垂柳两种不同状态的美;有的同学先写了池塘水平如镜的美,后来一群鸭子游来戏水,打破了这份宁静;写广场夜景的同学写了华灯初上,广场上广场舞舞姿翩翩、孩子滑旱冰戏耍穿梭、小贩热情吆喝的热闹景象,后来曲终人散,广场又恢复了宁静。因为这些都是生活中常见的景象,学生自由表达,轻松自如。

③模仿“结构模式”而作。《生命,生命》这篇课文是“总—分—总”结构,第一部分总起“我常在思考生命是什么”,第二部分作者从飞蛾求生、砖缝中长出的瓜苗和倾听心跳等几件小事中感悟了生命的意义,第三部分总结虽然生命短暂,但是我们却可以让有限的生命体现出无限的价值。学完课文,教师出示一组图片:图片中母鸟喂小鸟进食、母鸡将小鸡护于羽翼之下、母亲悉心照顾生病的孩子。先让学生自主选取一幅图片写一段话,赞美深沉的母爱。自由交流后,择优组合。最后集体讨论,加上开头结尾,最后自主命题为“世间最美是母爱”。

(3)博览经典诗文,丰富语言素材。巧妇难为无米之炊。只有读书破万卷,才能下笔如有神,读书的好处已无须赘述。书香班级、书香校园的建设为学生阅读创造了有利条件。阅读指导课让学生习得读书方法;图书室、阅览角、读书亭的创建为学生提供了丰富的图书资源;制作读书小报、经典诗文诵读比赛、书签制作比赛、跳蚤书市、家书诵读等学生喜闻乐见的读书活动给学生提供了展示的舞台,激发了学生的阅读兴趣。近几年兴起的全民读书活动

更是让阅读意识深入人心。我们要充分利用这些契机，为学生创设浓厚的读书氛围，激发学生积累丰富的语言素材，为学生习作储备“食粮”。

3. 换个视角，挖掘生活中的“新意”

有的学生为了追求效果，刻意编造情节，反而弄巧成拙。在现实生活中，每一个人为人处世的方式不同，表现出的个性不同。不同个性的人即使做同一件事，都有自己不同的经历感受，所以不用刻意去编造情节，只要换个视角用心去发现不同，如实去描述细节，便有新意，便出效果。

(1)换个视角，构思选材。学生写母爱，很多学生都会这么写：“半夜里，他(她)突然生病发烧了，母亲连夜送他(她)去医院。一路上风雨交加，医院离家很近，可今天却觉得是那么远。到了医院，为了照顾他(她)，母亲累得生病了。”孩子生病了，母亲无微不至地照顾孩子，这样的事几乎每个学生也会经历。但要写这样的事例，不可以刻意编造千篇一律的虚假情节，应该尊重事实，另选视角，去发现感人的细节。如有一位学生，她的母亲平时十分节俭，经常利用空闲时间接钩织手工产品的活儿，每次总能超额完成任务。这笔额外收入虽少，但妈妈还是非常在意，经常起早摸黑，见缝插针，乐在其中。这次女儿生病，为了照顾孩子，那件衣服的半成品拿起又放下，最终被丢到了一边。尽管没有完成任务，可妈妈却一点儿都不在乎，说钱哪有女儿的健康重要呢？此情节写到作文中去，不比原来编造的情节逊色。

(2)抓住细节，用心刻画。巴尔扎克说：“唯有细节才组成作品的价值。”真实细腻的细节描写能让你的作品锦上添花。学生写学滑板一次又一次摔得鼻青脸肿，不仅重复累赘，而且显得夸张而不真实。我们可引导其关注细节，体现学滑板的不易。学生修改后的习作面貌一新：“我小心翼翼地把左脚踩在滑板的前端，等滑板立稳了，迅速提起右脚，踩在滑板的后端。可是，小小的滑板像故意跟我过不去似的，轮子一打滑，向右边栽去。一个重心不稳，我摔在了地上。旁边的小伙伴们迅速跑过来，有的把我扶起来，有的安慰我，给我加油鼓励，还有的耐心指导我……友情的力量是强大的。小伙伴们热情的双手、亲切的话语，给了我极大的鼓励。我鼓起勇气，重新振作起来。我先双手扶墙，踩上滑板，接着放开手，使劲地摆动着右脚，慢慢地扭动着身体，让滑板产生动力。果然,滑板不再跟我作对了,随着右脚有节奏地摆动,滑板慢慢地加速,转弯,如游蛇一般自如地在水泥地面上滑行。”

4. 营造氛围,鼓励学生实话实说

叶圣陶先生说:“作文要说真话,说实在的话,说自己的话,不要说假话,说空话,说套话。”学生在作文中言不由衷,逢迎讨巧,要区别对待。阿谀奉承的,不要轻易赞赏,这样会助长学生说假话、说套话的坏习惯,造成言行脱节;不敢说的,要营造民主宽松的氛围,让学生自主表达。如果学生的言辞有不当之处,切忌严厉批评指责,要正面引导,帮助他们客观地、实事求是地评价他人。

钱理群教授说:“对人的培养和对写作的训练是统一的,培养一个人怎么写作,在某种意义上就是在培养一个人怎样做人。”改变小学生作文“失真”现象,引导学生写真事,说真话,抒真情,把教作文与教做人有机地统一起来,学生才会爱上写作,学生的作文才会焕发无限的生命力。

参考文献

[1] 王栋生.王栋生作文教学笔记[M].南京:江苏教育出版社,2012.

[2] 杨海棠.诊断式作文教学探索与教例[M].福州:福建教育出版社,2015.

[3] 崔蕾.教作文有窍门:作家老师的58个建议[M].上海:华东师范大学出版社,2014.

(作者单位:岱山县敬业小学)

幼小衔接时段口语交际教学的有效策略

缪　红

叶圣陶曾经说过："儿童时期如果不进行说话的训练，真是遗弃了一个最宝贵的钥匙，若讲弊病，充其量将使学校里种种的教科书与教师的教育全然无效，终生不会有完整的思想和浓厚的感情。"可见，要提高学生的语文素质，就必须从入学时就注重加强学生的说话训练。

幼儿园的大部分孩子善于表达，乐于交流，愿意向伙伴和老师倾诉。而进入小学学习阶段后，孩子的表达频率呈现出下降的趋势，低年级学生课堂上主动发言的现象较幼儿园有明显的回落，在学习讨论中不能大胆开口阐明自己的观点、不能与同学沟通的现象增多。部分学生更多地喜欢自言自语，喜欢不请而说，喜欢插话，无法认真倾听别人的发言。造成这些情况的原因是什么呢？

解读《幼儿园教育指导纲要》与《义务教育语文课程标准（2011 年版）》，我们不难发现，幼儿园的"语言"教学目标和小学"口语交际"的教学目标既有联系又有差异。《幼儿园教育指导纲要（试行）》中的"语言"教学目标为：乐意与人交谈，讲话礼貌；注意倾听对方讲话，能理解日常用语；能清楚地说出自己想说的事；喜欢听故事、看图书；能听懂和会说普通话。《义务教育语文课程标准（2011 年版）》中第一学段的"口语交际"教学目标为：学讲普通话，逐步养成讲普通话的习惯；能认真听别人讲话，努力了解讲话的主要内容；听故事、看音像作品，能复述大意和精彩情节；能较完整地讲述小故事，能简要讲述自己感兴趣的见闻；与别人交谈，态度自然大方，有礼貌；有表达的自信心；积极参加讨论，对感兴趣的话题发表自己的意见。

对比之后可以看出，幼儿园"语言"教学目标主要侧重于表达自己的想法、意愿，而小学第一学段的“口语交际”教学目标增加了倾听的要求，听了之后还要能够复述要点，说的要求也大有提高。两者之间有显著的承接关系，要求呈螺旋上升的态势。因为目标不同，导致幼儿园老师与小学低年级老师在具体的教学过程中有以下行为的差异。

1. 教学方式的差异

我们可以发现幼儿园老师多遵循“模仿→实践→创造”的教学过程，使幼儿在念儿歌、讲故事中，发音、口齿都变得清楚，能大致完整地描述某样东西、某件事。小学生则主要是在语文课上进行文本对话、师生对话和生生对话的练习。

2. 评价标准差异

因为要达成的目标起点比较低，所以幼儿园老师对学生说话的正确性、完整性的要求都不是很高，对幼儿课堂上的坐姿有要求，但要求也不高，并擅长于用激励性的语言鼓励幼儿开口说话。而小学一年级的教师更注重课堂守纪的教育，对课堂上坐端正的要求比较高，时常以“某某坐得怎么样”进行评价，而且对发言内容的正确性以及语言的完整性要求较高。

由此可见，教学内容、教学方式以及评价方式的不同导致了幼小口语交际的差异，而幼小的衔接不足也是导致差异的重要因素。如何认识幼小衔接的重要性，提高幼小衔接时段的口语交际教学的有效性呢？

一、创设直观情境，体现一个“趣”字

苏霍姆林斯基曾说：“儿童是用形象、色彩、声音来思维的。”口语交际是交际者在特定的环境里，为了特定的目的，运用语音手段面对面传递信息、交流思想和感情的一种言语活动。这种言语交际活动离开了“特定的环境”就无法进行。因此，在进行口语交际教学时，教师应精心创设符合学生生活实际的交际情境。与实际生活相符的交际情境容易使学生产生身临其境的感觉，从而激发口语交际的欲望，提高口语交际的热情，使其兴致盎然地走进交际情境去进一步体验。

1. 创设问题式情境

一年级学生要从说一句完整的话开始，过渡到说一段完整的话。在口语交际教学中，可以适当地设计一些连贯的小问题，引导学生与教师进行双向的互动。

师："开学不久，同学们都很想了解你，你叫什么名字，家住在哪儿呢？能介绍一下吗？"

生："我叫毛科润，我家住在安澜路康乐弄，希望大家能来我家做客。"

师："那你有什么特长吗？"

生："我已经学了两年的架子鼓，现在已经能敲出很多曲子了。我觉得敲架子鼓是一件很开心的事。"

师："嗯，你说得真好！高浩哲，那你呢？"

生："我家住在蓬莱阳光公寓。我虽然没有学过唱歌，但爸爸妈妈、爷爷奶奶都说我唱得很好听。我现在唱一首《大中国》给大家听吧。"

师："那实在是太好了！期待你的表现哦！"

这个情境能够做到围绕主题，结合学生特点创设细化的问题情境，让学生自然而然地进行应对，在生活化的对话中让他们学会完整地说一段话。

2. 创设表演式情境

一年级的小学生有强烈的表演欲望，如果教师能在课堂上组织一些贴近生活的情境表演，寓教于乐，就会收到事半功倍的效果。学生不但学到知识，而且感受到了参与的快乐。在贴近生活的情境表演中，学生会主动交际，身心愉悦地交际。如在学习《打电话》口语交际课时，就可以利用生生互动，组织学生学习拨打邀请电话。

师："在刚才的场景中，李中想给张阳打电话约他一起出去踢足球。现在请同桌两人合作试着来打打这个电话。"

师："哪一对合作伙伴愿意来试一试？让我们一起来听听这对好朋友电话打得怎么样。"

生："喂，你好！我是李中。"

生："李中，你好！我是张阳。"

生:“明天是星期天,我们一起去踢球,怎么样?”

生:“好啊!”

生:“那我们就明天上午8点在胜利公园的足球场见。”

生:“好的,不见不散!”

生:“一言为定,再见!”

师:“对照我们刚才学的打电话方法,说说他们这通电话打得怎么样。”

生:“李中在打电话时先问好,又报上了自己的名字,符合要求。”

生:“他们在电话里把事情说清楚了,还约好了时间和见面的地点。”

师:“看来同学们听得很仔细。如果张阳有别的事想拒绝李中的邀请,该怎么说呢(两名学生上前表演)?”

生:“喂,你好!我是李中。”

生:“你好,我是张阳。”

生:“星期天你有时间吗?我想约你一起去踢足球。”

生:“真是不好意思,周末我要随爸爸妈妈去医院看望生病的奶奶。”

生:“哦,那好吧,祝你奶奶早日康复!我再约别的同学。”

生:“谢谢,再见!”

师:“虽然张阳拒绝了李中的邀请,但李中很满意。因为张阳非常有礼貌。”

这两段表演为学生创设了一个接近生活的情境,并通过表演及看表演将他们引入情境,为参与口语交际做好了内容和情绪上的准备。学生们看完表演后,教师直接利用这个情境让学生们分别选择一部分内容进行口语交际活动,学生们兴趣盎然。

二、重视示范作用,体现一个“仿”字

心理学研究表明,模仿是儿童的天性。一年级孩子阅历浅,知识经验贫乏,他们的语言学习跟幼儿园的孩子一样,主要是通过模仿进行的。因此教师的示范在口语交际教学中的地位是十分重要的。

1. 教师的示范作用

教师可以抓住儿童善于模仿的心理，把口语交际过程和步骤详尽地展现给学生，使学生在模仿学习的过程中有所参照，做到由“模仿”到“变通”，直到进入“创新”。如上“一起做游戏”这一口语课时，课前我安排学生玩了4种他们喜欢的游戏：“老鹰捉小鸡”“贴鼻子”“丢手绢”和“切西瓜”。但上课时让他们上台介绍游戏，举手的学生却寥寥无几。没有示范，叫刚入学的学生说出这样一段话来，的确有点难度。于是我先请玩这个游戏的小组上台，结合体验，说说这种游戏怎么玩，怎么有趣，其他伙伴加以补充。最后，我再把他们组的发言汇总，示范性地说了一遍游戏的过程，并提醒学生要用上“先……再……接着……然后……最后……”的句式把话说清楚。由于老师提供了一个说话的模板，学生自然就掌握了从游戏到说话的转换要领，说起其他的三个游戏来就容易多了。

2. 多媒体的示范作用

当然，示范除了可由教师来承担外，还可借助有趣的多媒体课件让学生在不知不觉中领悟交际方法与技巧。在教学《我们做朋友》一课时，学生的表达欲望很强，但要把自己的优点介绍清楚，并说出别人的优点不是一件容易的事。一开始，学生只会用“我叫××，我的优点是……”或“因为你……，所以我想和你交朋友”的句式来表达。这样的交流只停留在幼儿园的语言阶段。偶然的机会，我获得了一个《我们做朋友》的动画版课件，课件中两对孩子互动，先介绍自己的优点，再说对方的优点，说出“我们做朋友吧”，再说出交友的快乐。我要孩子们认真观察并仔细倾听，课件中的人是如何介绍的，学生从他们的互动中得到启示，当他们再次说话时，水平就有了明显的进步。

3. 肢体语言的示范作用

教师在教学中如果能运用适当的肢体语言，也可以激发学生的学习兴趣，集中学生的注意力，真正做到“此时无声胜有声”。

首先，教师要学会微笑。学生会从教师的微笑中感受到教师对他们的关心、爱护、理解和友谊。在课堂上，学生往往会捧腹大笑，包括答错了的同学，因为教师以夸张的表情给学生以暗示，让他们在笑声中获得知识。如教学《雪地里的小画家》时，教师一边做着夸张的动作，一边绘声绘色地朗读："青蛙为什么没参加？它在洞里睡着啦！"这样姿态、手势、语言、表情相结合，大大增强了表达的效果。

其次，教师与学生要有目光接触。这样会增加学生对教师的信任感，喜欢听课，从与学生的目光接触中，教师还可以获得信息的反馈，了解学生对讲解的内容是否感兴趣、是否在注意听讲。教师与个别学生的目光接触可以表达教师对学生的期待、鼓励和探询，也可表达对学生的暗示、警告。

在课堂教学中，教师还可以运用富有变化的手势动作帮助学生理解一些重要的概念和难点。教师在教学中恰当地运用手势变化，配合以口头语言的表述，能使学生加深印象，获得事半功倍的效果。

三、开拓多种渠道，体现一个"练"字

毋庸置疑，如果仅仅靠每单元一次的口语交际课想要快速让学生提高口语交际水平是不可行的。《义务教育语文课程标准(2011年版)》也指出口语交际要少'教'多练。因此老师自己要善于关注每一个可以进行口语交际的点，开拓多种渠道，补充训练点，达到一定的训练量。

1. 课文仿编

这对于学生来讲，实际是一种特殊造句训练，有利于学生积累语言、丰富词汇。教学时不妨引导学生从最基础的词句训练开始，提高学生的语言表达能力。同时，学生是编歌谣的天才，教师千万不要设置条条框框，限制他们的创造力。如学完《四季》后，教师可让学生再仿编几段。

生1：

小雨沙沙，他对小草说："我是春天。"

青蛙呱呱，他对池塘说："我是夏天。"

苹果圆圆，她红着脸说："我是秋天。"

雪花跳着圈圈舞，欢快地说："我是冬天。"

生2：

春雷隆隆，他对冬眠的动物说："我是春天。"

知了声声，他对烈日说："我是夏天。"

果实累累，他骄傲地对人们说："我是秋天。"

冰天雪地的白色世界，他告诉大地说："我就是冬天。"

学完《荷叶圆圆》一课，教师同样可以让学生编一编：

小蝴蝶说："荷叶是我的舞台。"小蝴蝶飞到荷叶上，展开五彩的翅膀，翩翩起舞。

小纸船说："荷叶是我的港湾。"小纸船漂累了，靠在荷叶上，安静地做起了美梦……

在宽松、和谐的氛围中，每一个孩子都可以成为诗人，每一个孩子都能成为天才。学生有了精彩的语句，教师应及时给予喝彩、鼓励，使学生品尝到成功的喜悦，获得成功的满足感，增强口语交际的自信心和勇气。

2. 课文补白

由于表达的需要，课文中会出现情节跳跃、内容省略的现象，它们不仅是阅读教学应当推敲的训练点，也是很好的口语交际训练内容，教师要善于抓住这些内容，用口语交际进行"补白"。

如《小松鼠找花生》这篇课文，课文的结尾这样写道："小松鼠感到很奇怪，自言自语地说：'是谁把花生摘走了呢？'。"课文没有写出最后的结局，这就给学生留下了悬念，即课后的讨论题："花生真的被摘走了吗？"教师可以组织学生展开讨论，这样既理解了课文，又激起了学生说话的欲望和兴趣，并能加深对课文内容的理解。而这一讨论、交流的过程也是口语交际的过程，对学生的口语交际能力的提高有很大帮助。

四、注重积极评价，体现一个"激"字

一年级的学生虽然已经上了小学，但跟幼儿园大班的孩子其实没有太大区别。我们应该像幼儿园的老师那样，适当降低期望值，允许学生出错。在

教学中，教师要不断地以积极、宽容的态度肯定学生，激起学生的兴趣，增强学生的自信心。评价的语言要谨慎，多鼓励，少批评，注重积极评价，旨在让学生养成交际的意识和习惯。

1. 想说就说

一年级的学生思维深度、广度不够，导致他们表达时难以成句，内容不够切合主题或者完全跑题，教师要更具包容心，鼓励学生爱说、会说，让学生放下"说错了会被批评"或"说错了会被取笑"的思想顾虑。只有让学生充分感受到表达是安全的，是被认可的，说的欲望才有可能不被抑制。

2. 说中有评

提高学生的表达能力除了靠口语交际课中宽松的氛围，还要靠每一堂课上的师生互动。因此，课中教师要做到认真倾听孩子的发言，并要有针对性的点评，这样会让孩子觉得有努力的方向。下面是一些常用的评价语：

"你真会观察和思考，一下子就抓住了它们最本质的区别。"

"我特别欣赏你的发言，因为从你的发言中我能看出你是一个思维有条理的孩子。"

"不乱猜，要有根据地猜，这是一种科学的态度，值得赞扬。"

"看，他听得多认真，会听的孩子就是会学习的孩子！"

"大家说了这么多种答案，而你只用一句话就全说出来了，你的概括能力真强！"

"老师很欣赏你这种不懂就问的学习态度，把这种态度继续保持下去，你会终身受益的。"

3. 要有激励

根据课程标准的目标，小学有着比幼儿园更高的听说要求。教师在教学中要达成教学目标，不但要激发学生说话的兴趣，同时更要指导学生说话的规范和表达有层次、有主题。因此，在教学中，教师可以采取进步奖励卡的方式，如按照农历年份用彩色卡纸做成"小龙卡""小蛇卡"，来激励学生更好、更规范地表达。

五、关注家校联系，体现一个“连”字

家长是孩子的第一任启蒙老师，他们对孩子的教育起着举足轻重的作用。因此，在口语交际教学中，教师要关注家校联系，让口语交际训练“连”而不断。一方面，教师可以通过家长会，告诉家长如何对孩子进行早期的口语交际训练，要求家长在平时具体环境中对孩子口语交际能力进行正确引导，例如，同孩子外出时，让孩子自己问路；在买东西时，先让孩子自己去同老板讨价还价；除此之外，接待客人、到亲戚家做客等均是学生进行交际实践的好机会。另一方面，教师要布置一些相关的家庭作业，请家长进行密切配合。例如，我们要求学生每天把当天学习的课文内容讲给爸爸妈妈听，并要求每天朗读给父母听，或者让学生每天把学校发生的新鲜事讲给爸爸妈妈听。这样的作业学生感兴趣，乐于去完成，在玩中又让学生不知不觉中锻炼了口语交际能力。

总之，对于学生来说，口语交际能力的提高是一个循序渐进的过程。小学低年级教师要切实关注幼小衔接这一特殊时段，在这一时段中，悦纳孩子的天性，注重孩子的自由个性，寻求适应孩子的学习方式，让每个孩子都能用自己的方式来表达。

参考文献

[1] 中华人民共和国教育部.义务教育语文课程标准（2011 年版）[M].北京：北京师范大学出版社，2012.

[2] 李志培.树立新理念，让口语交际教学见成效[J].教育艺术，2010(1)：43-44.

[3] 曾秋月.语文课要让学生乐于说[J]. 教育导刊，2010(11)：94-95.

（作者单位：岱山县高亭中心小学）

统编教材低年级口语交际教学优化策略

金海芬

《义务教育语文课程标准(2011 年版)》(以下简称《课程标准》)在课程总体目标与内容中指出,小学生应具有日常口语交际的基本能力,学会倾听、表达与交流,初步学会运用口头语言文明地进行人际沟通和社会交往。这一基本能力的形成主要有“日常多渠道渗透”与“教材专题内容练习”两条途径,后者更能系统地、明确地引领学生在有实际意义的交际任务中提高语言交际、待人接物和临场应变等综合能力和基本素养。

在目前已经全面实施的小学语文统编教材中,“口语交际”在每一册教材中安排四次,比原教材更为清晰地指出交际目标序列与交际要素提示。教师该如何用足、用好教材内容,切实提高口语交际课的实效,稳步发展学生的交际技能?

目前,口语交际课还存在一些问题。首先,教学内容偏离预定目标与话题。课堂教学中的口语交际是在一定的教学目标下开展的,可是在教学过程中因为教师不够重视,教学中出现“脚踩西瓜皮,滑到哪里是哪里”的现象,学生你一言我一语,在交际过程中把握不住话题、偏离目标的现象。其次,活动过程参与面不广。口语交际课的教学中往往是少数喜欢表现的学生侃侃而谈,而多数学生特别是一些性格内向的学生总是处于“倾听者”的角色,背离了人人参与交际的目标。最后,互动话题交际技能缺失。教学中教师往往重口语训练和单向表达,有的甚至当成了习作指导课,高度关注学生语言输出的流畅度、细节化与形象化,忽视对口语交际时的情感、态度和文明用语等交际技能的指导与训练。

针对以上这些问题,笔者认为应该从“教材剖析、话题把握、教学改进”三

大方面来优化口语交际教学。

一、解读编排意图，厘清教学目标

1. 重视一课一得

口语交际教学目标的核心要素应着眼于“交际”，通过借助特定的交际任务与交际情境，让学生学习与人交往时的习惯、礼仪和方法等。统编教材一册四次的口语交际均由三部分内容组成：交际内容、情境图提示和交际要点。其中“交际要点”就是对综合交际能力的细化要求。如一年级上册口语交际《用多大的声音》的内容安排（见图 3-6）。

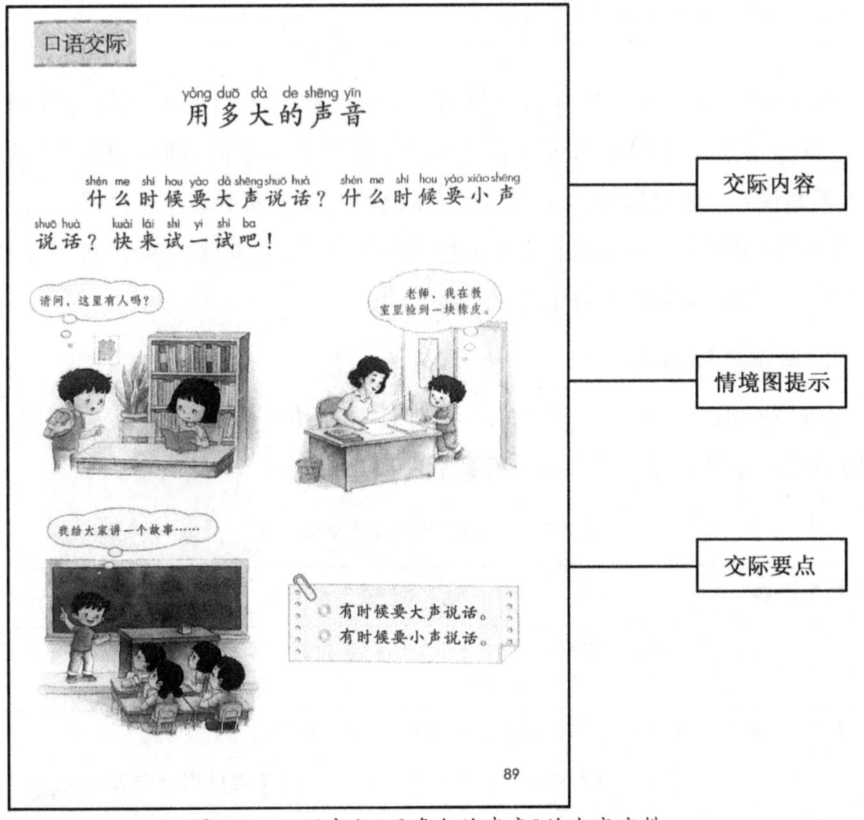

图 3-6 口语交际《用多大的声音》的内容安排

这一课的交际要点是“有时候要大声说话，有时候要小声说话”，这一要点所体现的学习目标是“运用适当的音量与人交流”，强调交际时的声音控制要注意不同的场合，要体现对别人的尊重。现把一年级上册四次的交际要点整理如下（见表3-8）。

表 3-8　一年级上册口语交际安排

交际内容	交际要点	能力目标
《我说你做》	大声说，让别人听得见	学习交际常规和习惯
《我们做朋友》	说话的时候，看着对方的眼睛	交往时自然大方
《用多大的声音》	有时候要大声说话，有时候要小声说话	注重社交礼仪
《小兔运南瓜》	大胆说出自己的想法	积极参与讨论

每一课的交际要点都须从小处着眼，体现真实生活中的实际应用性，强化“一课一得”，避免因要求过多而出现“眉毛胡子一把抓，面面俱到”的现象。但也不是说在“有时候要大声说话，有时候要小声说话”这一堂课重点突破后，在后续的学习中不用巩固，而应把交际要点像滚雪球一样在每一次学习中不断累积整合，最终形成综合的交际能力。

2. 凸显交际功能

《课程标准》指出，要培养学生“具有日常口语交际的基本能力”，因此教材内容时时处处凸显交际，如一年级下册四次教材安排（见表3-9）。

表 3-9　一年级下册口语交际安排

交际内容	交际要点
《听故事，讲故事》	听故事的时候，可以借助图画记住故事内容；讲故事的时候，声音要大一点儿，让别人听清楚。
《请你帮个忙》	礼貌用语“请、请问、您、您好、谢谢、不客气”。
《打电话》	给别人打电话，要先说自己是谁，没听清楚时可以请对方重复。
《一起做游戏》	一边说，一边做动作，这样别人更容易明白。

表3-9中提到的四次口语交际从两个方面凸显交际功能：一是内容选择贴近生活交际实际需求，“听讲故事、请人帮忙、打电话、做游戏”都是生活中经常遇到的事情，符合学生的内心需求和交际兴趣，直接指导现实生活问题；二是要点提示具体细致地告诉学生与人交往时该怎么说、怎么做，“声音大一点儿、用上礼貌用语、边说边做动作……”是交际意识、交际礼仪和交际习惯。有了这些，学生才会乐于与人交往，态度自然大方，能尊重理解对方，增强实际交际效果。

3. 体现螺旋上升

统编教材着力于构建口语交际的目标体系，使每一个知识能力点的训练螺旋上升，把交际习惯和交际意识的培养贯穿始终。低年级四册教材按照“表达”“倾听”“应对”三个能力维度从低到高有序安排(见表3-10)。

表3-10　一、二年级口语交际目标体系

年级	表达	倾听	应对
一年级上册	看着别人说；注意声音大小。	注意听别人说话。	
一年级下册	讲故事声音大些；边做动作边说。	边听边借助图画记内容。	用上礼貌用语；请对方重复。
二年级上册	清楚地说；按顺序说。	边听边记住主要信息；认真听，图文对应。	不明白的地方要有礼貌地提问；用商量的语气。
二年级下册	清楚地表达并简单说明理由；主动发表意见；注意说话速度。	认真听，了解别人讲的主要内容。	语气不要太生硬；感兴趣的问题多问一问；等别人说完再说。

“表达”就是“怎么说”的呈现，适切的、有礼貌的、清楚的表达是交际的关键之处；“倾听”是与人交流的前提条件，乐于听，能听懂别人说话的意思，才能与对方更好地交流；“应对”则是在听别人说话过程中对“没听清的、不明白的、感兴趣的”回应，使交际能有效持续下去。表3-10表明，随着年级增高，口语交际各项能力要求逐步提高，对学生表达和思维的要求递增，体现了口语交际目标的系统逻辑和不同年段学生的身心发展与认知发展规律。

二、研读文本内容，把握话题特点

在口语交际目标体系的指导下，编者设计了符合学生身心发展与生活实际的交际话题，并辅以情境图的形式。这些话题形式丰富，有游戏、聊天、看图听讲故事、真实的情景……教师应认真研读，把握文本话题的特点。

1. 关注对象意识

口语交际的内涵之一是“面向一定对象，以完成一定的交际任务为目的”。交际双方在互动时一定要有自己的角色定位，有明确的对象意识。如一年级下册《请你帮个忙》中的话题是“有时候我们需要别人的帮助”。这一话题的核心词语是“求助”，口语交际提供了三幅情境图(见图 3-7)。

图 3-7　口语交际《请你帮个忙》

三幅情景图提供了三个不同的生活场景。在这三个不同的生活场景中，作为学生的“我”需要有角色意识，与叔叔对话时“我”的身份是孩子，与李山对话时“我”的身份是同学，与大姐姐对话时“我”的身份是小弟弟。在请人帮忙的对话过程中，要有对象意识，也就是说你跟不同的人说话，语气、动作和表情等都要符合人物身份，与叔叔说话用上礼貌用语，借水彩笔用委婉的语气……有了对象意识和角色意识，交际活动就具有了生活的实际意义。

2. 体现场合意识

交际是在具体的语境中表现出来的语言与行为，语言与行为得体是判断口语交际成功的标准，因此在口语交际时应有明确的场合意识和时间意识，不同的场合、不同的时间，说话时的声音、动作都是不一样的。

一年级上册《用多大的声音》就是告诉学生口语交际时要关注场合和时间，所以这一内容的学习目标是：

(1)通过情景模拟、联系生活实际，知道不同的场合该用不同的音量说话，学习根据具体情境用合适的音量与他人交流。

(2)初步感受“大声说”和“小声说”的必要性，从中树立初步的场合意识和时间意识，学习文明交往，并愿意在日常生活中努力做到。

按照这一目标，我们在进行“什么时候要大声说话，什么时候要小声说话”这一话题交流的时候，首先就要讨论情境图中提示的是什么时间和场合，进而明白：图书馆里他人正在静静阅读的时候我们应小声说话；办公室里老师们都在专注工作的时候我们要小声说话；教室里给大家讲故事的时候要大声。从而让学生明白“小声说话是为了不打扰别人，大声说话是为了让大家都听到”的交际规则与社交礼仪。

3. 凸显问题意识

在有对象意识、场合意识的基础上，二年级的交际活动侧重训练学生如何“说清楚”、如何“听明白”，在交流中体现问题意识。《有趣的动物》引导学生做到说话的时候“吐字要清楚”“不明白的地方要有礼貌地提问”；《做手工》引导学生在讲述制作过程时要“按照顺序说”，听的时候要“记住主要信息”；《商量》引导学生用商量的语气，把自己的想法说清楚，学会文明礼貌地与人商量问题，解决生活中的实际问题；《看图讲故事》要求按顺序讲故事，认真听，知道别人讲的是哪幅图的内容；《长大以后做什么》要求清楚地表达想法，简单说明理由，对感兴趣的内容多问问；《推荐一部动画片》要求注意说话的速度，让别人听清楚，认真听别人讲的内容，不清楚可以再问问。

这些内容都是属于“对话类”话题，包括“交流讨论”和“生活应用”两大类。学习重点目标指向“应对能力和生活交往能力” 的培养，强调“讲”的时候把重点问题说清楚，“听”的时候学会提取主要信息，并能对不明白的内容进行提问或者围绕关键问题有针对性地发表自己的看法，提高口语交际活动的实效性，实践《课程标准》提出的“基于学生的实际需求”与“满足学生的发展要求”两个基础点。

三、立足真实情境，寻求交际策略

《课程标准》指出："教学活动主要应在具体的交际情境中进行，不宜采用大量讲授口语交际原则、要领的方式。应努力选择贴近生活的话题，采用灵活的形式组织教学。"由此可见情境设置是交际之本，情境适切是判断口语交际成功的基础。教师要结合教材特点，精心创设真实的交际情境，激发学生的交际动机，感受交际成就感与自信心。

1. 用好文本提供的模拟情境，发挥示范作用

统编教材对于交际技能目标进行系统设计、统筹安排。那么这些交际习惯、方法该如何让学生获知并进而运用呢？教材文本提供的情境图是典型的指路之手，我们可以充分运用师生合作、生生合作和微视频等形式，让学生在观察与讨论中发现交际方法与习惯，从而充分发挥情境图的示范作用。

一年级下册《请你帮个忙》的交际话题"在生活中，每个人都会遇到各种各样的困难，有时候需要别人的帮助，我们应该怎样有礼貌地向别人求助呢"，三幅情境图的内容分别为"问路""借东西""帮忙捡球"。请看设计案例：

(1)师生合作，情境表演"问路"，学习求助方法。

①教师提问："同学们都学会了有礼貌地打招呼，要是遇到了困难，该怎么请别人帮忙呢？有个小朋友遇到困难了，看看情境图，说说他遇到什么困难了？他是怎么请叔叔帮忙的？"

②教师引导："你们觉得他这样求助能成功吗？说说你的理由。"

预设一：很有礼貌(出示"请问、叔叔、您好"这几个词语)。

预设二：说清困难(把问题"书店在哪里"说清楚了)。

③师生互动表演。老师演叔叔，请一个学生演求助的小男孩。其他学生边看边思考情境表演中有没有做到上面的这两点要求。

④根据求助方法评议哪里演得好，有没有不足的地方。

(2)生生合作，情境表演 "借水彩笔""帮忙捡球"。

①教师提问："看看情境图，说说这个小朋友又遇到什么困难了，他是怎

么求助的呢?”

②回顾求助方法。

③同桌选择一个情境演一演,注意用上礼貌用语。

④请两对学生上台演,根据“求助方法”评议。

2.联系自身经历的生活情境,强调全员参与

口语交际课程内容情境图来源于生活,但是毕竟与学生真实的生活有一定距离与区别。因此教师要联系实际生活现象和口语交际训练要求,精心设计生活“交际场”,使交际活动具有实际意义的支撑。学生在生活化的“交际场”中产生身临其境、似曾相识的感觉,引发内心的真情实感和交际需求,使课堂中的交际活动成为学生日常生活的需要,从而积极主动地参与交际,在对话交流中逐步形成良好的语言习惯和交际态度。

一年级下册第七单元口语交际《一起做游戏》一课,教材中配有两幅图:一是两个小朋友在玩“贴鼻子”,二是两个小女孩的对话。教材下方提示了本次口语交际的表达方法:一边说,一边做动作,这样别人更容易明白。本次编排打破了单纯的独白式讲解游戏规则的常规做法,互动的意味更加凸显。有位教师的最后一个环节是这样教学的:

师:“同学们,现在我们要举行一个游戏邀请活动。看,这是老师拍下的你们课间活动的视频:老鹰捉小鸡、撕名牌、指压板跳绳、萝卜蹲。你们经常玩哪个游戏呢?”

师:“你想邀请谁玩哪个游戏呢?先准备一下,要想别人觉得你的游戏最有趣,就要介绍一下这个游戏的规则,如果一边介绍一边做动作就更棒了。听的同学有不明白的一定要问清楚哦。看谁能获得‘游戏小专家’的称号。”

出示“游戏小专家”评价标准:

(1)热情邀请,说话有礼貌。☆

(2)有条理地把游戏规则说清楚。☆

(3)一边介绍,一边做动作。☆

(4)能按照规则玩游戏。☆

学生练习,教师随机指导。

学生邀请同伴做游戏，互动评价。

师小结："同学们，下次做游戏的时候也要像今天这样热情地邀请同学参加，同时记得有条理地介绍游戏规则。别忘了，合适的动作也能给你加分哦！"

面对日常生活中经常玩的游戏，学生兴奋极了，说起来头头是道。师生之间、生生之间就像日常生活那样互为交流对象，构成不同的交际关系。这样通过不同路径多角度的练习，切实锻炼和发展了学生的单向表达能力与应答能力。

3. 拓宽实际需求的应用情境，实现整合提升

口语交际课程内容的指向之一是满足学生的发展要求，使学生在实际生活中具有良好的交际意识与能力。因此在课堂教学中，教师应适当拓宽实际需求的应用情境，让学生在刚习得的方法基础上得到适当地整合与提升。

以一年级下册《请你帮个忙》为例，本课三幅情境图的内容分别为"问路""借东西""帮忙捡球"，旨在帮助学生认识到"遇到困难时如何有礼貌地向别人求助"。按照普遍性思维，学生在困难面前的求助都是成功的，但在实际生活中常常会发生求助不成功的现象，学生往往会产生无奈、退缩的心理。针对这一情况，有位老师设置了这样的教学环节：

场景：小林想去竹屿社区参加暑假社会实践活动，但是不知道怎么走。他应该怎么办呢？

师生合作，教师扮演一位阿姨。

生："阿姨，您好！"

师："小朋友好，你有什么事吗？"

生："阿姨，您知道竹屿社区怎么走吗？"

师："竹屿社区呀，我还真不知道怎么走。"

（学生一怔，不知道怎么接话，老师请学生补充发言）

生："哦，您也不知道呀。"

生："（转身就走）那怎么办呢？"

生："谢谢阿姨，我到前面去问问。"

（学生讨论：哪种说法更合情合理？）

上述片段教学，教师引导讨论了生活中“求助时被拒绝”的场景，充分激发学生用原有的生活经验进行应对的能力，然后在智慧碰撞中获取灵活的交际技能，培养其在不同情况下都应具有的礼貌待人与适切的应对能力，实现技能的整合与提升。

总之，在口语交际课中教师应充分运用统编教材的编排特点，在真实有意义的生活情境中把交际任务具体落实到每个学生身上，切实做到目标明确、机会均衡、和谐交流。为了避免交际技能训练的乏味单调，组织形式可不拘一格，同伴互动、师生互动、群体互动、人景互动多方位组合，“在立脚点求平等，于出头处求自由”，一课一得，逐步提高学生对话表达的规范性、流畅性与敏锐性，让学生从中享受交际的自信与乐趣，培养良好的语言交际综合能力和素养。

参考文献

[1] 曹爱卫. 低年级语文这样教[M].上海：上海教育出版社，2018.

[2] 中华人民共和国教育部.义务教育语文课程标准(2011 年版)[M].北京：北京师范大学出版社，2012.

（作者单位：岱山县教育发展研究中心）

“超级演说家”助力高段学生口语交际的探索

王倩燕

网络的快速发展能够带给人们海量的信息，人们可以足不出户，甚至不用说话就可以知道世界上正在发生的事。可是，人们逐渐形成了一种被动接收信息的习惯，这样虽然带来了极大的便捷，但是人们面临的“失语”危机也越来越严重。江苏卫视《超级演说家》这档节目正是看到了这种现状，使话语的力量在节目里发挥得淋漓尽致，让人们看到语言的重要性，意识到不能只是被动接收信息，从而激发了人们表达的欲望。在节目中，无论是导师，还是选手，都有其独特的语言表达方法，充分体现出了其文化内涵及思想修养，尤其是有声语言中还体现出轻重缓急、抑扬顿挫、节奏舒缓等风格特点。《超级演说家》节目定位独特，制作精良，而且明星导师阵容强大，不断向观众传播正能量，由此使得其逐步成为语言类节目中的一枝独秀，也在国内掀起了一场“全民演讲”的热潮。

生活中处处都有语文学习的资源。通过《超级演说家》节目的成功，语文教师应当思考该培养学生具备怎样的素养。如果学生能在课堂上练就过硬的听说读写的能力，以后不管去哪里，他们都是有个人魅力、受人欢迎的人。

一、高段学生口语交际教学的现状透视

语文教学的首要任务是培养学生正确地理解和运用语言文字的能力，必须让学生具备听、说、读、写的能力。听、说、读、写这四者之间是互为联系的，其中“说”是一种最主要的语文实践能力，是人们交流思想、传播信息的主要形式，古人云：“一人之辩，重于九鼎之宝；三寸之舌，强于百万之师。”可是，到

了高年级,课堂上学生噤若寒蝉,很少有学生敢于发表自己的见解,生怕说得不对受人嘲笑,被老师批评。即使有学生站起来回答问题,也是惜字如金,毫无条理,很少有学生能侃侃而谈。学生们在"说"方面的能力令人担忧。为什么会出现这样的局面呢?

1. 教材编排不严谨

提高高段学生的口语交际能力并非一蹴而就的事情,需要依靠日积月累,依靠教材中听说训练的内容安排。翻看一下语文教材,你会发现高年级语文教材中没有明确的有关听说能力训练的目标和体系,可想而知,其训练也就很难落实了。而且,每学期的语文教学只安排了三次听说训练,训练的量不足,其训练的力度、强度是远远不能达到要求的。最重要的是高年级听说训练的内容大都滞后、空洞,无法引起学生口语表达的兴趣。

2. 教师思想不重视

高年级的语文评价以书面检测为主,一般对口语交际能力的测试采取可有可无的态度,教师对口语交际教学不够重视,使口语交际教学成了可有可无的部分。对于高段的口语交际课,一线教师还是有诸多疑惑的,不知怎么上。各级各类的观摩、展示课,大都是阅读教学,其次为作文教学,很少有口语交际课,更无高段口语交际课。这就造成许多教师认为口语交际训练可上可不上、不知如何上的尴尬局面。

3. 课堂训练不扎实

课堂教学是学生学习语言的主阵地。然而长期以来,语文课堂一般只重读写,而忽视听说。学生的口语交际能力训练往往局限于回答老师的提问,很少有互动的口语实践。审视课堂,学生要么夸夸其谈,课堂热闹非凡——只顾自己"说",而没有认真"听";要么信奉沉默是金,如一潭死水——只想静静"听",不想开口"说"。

二、高段学生口语交际教学的改革探索

现代社会交际活动空前广泛、活跃和频繁,作为语文素养的基本组成部

分,口语交际能力日益重要。《义务教育语文课程标准(2011 年版)》也指出:“口语交际能力是现代公民的必备能力。应培养学生倾听、表达和应对的能力,使学生具有文明和谐地进行人际交流的素养。”如何落实这一要求,提高高段学生的口语交际能力呢?我们把“超级演说家”引入课堂,在班级中进行一分钟演讲活动,受到了学生和家长的欢迎。

1. 共同讨论,确定主题

“没有规矩,不成方圆。”我们将“超级演说家”一分钟演讲纳入整个学期的语文教学体系之中,一天一节语文课前由一名学生演讲,演讲成绩满分为 5 分。演讲结束后,请学生进行点评并打分。每个学生一学期至少有一两次的演讲机会,取最高的一次演讲成绩记入期末的口试成绩之中。

在借鉴他人的先进做法的基础上,我们的演讲主题参照语文教材中每一单元的主题确定,比如:五年级上册第一单元的主题为“我爱阅读”,演讲的主题就是“我的阅读故事”;五年级上册第五单元的主题为“我爱汉字”,演讲的主题就是“我最喜欢的一个汉字”;五年级下册第二单元的主题为“童年趣事”,演讲的主题则定为“难忘的童年”;五年级下册第四单元的主题为“身边的感动”,演讲的主题就定为“这就是课堂”……

当然,我们的演讲主题也不是一成不变的,会根据学生的学习、生活的实际情况而灵活变化。例如,班上有一名学生因为热衷于打网络游戏成绩一落千丈,家长很是担忧,就此事我们开展了“网络是有益还是有害”的辩论;衢山一位普通的清洁工在菜场附近捡到了装有 17 万元左右巨款的手提包,她主动上交给民警归还了失主,此事在微信上传播得很快,于是,我们就此事抛出一个话题“身边的感动”,引导学生围绕这个主题发表自己的看法;学习了描写春天美景的诗词,班级就开展了“唐诗宋词鉴赏”为主题的演讲;结合“语文园地”推荐的书目,学生看后都觉得十分有意思,围绕这篇经典文章,我们组织了学生就它的写作特色、主题思想和精彩片段等进行了简短的赏析。

2. 树立典型,悉心指导

“超级演说家”对学生来说是新鲜事物,如何演讲是困扰学生的实际问题,因此,教师必须面向全体学生进行有针对性的指导,确保每一位学生都做

到心中有数。

接着,我们及时树立典型,请班上几名口头表达能力较强的学生结合确定的主题事先准备,在同学面前一展身手。精彩的"试点"演讲引起了学生的极大兴趣,迎着学生兴奋的眼神,教师开始演讲指导,从开场方式、语言表达到语气语调、站姿气质等方面进行细致讲解。

有了学生的典型示范和教师的言传身教,每一次演讲都有了正确的方向指引,学生的积极性被调动起来了。他们很快掌握了其中的诀窍,不管是演讲者,还是点评者都渐入佳境,每节语文课总有不一样的惊喜。

3. 持之以恒,时间保障

任何事情要想取得一定的成效都得坚持不懈。为了确保"超级演说家"既发挥学生的主体性,调动他们的积极性,又不放任自流,任由学生随意地"演讲",让演讲流于形式,我们将之前制定的"超级演说家"一分钟演讲的规章、程序等"公告天下",和学生约法三章,每个学期的"超级演说家"都有明确的计划,我们必须严格按照既定的目标实行,每周五放学前公布演讲主题,指定一排 5 名学生提前搜集材料自行准备,然后每天一节语文课上由一名学生根据既定主题进行演讲。一学期中,每位学生一般有两次机会进行班内演讲。

"超级演说家"一定得坚持连续性原则,不能时断时续,更不能长时间中断,不然学生思想上不重视,就达不到预期的训练效果。实践证明,只有持之以恒,并有固定的时间保障,"超级演说家"才能锻炼学生的胆量、口才,发现和点燃学生进步思想的火花,激发和培养学生热爱学习、热爱生活的意识。

4. 互动评议,激励表扬

在组织学生在一分钟演讲过程中教师注重抓住典型,及时给予激励是非常重要的一环。任何人都希望自己被关注、被肯定,尤其是部分学困生,他们没有骄人的成绩,更渴望通过自己的努力能让老师和同学们看到自己最好的一面。这时,教师更应该尊重学生的个性、基础和发展等差异,在给予均等机会的基础上,及时肯定与表扬,让他们也体验成功的喜悦,不断增强上台演讲的勇气和努力学习的信心。

后来,我们又把娱乐节目《我是歌手》中的机制也引入"超级演说家"中,一人演讲,剩下的我和38名学生就是“大众听审”。“大众听审”负责在选手演讲之后打分,点评时要有理有据。这充分体现了语文课堂要“以学生为本”的思想,“评审们”都以无比的热情投入到互评的环节中。他们先亮出自己给选手的打分,然后围绕站姿表情、肢体语言、语气语调、演讲内容、语言表达等方面进行点评。点评以激励表扬为主,肯定优点,委婉地指出不足之处。例如,有学生点评一位平时学习成绩较差学生的演讲时这样说:“我给小沈打4.5分,他围绕‘远方’这个主题搜集了资料,准备得比较充分。演讲层次清晰,先用排比句引出了主题,接着用一个小小的事例说明远方亲人对家乡的思念,最后又用诗句结尾。如果他的声音再抑扬顿挫一些,眼神自然一点儿,表达再流畅一点,就可以得满分了……”

老师、同学们的肯定与鼓励犹如一剂兴奋剂,激活了学生语言的火花,提高了每一位学生的参与热情,确保“超级演说家”活动得到推广和普及。同时,在互相评议的过程中,学生们取长补短,不知不觉中也促进了自己鉴赏、演讲水平的提高。

5. 珍惜收藏,展示成果

“超级演说家”看似简单,其中却倾注了学生们极大的心血和热情。演讲结束后,如果简单地将演讲稿随手一扔十分可惜,所以,应该用一个合适的方式、渠道,展示一分钟演讲的成果,不断激发学生演讲的热情,激发他们说话的潜能,为提高写作水平打好扎实的基础。

于是,我引导学生们及时整理演讲稿。有的学生将演讲内容认真誊写在彩色信纸上,把它们装订成册,放在班级图书角中供学生们相互传阅。有的学生利用信息技术或者课余时间将精心准备的演讲稿打印成文字,还配以精美的图片,一张张美轮美奂的演讲稿贴在教室后面的软木墙上,吸引了老师和同学驻足欣赏。对于有些特别优秀的演讲稿,我鼓励学生向校红领巾广播、岱山读书网和校外杂志社等投稿,让学生体验到“有努力就有收获”的喜悦。学期结束,我适时将每个学生的优秀演讲稿汇编成册,让他们再次回味那些精彩瞬间。

学生语言表达能力有一定层次的提高时,我们还及时把“超级演说家”活

动向高层次拓展。例如定期举办班级演讲比赛;选拔演讲佼佼者参加全校、县级的演讲比赛等,给演讲佼佼者们提供更广阔的舞台,让他们在活动中发光、发热,各方面的能力不断得到锻炼。

三、高段学生口语交际教学的改革成效

"超级演说家"活动使学生们受益无穷。它拓展了学生学习语文的视野,调动了他们学习语文的主动性和积极性,开辟了语文学习的新途径。它激活了语文课堂,使语文课堂焕发出生命的活力,使学生如鱼得水,学得更多,学得更好,学得更活。

1. 搜集有意题材,提高信息处理能力

"超级演说家"活动看似简单,但"麻雀虽小,五脏俱全",学生为了把握这次展现自我的机会,把一个故事、一次感悟或者一件事情等准确完整地表达出来,需要经历搜集题材、处理信息、撰写文章、熟记在心等一系列的过程。

其中,如何从茫茫信息题库中搜集有意义的题材是演讲活动成败的关键。身处信息时代,学生获取信息的途径是多元的,但如果只是一味地照本宣科就失去了思考的价值。在"超级演说家"活动中,教师应有意识地引导学生关注书本、关注生活、关注微信微博等,从中获取更新、更好的演讲题材,并结合演讲主题应有选择性地处理搜集到的信息。经过几次实践后,学生们渐渐提高了搜集、处理信息的能力,他们把在反复朗读、背诵中积累的名言警句、成语谚语等灵活地应用到演讲之中,极富感染力;将现实生活中活生生的事例引入到演讲之中,发人深省;用自己的事例现身说法,颇具创意……

2. 学会留心观察,锻炼思考分析能力

"生活处处皆学问",只要细心观察,一定能从生活中获取创作的灵感。"超级演说家"活动开展过程中要有意识地指导学生留心观察,养成随时随地观察、收集、分析、总结所见所闻的习惯,这样才能搜集到有意义的题材,使演讲在众多同主题的演讲中独树一帜,得到别人由衷的夸赞。同时,这也锻炼了学生观察问题、思考问题和分析问题的能力。

演讲实践的机会多了，学生锻炼的机会也多了，“镜子越擦越亮，脑子越用越灵”，学生们不但学会了留心观察，善于从平常小事中发现哲理，而且谈风土人情、谈社会、谈理想、谈志趣、讲故事、说笑话以及地名、成语故事的来源等都颇有自己的见解。演讲活动不仅开阔了学生的眼界，丰富了他们的业余生活，还锻炼了他们观察问题和思考问题的能力，可谓是一举多得。

3. 丰富语言积累，拓宽语文视野

每一次的演讲机会，学生们都分外珍惜，自公布一周的演讲主题起，一排的 5 个学生就开始积极行动起来。他们为了那一分钟的精彩亮相，需要创作出好的演讲稿。为此，他们常常得找到自己最满意、最欣赏、同时又最精彩的名言警句、名人轶事、优美诗句或经典论据。这些资料从哪里来？教师引导学生从课本中收集、积累的好词佳句，以及在生活中学到的生动活泼的语言，如俗语、谚语、歇后语、顺口溜等，学生听到后尽可能及时记下来，并分类整理。

鲁迅先生曾说：“大可以看各样的书，这样正像蜜蜂一样，采过许多花，才能酿出蜜来，倘若叮在一处，所得就非常有限，枯燥了。”同样的道理，只是从课本中积累语言也是远远不够的，“书中自有颜如玉，书中自有黄金屋”，聪明的学生从课外书籍中寻找创作的灵感，他们平时阅读书籍、报刊甚至看电视广告，随时留心各种好的语言，随手摘录，随时整理……学生们快乐地阅读着，有目标、有选择地阅读，享受着阅读的乐趣。不知不觉，他们的语言积累丰富了，知识面也拓宽了。

“问渠那得清如许？为有源头活水来”，有了这些鲜活的语言积累，再加上教师、同伴的不断鼓励以及一周一更换的演讲话题，一个学期下来，几个循环，学生积累的材料比原来的摘抄还要多。学生普遍感到演讲切切实实地培养了自己对阅读的兴趣，开阔了视野，拓宽了知识面。

4. 善于布局谋篇，提高写作能力

以前，班上有的学生一拿到作文题目就分外头疼，他们不善于审题、选材，更不善于布局谋篇。增设“超级演说家”活动，也是想借演讲活动消除这一顽疾，实现多种形式的听说训练，达到以说促写的目的。

拿到演讲主题之后，例如“心愿”主题的演讲，学生就会思考“我在演讲中

该表达什么内容；说清楚我的心愿是什么，为什么会有这样的心愿，为实现这个心愿，我应该怎么做……”，他们还会思考如何在开头吸引听众的注意，如何做到过渡浑然天成，如何显得结尾与众不同……一个人想清楚了，说起话来就会流畅自如、有条不紊，把想说的话经过加工写下来，就是一篇中心突出、内容具体生动的文章。经过这样一轮又一轮的训练，大部分学生已经克服了畏惧的心理，拿到作文题目会静心思考，合理地布局谋篇，写作水平有了大幅度的提高，这样的变化令人欣喜万分。

实践证明，“超级演说家”以它独有的形式，仅用每堂课前的一分钟时间强化了学生的听说训练。这一途径能完善学生的语文知识结构，提高学生的口头表达能力和读写能力，培养学生良好的语文素质。它融听、说、读、写为一体，对学生进行多层级的语言训练，产生了一举多得的育人效应。

“超级演说家”所点燃的学生兴趣之火能否燎原，是高段口语交际教学过程中的一项重要探索内容。它同其他实践活动一样，也是有待于进一步开发应用的领域。教学千古事，得失寸心知，我将在新课程改革的实践活动中，不断地努力探索。

参考文献

[1] 罗六勇.口语交际教学的策略[J].现代中小学教育，2009(5)：75-76.

[2] 刘均余，赵静.语文教学中学生口语交际能力的培养[J].新课程研究(基础教育)，2008(4)：56-57.

（作者单位：岱山衢山镇敬业小学）

第四编

学习方式方法

小学语文项目化学习的分类设计与实施方法

庄宇行

《义务教育语文课程标准（2011 年版）》指出，语言文字的运用包括生活、工作和学习中的听说读写活动以及文学活动，存在于人类生活的各个领域。那么，语文作为最基础的课程，怎样做到将在学校习得的语文素养与社会生活化进行无缝对接，让语文的学科素养成为学生离开学校时带得走的东西呢？教师又应该如何引导学生学会学习，提升学生解决问题的能力及创新实践能力？项目化的学习方式为解决这些问题提供了可能性。

一、什么是项目化学习

项目化学习（Project-Based Learning，简称 PBL），是近年来国外兴起的一种基于建构主义学习理论的新型模式。项目化学习是一种以学生为中心设计执行项目的教学和学习方法，从而提升学生的学习效果。在一定的时间内，学生选择、计划、提出一个项目构思，通过展示等多种形式解决实际问题。项目化学习的目标是通过与现实相结合的实践方式使学生更有效率地掌握学科知识，并在此过程中培养学生的社会情感技能。

项目化学习呈现出与传统学习方式不一样的特征：一是问题的真实性，二是知识的综合性，三是过程的探究性，四是同伴的协同性，五是结果表达的多样性。一个完整的项目化学习过程大致包括项目规划、项目实施、成果展示、项目评价四个阶段。

二、为什么进行项目化学习

同一个内容，“怎么学”会对儿童产生极大的影响，不仅影响儿童学习的动机、情绪和学习成效，也影响儿童内隐的心智习惯，而这些心智习惯会决定儿童后续的学习行为和选择。

项目化学习是一种深度的探究活动，注重的是学习方式的变化与整合。和传统式学习方法相比，项目化学习能有效提高学生实际思考和解决问题的能力，旨在促进儿童执行能力和功能的发展，促进儿童全身心的、合作性的问题解决及创造性与批判性思维的发展，为学生成为积极、主动、灵活的学习者奠基。

三、小学语文项目化学习的分类设计与实施

王宁教授在《语文核心素养与语文课程的特质》一文中提出，语文课程是一门按照汉字和汉语的特点，通过学生在真实的母语运用情境中自主的语言实践活动，培养他们内在的言语经验和言语品质；同时使他们得到思维方法并培养思维品质，养成基于正确价值观的审美情趣和文化感受能力的综合性、实践性课程。《义务教育语文课程标准(2011 年版)》也明确指出，“学生是学习的主体。要积极倡导自主、合作、探究的学习方式”。在以“学为中心”的课堂教学改革中，怎样更好地把学生由被动的接受者转变为“学习和发展的主体”，转变学习方式是关键。而项目化学习的实践性、自主性、探究性、合作性等特点形象地契合了“学为中心”的学习方式。语文学习中运用项目化学习，主要是让学生在学习中围绕某一个具体的学习项目，在综合运用所学语文知识和技能的基础上进行项目的精心设计，从而在实践体验、内化吸收、探索创新中获得较为完整而具体的知识学习方法，形成并提高学生的语文素养。结合平时的教学观察与实践，笔者提炼了项目化学习在学生语文学习中的几方面运用。

1. 基于文体特点的项目化学习设计与实施

文体指的是独立成篇的文章的体裁，是一种独特的文化现象。每一种文体都有其独特的功能和不可替代的审美效应。阅读不同文体的文本应该采取不同的阅读姿态和方式，特别是对小学语文教材中一些比较特殊的文体，不妨运用项目化学习的方式，这样既能增强学生学习的兴趣，又能让学生在实践性、开放性、体验性的学习过程中品味语言，享受语文学习的乐趣。

《半截蜡烛》是人教版五年级下册教材中一篇略读课文，是由故事改编的短小剧本，反映的是发生在第二次世界大战期间法国某城市的故事。女主人公伯诺德夫人的家是反法西斯组织的一个联络点，为安全起见，她把一份秘密文件藏在半截蜡烛里。在蜡烛被前来例行检查的德国鬼子点燃的危急关头，为保住蜡烛里的秘密，伯诺德夫人和她的儿子杰克、女儿杰奎琳用自己的智慧和勇敢与敌人展开了惊心动魄的斗争。这是学生在小学第一次接触剧本这一种文学样式。浙江省特级教师、平湖市百花小学校长华伟中执教这一课，一改传统的学习方式，大胆采用项目化学习，充分体现了剧本这一文学样式的特点。首先，老师通过和学生聊喜欢的电影入手，自然而然地引入剧本学习，初读剧本后引导学生列出三个小标题："油灯换蜡烛""抱柴端蜡烛""装睡拿蜡烛"。用小标题的形式了解剧本的主要内容，也为后续的项目化学习做了充分的铺垫。随后，老师充分信任儿童天生的学习能力，在小组合作讨论确定学习内容的过程中，巧妙地把课文转化成几个有挑战性的学习项目：一是电影表演"伯诺德夫人用油灯换蜡烛"；二是广播剧表演"杰克抱柴端蜡烛"；三是电影海报设计"杰奎琳装睡拿蜡烛"。学生以小组合作形式认领一项学习任务，由组长分配成员表演、设计任务。就从文体特点来看，演电影、做广播剧、设计海报这样的学习项目非常自然地符合剧本这一文体特点，让学生形象地感受了剧本学习的乐趣。而且每一个项目包含的学习核心内容不再是单一的知识点，而是"语言理解运用、思维外化表达、审美发现鉴赏"等集成的一个知识群，学生学习的不仅仅是一篇课文，而是一个课程的系列，为学生进行外在知识与已有经验之间的转化提供了广阔的空间，更为学生的记忆、理解、关联能力以及系统化的思维与架构能力的发展提供了帮助。这样的项目化学习设计值得一线老师去学习、去实践。

2. 基于单元主题的项目化学习设计与实施

当前四至六年级使用的人教版语文教材主要以人文主题编排单元为主，教学中以主题为基点，挖掘相关教学资源开展主题学习，有助于培养学生综合运用语文知识的能力。叶澜教授在 2001 年的《新基础教育理论》中就提出："在新课程的内容上，提倡按照学习领域、主题等来划分，密切教科书与学生生活、社会、科技的联系，让新课程服务于学生发展"。因此，在语文学习中，教师应结合教材中的单元主题，通过资源的整合以及学科的有机融合，变单篇课文学习为单元文本整合的项目化学习，充分体现语文学习的综合性、实践性，丰富语文学习的形式，注重语文学习与生活的结合，以促进学生语文素养的整体推进与协调发展。

人教版六年级上册第五单元的主题为"走近鲁迅"，学生随着课文的学习认识、了解鲁迅，阅读鲁迅的相关作品，感受鲁迅高大的人物形象，并继续学习描写人物的一些基本方法。教材围绕这一单元主题安排了《少年闰土》《我的伯父鲁迅先生》《一面》《有的人》四篇文章。由此，在本单元的语文学习中，我们带领学生开展了以"鲁迅印象"为主题的项目化学习活动，构建阅读任务，以任务驱动的学习方式推动学生对鲁迅的了解，阅读鲁迅的作品，为今后进一步学习他的文学作品做好铺垫。在接下来的一周时间里，我们主要按以下几个步骤实施项目化学习活动。

首先，在确定了核心主题之后，我们依据本次项目学习的成果和作品将这一个核心主题分解成若干个小主题，明确主题任务，依据主题任务结合文本设置适合学生学情的驱动任务（问题）。教师在具体的阅读指导过程中把这个任务（问题）分解成若干个可以具体操作执行的小问题。通过任务的分解，阅读活动被具体化、生动化。这样，对于小学生而言，有几点好处：学习活动目标会更加明确；操作性更强；可以增进选择不同小主题的学习小组间的互动交流。通过分析单元目标和学习重点，教师确定将"鲁迅印象——我心中的鲁迅"这一驱动问题分解成"看作品识鲁迅""听亲人说鲁迅""读朋友写鲁迅"三个子主题。

其次，根据分解好的子主题我们确定了子主题的阅读书目（见表 4-1），以帮助学生能围绕主题展开阅读，厘清人物、事件关系等。

表 4-1　子主题的阅读目录

<table>
<tr><th>主题</th><th>子主题</th><th>阅读篇目</th></tr>
<tr><td rowspan="3">鲁迅印象</td><td>看作品识鲁迅</td><td>《少年闰土》《孔乙己》《藤野先生》</td></tr>
<tr><td>听亲人说鲁迅</td><td>《我的伯父鲁迅先生》《周海婴眼中的鲁迅与许广平》《从百草园到三味书屋》</td></tr>
<tr><td>读朋友写鲁迅</td><td>《一面》《有的人》《同志的信任》</td></tr>
</table>

做好以上准备工作之后，学生以四人小组为合作单位，每组认领一个子主题，并接收具体的学习任务。任务分成两个部分：第一部分是公布项目学习的核心驱动问题“你眼中的鲁迅是什么样的人”；第二部分是小组内依据核心驱动问题的任务要求，根据自己小组的选题展开讨论，从而选择适合本组成员可完成的具体的小任务，准备最终要展示的项目成果与作品（见表 4-2）。各小组成员选好他们组内的项目成果和作品表现形式之后就不能随意更改。这样做的目的是小组成员在选择自己组内任务时，需要考虑组内成员的情况，量力而行，并能有效促进他们认真完成此次项目学习。

表 4-2　“鲁迅印象”活动任务

<table>
<tr><th>主题</th><th>子主题</th><th>学生项目研究过程</th><th>项目成果与作品</th></tr>
<tr><td rowspan="3">鲁迅印象</td><td>看作品识鲁迅</td><td rowspan="3">①组内成员对驱动问题进行分析。
②查找并阅读教师提供的资料。
③整理组内成员的看法并形成论据。
④得出结论。</td><td rowspan="3">各小组任选其中三项任务：
①结合小组主题讲故事。
②仿写一篇文章。
③续写《少年闰土》。
④介绍和鲁迅相关的一部作品。
⑤主题演讲“我心中的鲁迅”（必选）。</td></tr>
<tr><td>听亲人说鲁迅</td></tr>
<tr><td>读朋友写鲁迅</td></tr>
</table>

最后，交流汇报的过程也就是项目成果展示的过程。在交流活动中，教师要注重“教师、学生、文本、教育（硬、软）技术、资源”的相互作用，在项目学习过程中产生互动，使学生在主动参与过程中产生积极变化。

随着学生对文本一系列的解构与建构，他们对文本的认知不再停留在文字表面，而会带着自己对生活的认知和理解，形成极具个性化的阅读理解。学生在阅读过程中会关注人物命运和事件发展，会关注作者的写作手法和表达技巧，更会带着自己对世界的初识来评析、理解作者的表达意图。在这个过程中，学生不断地“内化”文本上的知识，既能学习语文基础知识，又能掌握语文基本技能。项目学习的最终成果和作品则是一个“外显”的活动。这样的“内”“外”交替才会有效地提升学生的语文素养，使学生的综合能力得以发展。

3. 基于语文实践活动的项目化学习设计与实施

《义务教育语文课程标准(2011 年版)》提出，“要努力建设开放而有活力的语文课程，拓宽语文学习和运用的领域”。语文实践活动的开发与实施使得课程教学变得轻松愉悦，学生的学习积极性被有效调动。如何开展好这门课程，课程资源的开发与利用、学习活动的有效开展显得尤为关键。通过开发丰富的语文实践活动资源，设计系统化、项目化的学习内容并有序实施，能进一步促进学生质疑、调查、探究、在实践中学习的意识，培养学生的信息提取能力、获取新知识的能力、分析和解决问题的能力、交流与合作的能力。

不少一线教师在开发语文实践活动的过程中已经有意识地开始运用项目化学习实施，并在实施过程中不断改进、完善，将一个个活动的项目做成了一个个微型课程，形成了课程群。如笔者在组织学生开展“轻叩诗歌大门”语文实践活动中设计了“班级诗词大会”“我是小诗人”“小小诗集出版社”三个学习项目，引导学生通过整合阅读材料、搜集相关诗歌资料，开展读诗、写诗学习活动。学习中，每一个项目的学习并不是一两节课就能完成，而是需要几节课的有序推进，最终呈现项目学习成果，形成诗歌学习的课程群。这样的课程群引领着学生走进诗的国度，感受诗词魅力，激发学生学习诗歌的兴趣，也培养了学生合作学习的意识，锻炼了学生自主开展活动的能力。

又如在开发“我与节气有个约会”的实践活动中，项目学习开始前，老师先组织学生进行了详细的调查。调查根据针对性和时效性，对二十四节气这

个大主题进行了又一轮分解。学生根据自己收集的资料和感兴趣的内容发表自己的看法，最后决定从与二十四节气相关的建筑、餐饮、植物、诗词、游戏、音乐制作等方面进行探究和创作（见表 4-3）。

表 4-3　二十四节气分组情况

序号	小组名称	组长	项目小主题
1	建筑组	李＊＊	探究二十四节气与建筑的关系
2	美食组	张＊＊	调查二十四节气与餐饮的关系
3	自然组	唐＊＊	探究二十四节气中的植物生长
4	诗词组	姜＊＊	搜集与二十四节气有关的诗词
5	音乐制作组	林＊＊	创作二十四节气的音乐
6	闪耀组	赵＊＊	创编二十四节气的游戏

从上表中可以看出，这一项目化学习已经不再局限于语文学科领域的实践活动，它融合了科学、音乐和体育等学科元素。作为一门跨学科的项目课程，它重视体现个人、自然和社会的内在整合，以一种开放性的思想充分调动每一种课程资源的积极因素，做到三个超越：超越课堂界限，把教育从课堂延伸到课外，关注课堂之外的元素对学生学习的影响；超越学科界限，要求教师对所学专业融会贯通且具备跨学科能力，以此满足提升学生综合素养的需求；超越自我界限，以学生为本，努力关注每一个孩子的个性成长，使课程的实施具有更大的空间，使学生收获更多的喜悦。

语文是一门综合性很强的实践课程。其实，项目化学习在语文学习中的运用还体现在其他诸如课外阅读、口语交际和习作等领域。当语文遇上项目化学习，学生在变，由他主学习转变为自主学习，地位变了；由个体学习转变为合作学习，角色变了；由接受学习转变为探究学习，方式变了；由被动参与转变为积极踊跃，情绪变了；由循规蹈矩转变为天马行空，思维在变。当语文遇上项目化学习，更需要教师的变化，由单科学习转变为综合学习，课堂容量要变；由主导教学转变为协同教学，课堂角色要变；由传授知识转变为组织探究，课堂职能要变；由焦虑得失转变为欣然赏识，课堂心情要变。这些都意味着教师要面临挑战，需要不断地学习思考。所以，教师应本着“既在乎学生能走多快，更在乎学生能走多远”的观念，积极尝试，同其他学科教师积极合作，适度地开展项目化学习，或者尝试微项目学习。

参考文献

[1] 田科.项目学习在小学语文教学中的应用——以“鲁迅印象”为例[J].教育，2015(3)：42-44.

[2] 伏广成.小学高年级语文项目学习实践研究结题报告[J].教育，2017(26)：8-12.

[3] 贾淑涵.基于项目学习的小学语文主题教学调查与对策[J].教师博览，2016(10)：33-34.

（作者单位：岱山县高亭小学）

小学中段语文课堂小组合作的有效策略

方满英

语文教学是新课程教学的重要组成部分，它不仅可以让学生在阅读中自由地感受、幻想，充分领略文学艺术的美，从而提高语言表达能力，而且还能让学生的观察、理解、逻辑思维、想象、交往等能力得到有效的提高。而这些能力的提高不仅有赖于语文阅读活动本身的特点，也有赖于活动中积极有效的师生互动、生生互动，即合作学习。因为合作学习不单单是认知过程，更是一个交往过程和审美过程。在合作过程中，学生不仅可以相互实现信息与资源的整合，不断扩展和完善自我认知，而且可以学会交往，学会参与，学会倾听，学会尊重他人。华师大教授叶澜曾说："教师只有在思想上真正顾及了学生多方面的成长、顾及了生命活动的多面性和师生共同活动中多种组合和发展方式的可能性，就能发现课堂教学具有生成性的特征。"可见，作为新课程不可或缺的语文教学应努力为学生创设平等合作、和谐共享的学习平台，倡导积极有效的小组合作学习方式。

一、营造良好的小组合作氛围

1. 让学生有机会说，说得自在

心理学研究表明，儿童的发展是在与主客体交互作用过程中获得的，与客体环境的交互作用越积极、主动，儿童发展就越快。而多数儿童往往在教师视线以外更为自由放松，所以自由组合的生生间交流往往能让学生想说、敢说。

在"我喜欢的小动物"的习作题材交流课上，笔者建议学生自由分组交流，说说自己喜欢的小动物的样子、生活习性等。不少学生就和与自己比较要好的同学分享交流，脸上洋溢着兴奋的光彩。在全班集体汇报时，笔者有意请几个平时不善言辞的学生进行汇报，因为之前已有一次开心的交流，他们也没有冷场，少了以往的紧张和不安，说得轻松自如，表现得落落大方。

在学习“战争与和平”这一单元时，笔者向学生重点推荐了《抗日英雄的故事》《闪闪红星》《小兵张嘎》《铁道游击队的故事》等书，要求学生至少选择其中一本在一周内读完。在课外阅读交流课上，教师让读同一本书的学生一起分享阅读的收获，每组自荐一名当小组“代言人”，整合小组成员的交流成果在班上做分享。这样短短 40 分钟，每一位学生有了“聊书”“说书”的机会，打破了“课外阅读交流课”中少数学生滔滔不绝、多数学生默默陪伴的“以少撑多”的尴尬局面。

2. 让学生有话可说，说得精彩

在学生愿意交流的同时，使他们有话可说也是提高说话兴趣的重要前提。语文课堂上教师应充分运用各种创意，让交流环境更轻松、自然，让学生说得生动、精彩。当然，在环境创设时，我们既要正视教学目标的适切性（符合学生的认知理解水平且略有提高），也要考虑内容的可变性，随着学习主题的变化、学生阅读能力的提高，可以做出相应的调整。

在“以诚待人”为主题的口语交际课上，教师引导学生悟得“我们与人交往时，一定要诚心诚意地对待别人，做到态度诚恳、言辞有礼、以理服人”之后，用文字描述的形式创设了以下几种情境：

情境：张叔叔有事来找爸爸妈妈，可是爸爸妈妈都不在家，你该怎么办？

情境：小丽生病了住在医院，好多天不能来学校上课，班上的同学打算去看她，怎么样才能让她感受到来自朋友的关怀呢？

情境：有一位同学随地吐痰（乱扔纸屑），你见了会怎么做呢？

情境：爸爸经常吸烟，妈妈劝说多次，可他还是不听劝，继续吸烟。面对这种情况，你会怎样劝说爸爸呢？

学生四人一组自由选择一个情境（可以是自己亲历过的或是自己比较熟悉的）练习交际表演。在表演中，学生要注意做到“态度诚恳、言辞有礼、以理服人”。

小组表演后，根据实际情况评议（引导从语言上感受到有诚意，或者是从行动上感受到有诚意）。

四年级的学生已经有了一定的生活经验，他们结合自己的生活体验，根据情境中的角色特点，互相尝试着练说，潜移默化中丰富了彼此的语言。这样的情境交际表演很好地促进了学生的互动。

二、创设多样的小组合作形式

1. 分角色朗读

小学语文课本中有许多课文都是对话朗读的经典篇目，教师可以引导学生进行角色朗读。学生在阅读中会自然地去揣摩文中人（物）的内心活动甚至他（它）们说话的语气（语速、语调等），这样可以让学生对文中不同的角色有更全面的认识，对文本的主题思想也会有更深刻的思考。

《去年的树》一文要让学生明白课文是通过“对话”来展开故事情节的，分别写了小鸟与大树、树根、门先生、小女孩的四次对话。在引导学生感悟小鸟与大树依依惜别的深情（第一组对话）后，教师让学生自由读下面三组对话，可以一个人读，也可以和同桌分角色读，要仔细揣摩，体会不同角色的心情，用恰当的语气来读。然后指名读对话，鼓励学生参与评价（“树根”本是树的一部分，它的话要读出同情、伤感的语气；“门先生”对伐木的事见多了，已不以为意，它的话要读得平淡、冷漠；“小姑娘”的声音要稚嫩些；鸟儿的三次询问，一次比一次焦急……）。再小组合作分角色朗读这四次对话：小组自行练读→指一小组展示演读（评价）→小组再练读→再展示演读（总结评价）。这样通过小组合作反复练读，既激发了学生的情感，与文本进行深度的对话，又调动了学生的朗读热情，达到以情带读、读中悟情的效果。

2. 课本剧表演

表演是儿童思考、再现生活的基本方式。语文课本中有不少引人入胜的故事很适合表演。把故事性极强的课文编成课本剧进行合作表演，既能帮助学生理解课文内容、主动探究课文主题，又能让学生在合作切磋中充分调动情感的力量、碰撞出思维的火花，同时锻炼学生的表演能力，寓教于乐。《西门豹》是一篇传统的历史故事性课文，故事情节生动，人物形象鲜明，蕴含极丰富的语文素质培养的元素。教师在引领学生探究西门豹破除迷信为民除害的巧妙计策后，可以让学生尝试将课文改编成剧本，然后分小组进行表演。教学流程如下：

学习课文第二部分：

师："大家一致认为西门豹是个充满智慧的人。今天，我们就来研究西门豹是如何巧妙为民除害的。"(板书：巧妙)

(出示学习任务：以小组为单位，研究西门豹怎样巧妙地除害。)

师：读课文第二自然段；画文中反映出西门豹足智多谋的词句；说这些词句是什么意思；想这些词句妙在哪里。提示：用"____________以________________为借口____________。"这样的句式来交流。

(让两三个小组向全班汇报学习成果后)师："西门豹为民除害的计策令人叫绝，这样的西门大人令我们叹服！现在让我们演一演这个故事(时间关系，我们只演第二自然段)。"

(按座位分四大组分别自选演员：西门豹一人、卫士二人、巫婆一个、官绅头一人、小官绅二人、新娘一人、女弟子二人。教师巡视，对主要演员巫婆、官绅等人嘱咐一番，可以适当添加台词及动作，练习表演。)

(选一组在全班做表演展示。)

以下呈现的是比较完整、出彩的一组表演：

卫士："(喊)西门大人到！(西门豹出场)"

官绅头："(带着小官绅上前，拱手)参见西门大人。"

巫婆："(带着女弟子上前，行万福礼)参见西门大人。"

西门豹："把新娘领来让我看看！"

(两个女弟子搀新娘出场，新娘在哭，用手抹泪。)

西门豹："这个姑娘不漂亮，你去告诉河伯，过几天我给他送一个漂亮的！"

(两个卫士拉巫婆下场。巫婆还叫了一声："哎哟，我的妈呀！")

(等了一会儿)西门豹："这个巫婆怎么还不回来，可能河伯留下她吃饭了。去，麻烦你去催她赶快回来！"(卫士把官绅头拉下场)

西门豹："(站了一大会儿，对其他小官绅)怎么还不回来，你们再去催一下吧！"

小官绅："(跪下磕头)大人饶命！大人饶命！"

西门豹："好吧，再等一等。(等了一会儿)看样子，河伯挺喜欢他们，把他们留下了，你们也起来，先回去吧！"

小官绅、女弟子："谢谢西门大人！"

……

学习课文的重点段落，在教师引导下学生进行自主探究(读、画、想、说等综合性学习)，又借助合作学习深入领会课文的主旨，充分调动学生学习的积极性，让学生个体间的智慧得以碰撞，激发一个个的思维火花。学生在之前的学习中尝到了成功的喜悦，产生了更高层次的追求，此时教师要求学生尝试把课文改编成剧本，演一演课本剧。这样的合作分工表演既训练了学生的口头表达能力和思维能力，巩固了对课文内容的理解，又培养了学生的创新意识，有利于提高学生的整体语文素养，可谓一举数得。

三、激活强大的小组互动能力

当学生在合作过程中心理、语言能力上有所储备以后，教师还应关注每个合作小组成员在活动中的具体表现，观察、发现小组成员间的学习资源并进行合理引导，帮助学生获得不同的思维方法、理解途径及更广阔的想象空间，因此教师还要加强对学生以下方面能力的培养。

1. 积极倾听的能力

在语文教学活动中，教师一般都比较注重问题的开放性，使得这些问题往往具有多种类的、不固定的答案。这时可以让学生互相交流自己的"解题"方法。形式上可以是逐个回答，也可以以小组讨论方式交流看法，引导学生学习倾听并分享同伴想法的方法，从而更深入地了解小组成员对同一问题的不同理解。这样有利于学生摆脱自我中心的思维倾向，认识到大家共同谋划的方法才可能是最好的。在合作小组中分享自己的看法时，由于交流对象相对固定，学生必须认真地倾听，以便适时提出自己的想法。因此在相对固定的合作小组中，学生会更主动、更积极地去倾听。

当然，倾听习惯是需要有意识地培养的。在四人小组合作时，教师可以随组巡查了解合作情况，“刚才他说什么？”“你听到了什么？”“听懂了什么？”“听不明白的又是什么？”“你觉得他说得怎么样？”“你有什么不同意见吗？”等，这样的追问可以促使学生集中注意力听讲，从而逐步养成认真倾听的习惯。当然，倾听能力不是一蹴而就的，教师要有培养学生倾听习惯的意识，通过持之以恒的努力，使学生学会倾听，养成习惯。

2. 讨论中相互质疑的能力

其实，只有互相间的说和听还不能称之为合作互助式学习，因为学生还不能将同伴的意见与自己的想法相比较、相融合，还没碰撞出思想的火花。因此，教师在鼓励学生大胆说的基础上也要引导学生大胆地对他人的意见提出疑问，进行反驳。

在《乡下人家》一文的教学中，笔者先引导学生用“列小标题”的方法概括第一自然段的大意，学生列的标题有“房前搭瓜架”“瓜藤攀檐图”“瓜藤饰房檐”“房檐攀瓜藤”……而后评选出哪个最恰当（说明理由）。然后由扶到放，安排四人小组学习讨论：(1)读课文 2～6 自然段，分别给所描绘的场景列小标题；(2)小组讨论比较，选出“最美小标题”（要有充分的理由）。

在自主阅读、独立思考后，学生在小组间开始交流。笔者随机巡视，发现其中一组学生在概括“乡下人家门前种满了各种花儿”这段话的小标题时，讨论热烈。

生 1：“门前开满鲜花。”

生 2：“房前鲜花艳。”

生 3：“鲜花顺序开。”

生 4：“鲜花盛开图。”

虽然一组只有四位同学，但是其中两个同学又想出了新的小标题。笔者插了一句：“你们都概括得不错，不过是不是应该再用心地读读课文，想出更美、更富有诗情画意的标题呢？”这时，生 3 思考了片刻，说：“鲜花轮流绽放。”没想到生 4 马上接口：“鲜花轮绽图”……我笑而不答，继续巡视其他小组……在全班汇报交流时，笔者有意请了这组同学汇报这部分的标题。他们推荐了

平时发言不是很积极的生1发言(这样可以给小组加分)。生1回答道:"鲜花轮绽图,'轮绽'把'依着时令顺序开放'这句意思表达得很清楚,而且与第一段的'瓜藤攀檐图'很搭配。"笔者追问:"这样的智慧结晶是源自你自己吗?"他腼腆地笑了,目光投向了生4(小组里最优秀的学生)。

的确,学生正是在这样一步步的比较质疑中得出了自己认为最确切的答案。或许并不完善,但已经经过了初步的思辨和论证。

3. 合作互动中提出新的假设的能力

现代教育培养学生的想象力、创造力是至关重要的。语文学习活动目标也不仅限于读懂了几个故事、习得了多少词汇,而是更长远地着眼于学生阅读能力、思维能力的培养。因此,教师要尽可能让学生有更广阔的空间供思想任意驰骋、让想象无限飞扬。教师要多问"还能怎样?""还有什么办法?"……让学生从不同角度、方向思考。

在《中彩那天》一课教学结课时,笔者拓展设疑:

库伯先生派人把汽车开走后,我们全家人当时都是什么态度、什么表现呢?后面的故事就让我们大胆想象吧!

(学生各抒己见)

生1:我很不理解,爸爸开导我,我似懂非懂。

生2:我不高兴,爸爸批评我,妈妈安慰我。

……

这样的想象更贴近学生的心理,反映出学生解决困难时的智慧。

不仅如此,教师还要从不同的高度给学生新的任务,引导学生提出新的假设进而合力解决。

如《大自然的启示》一文的教学中,教师让学生在共同讨论、质疑、解决问题的过程中明白"生物是人类的好老师,研究大自然的规律,研究生物的特性,可以从中受到启发,从而更好地指导人类的发明创造活动,更好地为人类服务"这一道理,学习到此似乎已结束,笔者试着再给了学生一项任务:小组合作讨论提炼出一个假设性问题,让大家再开动脑筋,接受挑战。

结果,合作小组(共11组)有了以下几个问题:

(1)假如德国的那位林务官知道是他的命令给森林带来了灾难,他会怎么说,怎么做?(4组)

(2)假如你也是一位林务官,学了课文后你会做些什么?(2组)

(3)假如你是位仿生学家,你能告诉大家人类还有哪些发明创造也是受动植物的启发?(4组)

(4)假如你是一位仿生学家,你会对哪种动物特别感兴趣?为什么?(1组)

或许这样的假设质疑有些牵强,但是"学贵有疑",聊胜于无。紧接着我就让合作小组自行讨论解决自己组的"疑难",交流时比较哪一组的答案更能得到大家的认可。这样学生合作的劲头就更高了。

当然,在学生合作学习、交流讨论的过程中,教师可以在关键的地方加以点拨、引导、总结和提升,从而提高学生解决问题的能力,同时也激发了学生不断发现新问题的欲望,让学生感受到集体的智慧大过个人的力量。

现代教育的重要价值取向之一就是让学生学会学习,在集体活动中采用小组合作互动的学习方式无疑是便捷和有效的。它有助于学生智力增长,思维共振,提高学习效益;还可以进行信息交流,实现资源共享;有助于学生合作精神和集体意识的培养,更有助于合作能力的提高。在合作互动的语文课堂中,每个学生都有机会发表自己的观点与看法,也乐意倾听他人的意见。学生既能够尊重他人、理解他人、欣赏他人,也能使自己更好地得到他人的尊重、理解与欣赏。小组合作的教学课题还在不断深化,相信我们语文课堂中的合作学习将更深入、更有效!

参考文献

[1] 胡庆芳,杨翠蓉.有效小组合作的22个案例[M].上海:华东师范大学出版社,2015.

[2] 郭应曾. 独立思考与合作学习[M].南京:江苏凤凰科学技术出版社,2014.

[3] 刘玉静,高艳.合作学习教学策略[M].北京:北京师范大学出版社,2011.

(作者单位:岱山实验学校)

小学低段同桌互动的有效策略

平　平

合作学习是新课程积极倡导的学习方式，也是新课程改革中学习方式变革的一个明显特征。大量的研究表明，相对于独立学习的学生而言，那些参与了合作学习的学生在学习和表达能力上展现出了更高的水平，而且小组合作学习还能增强学生的自信心，改进学生之间的关系，同时提高他们的社交技能。

一、二年级的学生独立性还不够强，自控力比较差，而且组长还不具备组织小组合理学习的能力。因而他们还无法顺利开展合作性的四人小组学习，但是可以从简单的同桌合作开始，指导学生有效进行同桌互动，为中、高段的小组合作学习打下基础。

对于怎样进行学生同桌间的有效互动，下面谈谈一些具体做法。

一、同桌互动第一步——学会倾听

倾听是人与人之间沟通交流的必备素质，也是学生学习、获取新知的重要途径。倾听是一项非常重要的能力，学会倾听才能让交流继续下去。倾听是合作学习的基础。但低年级学生年龄小、好动、易兴奋、易疲劳，注意力容易分散，因此需要我们在教学中不断训练他们倾听的能力。

1. 课前演讲，同桌互视

为了训练学生倾听的能力，在班级开展课前一分钟演讲，采取同桌面对面你讲我听的形式，同桌之间一个人演讲，另外一个人点评，交替进行。在演讲过程中要求同桌之间面对面，而且眼睛必须看着对方。如果一方的眼神偏离了，另一方可以要求暂停，对视后活动继续。这样从形式上“逼迫”讲的学生认真讲，听的学生认真听。

2. 朗读课文，同桌互记

正确朗读课文是《义务教育语文课程标准(2011 年版)》第一学段中关于朗读的一个重要任务。在课堂中老师无法做到倾听每一个学生的朗读，这时同桌互动的作用就凸显出来。同桌朗读时，一位学生需要拿着课本认真阅读，另一位学生应该一手拿笔，边听边做记号。朗读结束，听的学生要告诉读的学生，在刚才的朗读中，哪些地方出现了问题，让他再次朗读。

3. 听写词语，同桌互报

识字、写字是低年级段的重点学习内容，坚持听写生字是复习巩固生字的有效手段。采用同桌合作互动的方式可以帮助学生更好地掌握生字词。在具体操作时，让学生一人报词一人默写，甲可以一边报词，一边抄写一遍，同桌乙则默写一遍。听写完后，则由报词的人对照自己抄写的词批改同桌的词语，完全正确则给同桌打个 100 分；如果字错了，就用笔圈出来，并告诉同桌错在哪里，让他改正，改正的作业直接交给老师批改。这样，不但让学生及时巩固了所学生字，而且让老师能迅速得到反馈信息，便于以后复习时有的放矢。同桌二人可以轮流做小老师报词、批改。

二、同桌互动第二步——学会回应

学生在认真倾听时，自然而然会产生一种也想说几句的欲望，这个时候我们就要引导学生进行必要的回应。回应能够让同桌互动有效地进行下去。

1. 阐述观点，同桌互评

每逢教学童话、寓言故事，教师都会让同学们讨论评议故事中的主人公。如学了《亡羊补牢》，组织同桌讨论“你觉得故事中的这个人怎么样?”每个学生都利用这个机会在同桌面前发表自己的看法。其中，学生甲说：“我觉得这个人很傻，羊被狼叼走了，却不去补羊圈。”乙说：“我也觉得这个人很傻，不听

邻居正确的劝告。”有的组说到这里就结束了，有的组还在继续。学生丙说：“不过这个人最后还是听取了邻居的意见，及时补好了羊圈，他也算是知错能改。”学生丁也表示同意。在热闹、激烈的讨论中故事的寓意自然显现。最重要的是学生在同桌互动中，发展了语言能力，锻炼了合作技能。

2. 观察汉字，同桌互教

低年级写字是一个很重要的任务，特别是二年级一课八九个的生字书写，学生一个一个观察再写很费时。除去重点的生字老师讲解，余下的同桌分工合作，一人负责几个生字，观察练习。之后，把观察到的和自己练习的感受讲给同桌听，同桌互为师生，讲得认真，听得仔细。

3. 写话训练，同桌互批

二年级作为写话的起步阶段，学生标点符号的运用、遣词造句能力，差异很大。老师一人批改作用不够明显。在初批环节，可以采用同桌合作批改的策略。同桌批改的主要任务：一是表达符号的使用；二是错别字；三针对不同的写话要求，确定不一样的目标。例如二年级下册“语文园地二”中的“写一写你的一个好朋友，向大家介绍一下：他是谁？长什么样子？你们经常一起做什么？”结合前期的学习，第三个目标可以确定为有没有用到动词，用得对不对。在修改之后，同桌互动就开始了。他们会问：“我这个怎么错了？我觉得这样也可以啊……”两人在讨论交流中不仅找出了文章中的病句、错别字等问题，还训练了学生同桌合作的能力。

三、同桌互动第三步——学会分享

倾听和回应为同桌互动打下了基础。怎样让互动更加熟练、有效？这就需要创设生活情景，把学生带进分享与交流的氛围中来，在模拟、体验与分享中培养学生的合作素养。

1. 情境对话——同桌互说

在低年级语文教学中，口语交际活动就是一个很好的训练同桌互动交流的素材。比如，二年级上册第五单元中的口语交际《商量》一课，旨在让学生先明白“什么时候需要跟他人商量”。学生们很快就得出：当我们需要跟别人沟通，得到别人的理解或帮助的时候需要商量。这时我就让学生回忆自己有没有向同学借东西或是有什么事需要同学帮忙，接着让同桌进入情境对话。在此基础上，再创设情境，家中、商场、路上……通过两人合作面对面互动，训练合作能力。

2. 角色朗读——同桌互演

分角色朗读是一种让学生进入角色的途径和形式，同时也是激发学生学习语文兴趣的一个手段，在语文教学中起着非常重要的作用。分角色朗读还是一项很锻炼人合作意识的活动。在教学过程中，教师应针对课文的特点，采用分角色朗读学习的方式，锻炼学生同桌合作的能力。例如《画杨桃》一课，要求学生朗读课文，注意说话的语气。对话角色主要是老师和学生们，在对话中应很好地表现出学生们由对“我”的嘲笑，到最后觉得羞愧的心路历程，以及老师从严肃到和颜悦色的转变。读好语言能帮助学生体会人物心情，理解课文主旨。在教学中，我就让学生同桌合作来分角色朗读课文。分好角色之后，学生开始准备，先读正确，然后合作，每个学生既要读好自己的部分，还要听听同桌的朗读。有一组学生在朗读，班里几个同学哈哈大笑起来：“杨桃是这个样子的吗？”读老师的甲同学建议：“这里是同学们在嘲笑我。可以读得重一点儿。”读同学的乙同学连连点头，又读一次，自言自语道：“好像有点儿不是很好。要不我再试试。”“哈哈……杨桃是这个样子的吗？”乙同学灵机一动，在读时，加入了笑声。同桌很满意。在讨论如何读好的过程中，同桌面对面交流，突破了教学重点，培养了同伴合作的能力。

3. 阅读交流——同桌互议

从二年级开始，慢慢让学生阅读整本书。阅读之后必要的交流一定要跟上，如果没有交流，就无法保证阅读的质量。在交流过程中，也可以时常采用同桌互动交流的方式。如《瓢虫历险记》一书，书中介绍了蜜蜂、屎壳郎和蝴蝶等一些昆虫。学生读完后，我问学生：“你们读了之后，觉得蜜蜂的哪些特点特别有意思？”在此基础上，我让学生摘录其中的关键词语。学生独立完成后，同桌开始互动。两人你一言、我一语，一个说“蜂蜜是蜜蜂几千次的吞吐而成，这个很有意思”，另一个说“蜜蜂会跳8字舞，这个也很有意思”……其实结果不重要，同桌在互动中学会了交流，培养了合作意识才是最重要的。

合作学习是一个持之以恒、反复训练的过程，需要我们在头脑中确立合作学习的意识，优化指导过程，让低年级学生在真实有效的同桌合作过程中掌握基本的合作方法，养成良好的合作习惯，形成初步的合作技能，从而打好多人合作学习基础。

参考文献

[1] 南希·弗雷，道格拉斯·费舍，桑迪·艾佛劳芙.教师如何提高学生小组合作学习效率[M].刘琳红，译. 北京：中国青年出版社，2017.

[2] 埃尔克·德赖尔，卡特琳·哈德尔.合作学习的99个小贴士[M].夏利群，译.上海：华东师范大学出版社，2014.

[3] 蓝宁.让合作学习从同桌开始[J].教学与管理(小学版)，2014(11)：24-25.

(作者单位：岱山高亭中心小学)

小学生语文阅读行为的改进策略

柳艳儿

任何一项教学改革最终都将决胜于课堂，所以对课堂教学的改革始终是我们教学人的不懈追求。课堂教学是一种特殊的人际交往，课堂教学的开展是以教师与学生、学生与学生的学习互动为标志的。随着新课改的不断深入，"学为中心"的课堂打造已蔚然成风，教师都在努力转变"学生的学习方式"，践行"把学习的主权还给学生""把学习的课堂还给学生"，发展学生的学习力，努力改变着过去只把学生当听众而没有沟通、互动的现象，但在具体的实践中仍有偏颇，需要努力改进。

一、存在问题分析

纵观各个年级学生的课堂表现不难发现，越是低年级，学生的学习表现越趋向主动，甚至一动起来就难以"收拾"；越是高年级，学生的学习表现越趋向被动，当教师提出问题时，举手发言的学生甚少，或者当教师组织交流时，优秀学生代表了全体。这种现象并非特例，而是具有一定的普遍性。究其原因，主要有：

1. 主体上，教师仍有"抢位"。当前的语文阅读课中，教师能有意识地推进学生参与学习，但有时教师仍要"抢位"。当学生还在思考时，教师会急不可耐，缺少时间的给予；当学生的回答不是教师预想的答案，教师总爱帮助补充完整或出现不认同的表情，不能很好地回应学情；当问题有所难度时，教师不能真正平等相待，往往会请一些优等生代替回答……教师在诸多方面仍处于一种"优势"地位，忽视了每个学生的存在和需要。

2. 互动中，交流深度不够。在阅读课中，有时还存在诸如“好不好”“对不对”“会了吗”之类不是问题的问题，学生的思维趋于直线。这种表面上看起来小手如林的热闹场面是不需要的。经常如此，学生往往不能获得心理上的满足，容易产生学习上的懈怠感。同时，教师知道小组合作学习的重要性，但在合作中，师生互动、同伴合作互动处于低思维状态，存在个别代表了小组的现象。

3. 推进时，预设含量较多。教学过程中教师经常会设置让学生提问的环节，但当学生的问题和自己的预设没有达成一致时，老师总是如一个钓鱼翁似的放出各种诱饵，想方设法引诱学生，直到提出和教师既定问题相似甚至一致时才称心，然后根据预设的问题进行下一步教学。

那么，教学如何在转变学生学习方式的时候达到最优化呢？这需要改变学生的阅读行为，促进学生积极学习。

二、阅读行为改进策略

基于“学生立场”，唤起学生“我是学习的主体”的意识，促进学生学习的积极性是影响学习方式转变实效性的首要因素。从一定意义上讲，学生学习的主动性和积极性对转变其学习方式至关重要。张丰老师说过：我们的课堂要以学生为学习活动的主体，以学情分析为教学的依据，以任务为学习活动的基本组成单元，以促进有意义的思维为教学活动的目的，以主动而有质量的参与为有效学习的标志。张丰老师的话告诉我们，我们的课堂教学只有变成学生根据自己所需主动进行的学习，才能最有效地完成这一过程。

1. 基于学情的外显，让学生想说——“我要学”

奥苏伯尔有一句名言：“如果我不得不把教育心理学还原为一条原理的话，我将会说，影响学习的最重要的原因是学生已经知道了什么，我们应当根据学生原有的知识状况去进行教学。”就一篇课文或一节阅读课而言，我们需依据文本特点和具体学情关注学生阅读能力的发展需求，引导学生自我发现阅读的需要，准确确立教学指向，制定清晰的教学目标，选择合宜的教学内容。

在学习《卖火柴的小女孩》一文时，笔者就在思考，六年级学生已熟悉安徒生童话的故事情节，本文究竟应该教什么？研读文本可以发现，通过细致描写幻象来表现小女孩的心理是课文突出的写作特色，也是六年级学生尚未掌握的心理描写方法。将学习运用幻象表现人物心理作为教学核心内容，既契合文本表达特点，又适应学生的学习需要。在揭示课题后，笔者就跟学生说："同学们，你们是不是在想，《卖火柴的小女孩》这篇童话故事太熟悉了，叫六年级的学生来读，有什么好读的呢？"我刚说完，班里的很多学生马上点头同意，甚至有几个男生都喊出来："是呀，有什么好学的呢！"我继而马上追问："编者们把这篇文章放到我们六年级教材中，一定有值得学习的地方。你们看一看、想一想，我们学它的什么呢？"这时全班学生非常认真地阅读起这篇文章，没一会儿就有学生举手说："我们应该学它的写作方法，文章对小女孩的幻想写得特别多，作者为什么要这样安排呢？"笔者顺势确定了本文的学习目标。

再如学习《父亲的菜园》一课时，老师先是呈现学生预习中的诸多问题，然后带领学生进行归整（归纳整理：哪些问题可以合并？哪些问题可以由同学帮助完成解答？）。最后根据学生人数多少确定共同学习的内容，具体如图4-1所示。

《父亲的菜园》的学习内容确定：
预习的时候，学生提出了很多问题，老师呈现问题统计。
交流学习初步归整问题：哪些问题其实是一样的，可以归并？
归整学生提出的问题（根据提出人数的多少依次留下问题）。
在板书上做记号：（　　　　　　　　　　　　　　　　）？

图 4-1 《父亲的菜园》预习单

像这样，通过师生集体整合、提炼，把最符合教材重难点、学生难以理解的内容作为学习的共同内容，真真切切地把学习内容的选择权交给学生，贴近学生实际，贴近学生的最近发展区，让学生想说——"我要学"，学习方式就能更好地加以转变，但是这样的课堂对于教师解读教材无疑是很大的挑战。

2. 基于任务的外显，让学生能说——"我会学"

当学生明确了学什么后，更关键的是让学生知道怎么学，这就需要老师在布置学习任务时尽量设计外显的表现性任务，即创设情境提供机会让学生表现出与目标相一致的能力，常用的外显任务表现形式有：图表式、情节梯、概念圈、

路线图、流程图、心情线等。

如在学习《汤姆·索亚历险记》一文时，为了更好地帮助学生厘清汤姆在魔克托尔山洞的历险经过，笔者就设计了这样的一个学习任务(见图 4-2)。

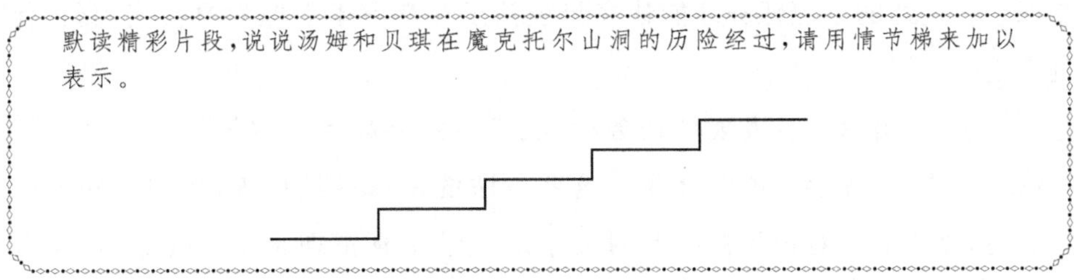

图 4-2 《汤姆·索亚历险记》学习任务

有了这一情节梯，学生就能很清楚地厘清这一学习内容，比用一段文字来讲述好多了。

再如我们学习说明文《城市之肺》时，六年级孩子对说明文不再陌生，他们已有相当的学习经验，他们明白一篇说明文重在关注"说明什么，即文章内容；怎么说明，即文章写法"。那如何让学生能有效地学习呢？只有一个途径……那就是摒弃以往教师提问、个别学生回答的教学模式，让学生把各自的阅读过程进行外显，让他们自己读起来，让他们的思维过程得以暴露。因此，在简单的课文导入后，我就让学生自读课文，并给了他们一根"学习的拐杖"，下发了一份学习单(见图 4-3)，让他们边读边填，然后在自学的基础上在小组内交流，交流时要求结合课文中的语句加以说明。

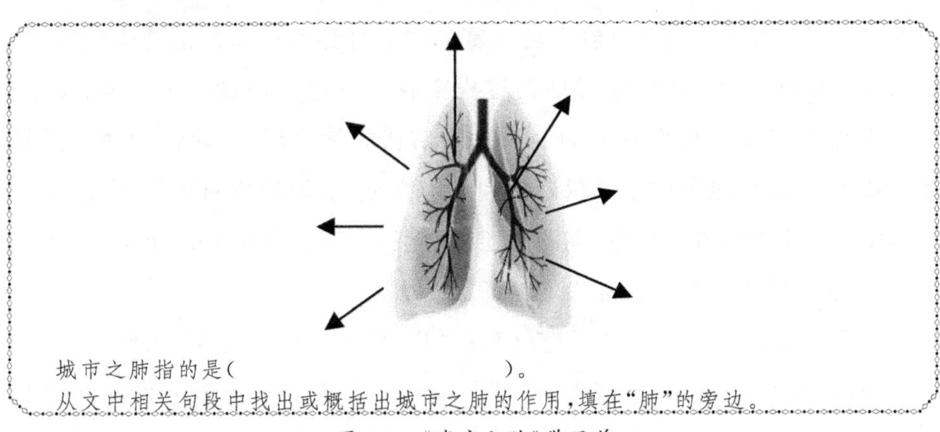

图 4-3 《城市之肺》学习单

这一学习环节的安排立足课标，从学生的起点出发，变“条分缕析碎片化”教学现状为“篇章意识整体化”，变以前的“整体感知—段落学习”，为“整体梳理—全文学习”的学习过程，让“篇章意识、文本的整体化”等理念贯穿整堂课中。这样的学习任务才能让高年级孩子在学习中掌握学习技能，真正促进学生的发展。

当然，在出示这些表现性任务时，我们一定要配备一些简洁明了的学习方法提示语，告诉学生该怎么做。这些方法的提示尽量精练，多用短句形式来表述，要让学生能看明白。有时为了能让学生真正理解学习任务，还需要问问学生“这个要求你看得懂吗”，并让学生用自己的话来描述他们所理解的任务是怎样的，如果他们不懂，老师就要给学生做出通俗的解释。

只有我们关注学生发展，关注学生的学习过程和方法，关注学生该用什么样的方法获得知识，学生的学习方式的转变才更有实效，才能说出——“我会学”。

3. 基于过程的外显，让孩子们可说——“我能学”

学习应该是一个对话的过程、展示的过程，在每一个独立学习活动结束后，我们应当让学生充分交流、讨论、辩论，让学生把自己的阅读过程、思维路径、阅读体验、学习结论等充分地暴露出来，再通过生生、师生间的互补，使学生的学习事半功倍。

当然，要想让学生完全外显自己的学习过程，我们一定要营造一个良好的学习氛围。每个学生都有着自己丰富的内心世界和独特的情感表达方式，在人格上是独立的。在学生对话的过程中我们一定要创设一个平等、民主、和谐的氛围，营造一种面对面的、舒适的、信任的学习环境，让学生各自的精神敞开与接纳，促进彼此心灵深处的沟通与交流，引发双方自由的探究、交往和碰撞。只要教师放下心态，把课堂还给学生，一定能看到期望的学习场面。

在教学《城市之肺》时，师生的对话交流如下：

各个小组在组长的组织下纷纷围绕“肺”的作用展开交流，或补充，或争议，最后组长统一意见，完成“学习单”。我先邀请了5号小组成员加以汇报：“我们小组讨论后认为，文中的城市之肺是指一些树木花草。城市之肺能‘调节城市空气、降低灰尘污染、消灭细菌……’”等。该组汇报完毕后，我又请了7号组的同学说出他们的意见：“××同学，你们组能较全面地概括出城市之肺的作用，这非常好，但我们小组同学认为，你们在寻找文中关键词来概括作用时还可以更简练，比如‘调节城市空气’可概括为‘调节空气’，‘降低灰尘污染’可概括为‘降低污染’。”这一组刚补充完，其他小组也应声附和。××非常诚恳地说道：“你说得真好。你们的概括比我们的更简练，这样一来，各方面作用的字数也统一，非常整齐。谢谢你们的提醒！”教室里响起了一阵掌声。

在这样一个热烈的讨论氛围中，我顺势引导：“同学们，从刚才的交流中你们学到了概括要点的什么方法吗？”这时，一个学生站了起来：“老师，我明白了，在我们借助课文词句来概括要点时，不应只一味地连续地圈画，而应灵活地找最关键的词语，比如今天的跳着画词就是一种方法。这种读书方法其实你以前也讲过，不过今天我印象更深了，这还得感谢7号小组哟！”他的一席话掷地有声，学生们都点头赞同。

这样，把学习过程外显，学生的思维品质、思维能力得以发展，学生思维的清晰性、条理性和严密性得以提升，学生的求异思维、批判思维和创新思维也能得到培养，这样的课堂就成了“学堂”。

如今，有了电子白板、优教通、鸿恩i学等这些多媒体信息技术的应用，我们可以最大限度地把学生的学习结果加以呈现，然后进行对话交流。这样，把学习过程外显，让学生间互动互学，他们一定会说——“我能学”。

4. 基于评价的外显，让学生爱说——“我乐学”

小学阶段是学生探索学习方法、养成良好学习习惯的重要时期，这一年龄段的学生需要及时的学习、即时的评价和适时的鼓励。在课堂上，采用了“积分制”的形式，对学生个体和小组的学习表现（效果、速度和合作等方面）给予一定的分值，加以累积并分成各种积分等级进行奖励，体现学习的过程性（见表4-4、表4-5）。概而言之，“积分制”评价法就是从学生的内部兴趣入手，把外界所施加的推动力和吸引力转化为自身动力，调动学习的主体性和积极性，激励主体的学习欲望，从而变“要我学”为“我要学”，如图4-4所示。

表 4-4　个人积分擂台表　　第(　　)周

内容 姓名	我有见解	善于协作	参与积极	我有见解	善于协作	参与积极	我有见解	善于协作	参与积极	一周积分

表 4-5　小组积分擂台册　　第(　　)周

内容 组名	用时有效	合作融洽	展示精彩	用时有效	合作融洽	展示精彩	用时有效	合作融洽	展示精彩	一周积分

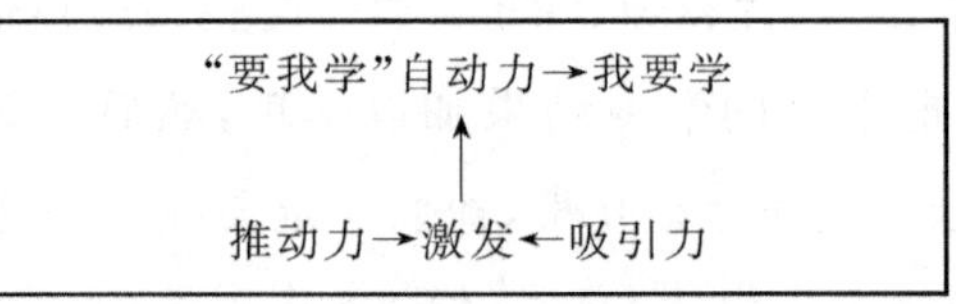

图 4-4　“积分制”评价的原理

这种外显的评价方法一方面让学生纵向地自我比较，通过努力不断实现自我超越；另一方面，学生都想夺得最高分，横向的互相竞争也激起了积极参与学习交流的热情。这样有了挑战自我的欲望、超越自我的满足、竞争胜利的愉悦或失败的不甘，学生学习的积极性也能很好地调动起来。

其实，课堂上教师一个鼓励的眼神、一个抚摸的动作、一句肯定的表扬、一次无声的大拇指嘉奖，都是很好的评价方法，教师要多元地给予学生评价，让学生爱说——“我乐学”。

给学生一个空间，让他们自己往前走；给学生一个条件，让他们自己去锻炼；给学生以时间，让他们自己去安排；给学生一个平台，让他们自己去讨论。要相信他们具有独立学习的能力，相信他们讨论后能找到答案，相信他们会学到更多的知识。让学生经历真实的阅读过程，习得有效的阅读方法和策略，提升阅读能力，感受阅读乐趣，这才是转变学生学习方式的根本目的。

参考文献

[1] 周文叶.中小学表现性评价的理论与技术[M].上海：华东师范大学出版社，2014.

[2] 张丰.课堂变革：从“对话中心的课堂”到“任务中心的课堂”[J].浜江教学研究，2011(5)：10-13.

（作者单位：岱山实验学校）

阅读教学中改进“学”“做”方式的有效策略

金赛红

长期以来，在阅读教学中教师展开课堂教学活动时更多的是从“教”的层面去思考，站在教师的角度考虑“我怎么教”，想的是教师在课堂上教什么、怎么教，却忽视了“学生怎么学”“怎么做”，缺少了“学”“做”层面活动的整体思考和推进，使学生活动零散而被动，学习效率低下。

如今新一轮的课程改革倡导生本课堂，生本课堂的宗旨就是要“以生为本，以学定教，多学少教，不教而教”，其要求我们以学生的发展为本，以学生的积极参与为前提，充分尊重学生，发挥学生的主体地位，让他们学会自主学习，大胆质疑，努力探究，不断创新。《义务教育语文课程标准(2011年版)》也指出：“学生是语文学习的主体，教师是学习活动的组织者和引导者。”“语文是实践性课程，应着重培养学生的语文实践能力，而培养这种能力的主要途径也应是语文实践。”课程改革和新课标的理念都指导着我们要改变学生的学习方式，优化学习过程，落实“以学生的学习活动为中心”的教学理念，使“教”的课堂变成“学做”的课堂，构建真正意义上的生本课堂。

在阅读教学中如何改进学做方式，真正实现阅读教学从重“教”转向重“学”“做”呢？

一、精选学习内容，关注学生起点

《义务教育语文课程标准(2011年版)》中明确制定了阅读教学目标、各学段目标以及每单元的目标，它有助于教师掌握“教什么”和检验学生“学什么”

"学得怎么样",是构建生本课堂的起点。因此精选学习内容,关注学生"该怎么学"要从课程标准、年段和单元目标入手,从学生的已有学习起点入手展开学习活动。

《看戏》是人教版小学语文第十一册第八单元后的一篇选学课文,写的是梅兰芳在露天剧场演唱《穆桂英挂帅》,精湛的演绎和热情的观众让剧场成为音乐的盛典。这是一篇叙事类文章,六年级的学生能借助题目比较轻松地把握文章的主要内容。运用联想和想象的艺术表现方法作为文本的最大写作特色,是学生语言学习和理解的重点,也是学生语言发展的训练点。学生已经有了第八单元的学习经验,对联想的表达方法有了一定的体悟,在教学中就可以以学定教,让学生自主学习,在品味、朗读中感受画面,体会联想的表达作用,并通过迁移训练等,引领学生去感悟、欣赏,提高阅读能力。基于学情,结合本单元的阅读训练目的,可以确定本单元的学习目标:

(1)能流利地朗读课文,把握课文的主要内容。

(2)朗读课文,感受艺术家的精湛技艺和观众的热情。

(3)通过赏读体会联想的表达作用,并能用习得的方法读写迁移。

以上学习内容正是教师立足课标,从学生的起点出发,变"条分缕析碎片化"教学现状为"篇章意识整体化",变原先的"整体感知—段落学习"为"整体梳理—全文学习"的学习过程,让"篇章意识、文本的整体化"、迁移运用等理念贯穿整堂课中。这样的学习内容才能让高年级学生在"学与做"中真正掌握学习技能,从而提升学生的语文核心素养。

二、巧设学习支架,优化学习活动

在语文生本课堂上,教师要更大地关注学生的学习活动,让学习的效率最大化,优化学习过程,构建以学做的活动为基点的课堂。于是在课堂上为了操作的显性化,教师可以为学生提供阅读辅助工具,提供学习支架,有助于学生学习和思考。

这个学习支架可以是一个研究性的主问题,是教师根据文本特点和具体学情提出具有研究价值并且能够激发学生探究热情的问题。学生根据自己或者老师提出的探究性问题,经历真实的探究性学习过程,体验发现与研究的乐趣。

学习人教版六年级上册《那片土地是神圣的》时,教师提出一个贯穿全文的主问题:"这篇被称为有史以来最动人心弦的环保演讲,它之所以能感动世人,一定有它的独到之处。你觉得它在表达上有什么秘诀?"这样的"牵一发而动全身"的主问题设计可以引领学生开展学习活动,引导学生去发现篇章结构的特点以及语言表达上的精妙。

这个学习支架也可以是有助于学生学习的各种形式的学习单,它可以为学生提供阅读思考的路径,提示他们思考什么问题,可以用什么方法思考,沿着怎样的思路思考等,同时也为学生在课堂上的交流讨论提供表达的思路。学习单的设计可以有以下几种形式:

1. 指向把握文本内容的图示式"助学单"

在初读课文后,需要引导学生对文本的内容进行整体把握。这时,可以设计情节梯、路线图等学习单,以帮助学生对课文内容进行整体感知,从而厘清文章的结构,同时使学习过程变得有趣又有实效(见图 4-5)。

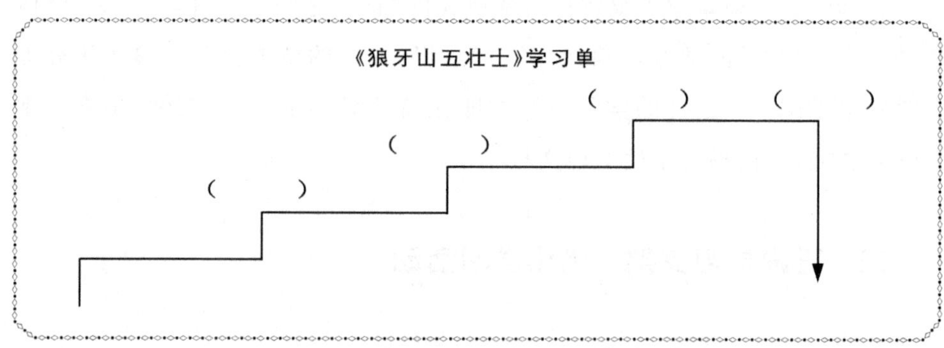

图 4-5 《狼牙山五壮士》学习单

比如学习《长城》也可以设计一个图示式的助学单来帮助学生理解长城各部分的结构,从而感受古代劳动人民的智慧和才干(见图 4-6)。

《长城》学习单

默读第二自然段,仔细观察长城图片,思考:

①在图上找到"1. 城墙顶""2. 垛子""3. 瞭望口""4. 射口""5. 成台"这些长城的构造,把词语前面的序号填在图上的圆圈里。

②用词语概括这些构造的特点,写在横线上。

③你从哪些构造感受到长城是一个伟大的奇迹?

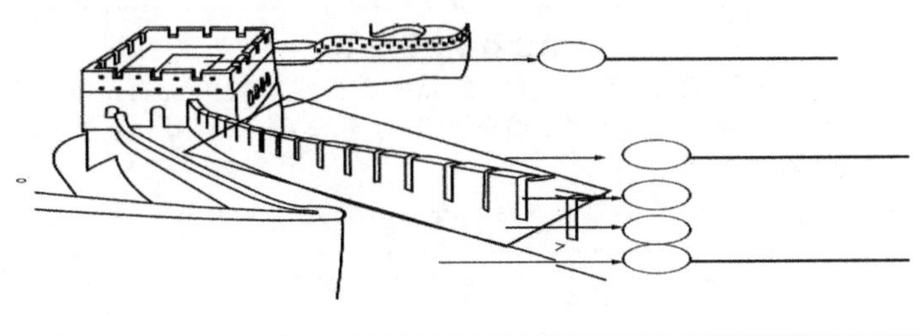

图 4-6 《长城》学习单

2. 指向阅读理解的填空式"学习单"

《义务教育语文课程标准(2011 年版)》指出,"语文课程是一门学习语言文字运用的综合性、实践性课程",明确了语文的学习方向,它指向学习语言文字的运用,道出了学习语文的过程是综合性、实践性。语文的实践手段很多,可以设计指向语言实践运用的学习单来帮助学生学习文本(见图 4-7)。

《临死前的严监生》学习单

找出描写严监生临死前的神态和动作的句子,想象他内心的变化:

①严监生把手从被单里拿出来,伸着两个指头,他心想:____________________;

②他把头摇了两三摇。他着急极了,想:____________________;

③他把两眼睁得滴溜溜圆,把头又狠狠摇了几摇,越发指得紧了。他心想:____________________。

图 4-7 《临死前的严监生》学习单

这份学习单的适时呈现,让学生选择其中一点或两点来揣摩人物心理,既让学生沉下心来充分思考,让学习过程充分展开,又能加深学生对人物形象的领悟,还能培养学生的语言实践能力,简简单单又扎扎实实。

3. 指向阅读策略教学的提示式"学习单"

阅读策略是读者用来理解各种文章的有意识的可灵活调整的认识方法。阅读策略教学的得当可以提高学生的学习水平，有效完成阅读任务，从而形成语文能力。比如《学会看病》学习单可以这样设计(见图 4-8)：

《学会看病》学习单

①"我"独自去看病了，读 2～7 自然段，在文中画出描写妈妈心情变化的句子，圈一圈写"我"的心情的词语，完成"心情地图"。(要求：自主阅读，画句子，圈词语；同桌合作完成"心情地图")

②再读画出的句子，体会妈妈心情背后的想法和情感。

图 4-8 《学会看病》学习单

以上学习单明确了学生阅读的要求，并提示了圈画的方法和阅读此类课文的学习重点是"圈画心情变化的重点词句体会人物的情感"。学生有了这样的学习支架，课堂内的学习活动有章可循，有事可做，有知识可学习，有能力可以培养，学习活动的过程更加扎实有效了，这正是陶行知先生所推崇的"教学做合一"。

4. 指向语言表达方式的迁移式"学习单"

关注文本语言不单是关注表达的特点，还要对语言表达方式进行积累、模仿与迁移运用。

教学《临死前的严监生》时，在领略了作者在语言表达上的传神的细节描写后，为了迁移运用这个表达方式，助学单设计如下(见图 4-9)，让学生观察四大吝啬鬼之一的葛朗台面对女儿梳妆台上的金子时的贪婪、丑陋的面孔图片，进行迁移运用。

《临死前的严监生》学习单

仔细观察画中人的神态、动作，想他的语言，通过细节描写，用一两句话刻画其形象。

____

____

____

____

图 4-9 《临死前的严监生》学习单

以上设计可以让学生通过想象拓展情感体验，从模仿到迁移语言运用，并展开积极的语言内化。在这个过程中，学生掌握语言的规律，尝试语言实践，从而达到了语言运用和情感体验的双璧合一，激情共舞，这样的“学”“做”才有价值。

无论是哪种形式的学习单，它的运用都最大限度地减少了教师讲授、师生问答的时间，放大了学生学习的过程，突出了学生在课堂上的主体地位，让学生在亲历学习活动中获得阅读力，得到语言能力表达的提升，使教学的出发点和归宿真正落实到“为学生的学”上。

三、加强课堂互动，凸显学习活动

生本课堂讲求师生、生生之间的高效互动。在教学过程中，我们要从“学做”的视角加强课堂上的教学互动，给予学生更广泛的活动空间，促进师生共同的发展。

加强课堂互动，首先着眼于师生互动，构建和谐、平等的师生关系，然后创设“生生互动”的情景，加强生生合作与交流，放大学习活动，充分发挥学生的主观能动性，使他们真正成为学习的主人，从而更好地体现“以人为本”的全新理念。

1. 平等、真诚、和谐，改善“师生互动”

课堂上，老师不仅是学习活动的参与者、组织者和引导者，也是学生学习的伙伴，与学生一起交流、一起讨论，在学生困惑时施以援助和信心，在集体互动、小组合作时起到榜样作用。对学生表达的独特感受与体验，老师要真诚地包容，以一种开放的心态去接纳，热情地鼓励，引导学生大胆地表达自己独特的感受与想法。有时候，一句商讨的话语、一个信任鼓励的眼神、一个认真倾听的表情、一个要求合作的动作、一次真诚交流与沟通的体会，都会感染学生，让教学相互交融。

2. 小组合作学习，强化“生生互动”

在课堂教学中加强小组合作学习可以让学生进行合作、交流、探究，能激发他们内在的学习潜能和自主参与意识，使他们积极参与学习活动的全过程。

如人教版五年级下册《与象共舞》，这是一篇描写泰国风情的略读课文，学生在充分自主学习的基础上，开展小组合作学习活动，从而使生与生的互动最大化。

【案例】

(1)小组协同探究，研究《赵丽宏叔叔》这篇文章在写法上的精妙之处(见图 4-10)。

合作步骤：
按照学习单内容的提示开展讨论，讨论的结果用关键词写下来。
派代表选择其中一点发现和其他小组分享。

学习单

本文在写法上很有特点，我们一起来发现！
a.场景描写很有特色：________________
b.自然段的写法有形似之处：________________
c.……
d.……

图 4-10 《赵丽宏叔叔》学习单

(2)组际分享交流。组际交流时，教师要注重引发组与组、生与生、生与师之间的互动，并适时强调或者帮助表达，从而使学生能将发现的写作特点说清楚，并在集体交流中有新的领悟。

以上学习流程最大限度地强调了小组内部互动和小组与小组之间的互动。小组内部互动时，各小组长应对各位同学的信息进行筛选、归纳，从而得出较全面的代表本小组的见解。小组与小组互动时，各小组推出代表发言，甚至展开辩论。在这样的互动下，学生的汇报展示、评价补充越来越精彩，学生不仅丰富了自己的见解，也完善了自己的知识结构。

四、寻找生活链接，延伸学习活动

中国教育学会小学语文研究会理事长陈先云老师说，“高年级阅读教学要注重语文学习的开放性，在生活中、在大自然中学语文、用语文，不断扩大

学语文、用语文的领域”，所以，语文教学要树立“大语文教学观”，充分挖掘社会生活中的教学资源，拓展语文教学渠道，让生本课堂延伸到课外。

1. 创设生活氛围，走进文本生活

如何让学生走进文本生活进行独立阅读？在课堂教学导入环节，教师如果能善于唤醒学生已有的个体生活经验，创设生活氛围，不仅能拉近学生与文本的距离，而且有利于帮助学生走进文本生活。

在教学人教版六年级上册《这片土地是神圣的》时，导入时可以设计这样的两个问题：如果你要把平时最好的宝贝不得已送给别人，你会向别人说明什么？叮咛些什么？通过与学生的生活体验密切相关的话题导入，将调动学生已有的个人生活体验，让学生在思辨和疑问中自然而然产生走进文本生活进行独立阅读的兴趣。

2. 结合生活情境，解读文本生活

创设生活情境，把学生个体生活经验、文本中的生活经验与现实社会在全方位、多层次、多角度的接触、碰撞、交流、展开后，促进学生运用自己的生活经验更好地理解课文，使课文中的思想与学生的经历接触，产生巨大的说服力与震撼力。

在教学《祖父的园子》时，教师可以这样进行结课提问：“萧红在祖父的园子里只有童年才能做的事情，你是否也曾做过？可以与大家一起分享类似的童年趣事吗？”

又如在教学老舍的《猫》后，教师可组织学生观看视频《我家的小猫》，紧接着提问：“老舍家满月的小猫十分可爱，老师家的小猫也很可爱吧？你也养过小动物吧，你能学着老舍的写法用几句话来描写你养的小动物吗？”

这种“挖掘文本中的生活因素，并和谐地与学生的生活经验相结合”的设计，延伸了学习活动的空间，激活了学生的思维和兴趣，而且通过学生对自己生活经验的描述，展开了学生与文本中的生活经验的对话，使阅读体验更为丰富，更为鲜明深刻，进一步提高了学生的语言积累和运用能力。

3. 读写拓展延伸，丰富文本生活

让学生在生活这个广阔的空间中学语文、用语文，才能引进源头活水，学得更灵动、更具勃勃生机。构建生本课堂，必须在文本与生活之间寻觅通道，把学习活动延伸到生活中，赋予课文以生命和活力，为学生在生活中创设"做"的广阔空间，以文本为蓝本进行读写迁移，让学生更好地懂得生活，学会生活，改造生活，做生活的主人。

总之，构建语文生本课堂需要不断地融入探索与实践，从"学""做"的视角开展学生的学习活动，真正做到以"做"为中心，在"做"上完成语文教学的教与学，让生本课堂开出更加艳丽的花朵，结出更加丰硕的果实。

参考文献

[1] 周逸先."教学做合一"加强课堂教学的实践性[J].学科教育，2001(5)：14-18.

[2] 叶建松.学习单的设计与运用[J].小学语文教学，2014(4)：40-41.

（作者单位：岱山实验学校）

第三学段阅读教学中读写结合的问题分析与优化策略

刘哲群

语文课程是一门学习语言文字运用的综合性、实践性课程。《义务教育语文课程标准(2011年版)》明确指出,“义务教育阶段的语文课程,应使学生初步学会运用祖国语言文字进行交流沟通”。“综合性”“实践性”“交流沟通”这几个关键词给新课程背景下的语文教学指明了方向。小学语文阅读教学课堂上基于阅读的习作练习俗称“读写结合”,基于新课程理念,成为评价课堂教学的一项重要内容。本文主要就当前第三学段阅读教学中读写结合存在的问题和优化策略谈一些看法。

一、第三学段阅读教学中读写结合教学存在的问题

随着课程改革如火如荼地推进,课堂教学中进行读写结合训练的理念深入人心。基于我校教研组关于读写结合的研讨发现,在第三学段的课堂教学中关于读写结合的教学问题层出不穷。老师往往把读写结合定位为课堂教学的亮点,但在具体实施中却又只是蜻蜓点水,或片面追求,或偏离文本、拔高要求,从而使读写训练形式化、表面化、层次化,读与写不能真正地有机融合,读写结合训练的价值也就无法彰显和体现。如何有效开展读写结合的训练是我们当前亟须思考并解决的问题。据统计,第三学段阅读教学中读写结合教学存在以下问题:

1.“读写结合”缺乏新意

教师在读写结合设计上容易陷入范式,写作的要求无法引起学生的兴

趣，不能激发学生写作的愿望。例如，学习了《钓鱼的启示》一文后，让学生写一写自己懂得了什么；学习了《我的“长生果”》一文后，让学生写一写自己有什么收获，这些属于收获式写话；学习了《草船借箭》一文后，让学生写出想对诸葛亮说的话；学习了《将相和》一文后，认识了廉颇和蔺相如，请学生写几句话表达对他们的敬佩之情，这属于赞美式写话。由于写话的内容毫无新意，于是很多学生就照章行事地写几句话或将老师在板书上的内容抄几句即可。没有创作的欲望又哪来的文思泉涌呢？这样的读写结合教学环节对学生而言无疑是一大累赘，又怎能见效呢？

2. “读写结合”难度把握不准

在平时的教学中，教师在读写结合的写话练习中常常出现难度把握不准的情况，有的设计过于简单，有的又过于繁难，没有考虑学生的实际水平和年龄特点，没有遵循课程标准所规定的年段目标。在教学《金色的鱼钩》一课时，为了帮助学生进一步体会长征路上的艰难险阻，教师设计了一个写话：根据你的了解，结合课文插图，请你想象一下长征路上红军遇到的困难，写成一个小故事，300 字左右。这样的练笔，学生着实为难，年代久远，学生根本没有这样的体验，他们所能描绘的仅是画面中的场景。这样的写话设计太难，没有考虑到学生的生活经验。在教学《学会看病》一课时，教师指导学生关注文中的母亲“独白式”的心理活动描写的句子，引导学生学习用“独白”的方式描写心理活动，而这样的写话练习过于简单，并不符合五年级学生的写作水平，“独白”这种并不特殊的心理活动写作方法学生在三年级的时候就已经练习了，在这里出现无疑是多此一举。

3. 读写“结合”点脱节

“读写结合”，是以文章为载体，从内容出发，设计与之相关的“写”的训练，使阅读、写作和思维训练三者融为一体，通过以读带写、以写促读的读写训练，促进学生思维的发展和能力的提升。对教师来说，“读写结合”应该重在“结合”，而教师在教学中却很容易忽视这一点。在教学《穷人》一课时，有的教师将课文的 9～11 自然段作为教学的重点，让学生感受桑娜抱回孩子后等待丈夫归来时的矛盾心理，但写话练习设计却为“学习这段心理活动描写

的方法，写一写西蒙临死前的矛盾心理”，这样的设计就犯了读写脱节的毛病——写作的要求脱离了文本的内容。文中有着矛盾心理的是桑娜和渔夫，而病者西蒙更多的是无奈、绝望或期待。如果教师准备让学生写一写西蒙临死前的想法，应该指导学生品读课文的第7自然段，以西蒙屋内的凄凉、死状以及熟睡的孩子为思维的载体，想象这个可怜的穷人死之前有着怎么样的想法。

4.“读写结合”流于形式

纵观现在的很多公开课，似乎都有一些定式：使用学习单、设计读写结合的内容……所以不少老师是抱着一种必须要设计一处写话的形式来设计教学的。为设计而设计，这就导致了没有考虑写话练习的可行性，包括教学容量。在教学《圆明园的毁灭》这一课临近下课时，老师动情地说：“圆明园中没有了昔日的辉煌，只有那几根破损的石柱孤零零地矗立在那里，看到这一切，你有什么想说的吗？将你心中的话写下来。”而由于时间关系，下课铃响了。学生没有充分的时间思考这次练笔，没有充足的时间行文，更没有时间交流、分享，这个环节似乎就成了这节课“教学品质”的一个摆设。这样草草收场的设计、这样浮躁的做法实在是有违读写结合设计的初衷。

二、第三学段阅读教学中读写结合实际教学优化策略

如何彰显和体现读写结合训练的价值？如何使读写结合更有效地开展？笔者结合第三学段的一些课堂教学的实际操作谈谈自己的看法。

1. 明目标，握纲领

俗语说，心中有纲，做事不慌。而老师心中的“纲”，就是新课标中明确提出的年段目标。结合《义务教育语文课程标准(2011年版)》第三学段中阅读和习作的要求，笔者提炼出几点关于读写结合的建议：

(1)让学生自由表达，给他们交流的空间，鼓励个性化思考。

(2)习作的内容紧密联系学生的生活见闻。

(3)写适量的读书笔记、读后感和应用文。

(4)对习作速度有一定的要求。

2. 保"时效",落"实处"

"读写结合"在课堂教学中常常因时间问题而搁浅,因时间问题而流于形式。老师在语文课上更多地关注文本内容的讲解,而忽视了引导学生有效地读课文,没有给予学生充足的时间去写。哪怕是作文课,老师也常常在讲解怎么写,而并没有让学生真正静下心来写。老师常常认为在课堂上写是浪费时间,习以为常地把写当成家庭作业。

落实好读写结合的教学任务,发挥读写结合的有效功能,需要老师从根本上改变教学观念,必须要把课堂教学的时间和空间充分还给学生,把老师过多的讲解时间还给学生,让其支配,课堂上保证充分的时间让每个学生认真读书、写作、交流。把课堂还给学生,才能让读写结合真正落到实处。

3. 仿"写法",促迁移

教学中我们鼓励给学生"猎枪"而不是"猎物"。给"猎枪"就是给规律、给写法,让学生自己学会学习。在第三学段的课文中有许多文质兼美的名家名篇。这些文章不仅含有丰富的思想感情,而且还蕴含着形象简明的表达方法。这些都是值得学生在学习中借鉴、移植的。

(1)仿"典型表达"。在学习五年级下册《白杨》一文时,这篇文章在表达方法上运用了托物言志的方法,值得学生展开学习。在教学中,教师引导学生用"哪儿……哪儿……""不管……不管……总是……"这两个句式归纳出白杨的特点,等到学生理解了白杨的象征意义后,再让学生带着对边疆建设者的崇敬与爱戴,用这两组句式去写话,以提高他们运用语言的能力。在这样的模仿写话中,学生挖掘生活中平凡岗位上那些不平凡的人物事迹,用一种欣赏、赞扬、感恩的眼光去看待周围的人和物。文本中这一典型的表达方式经过这样的迁移运用,可以深深地植根在学生的脑海里。

(2)补"文本空白"。其实在课文中有许多空白点给我们留下了无限的想象空间,这些空间是迁移训练学生写作的契机。通过写话既能加深学生对文本的理解,又能进一步巩固学到的方法。

例如在五年级上册《地震中的父与子》中儿子有这样一段话:"我告诉同

学们不要害怕,说只要我爸爸活着就一定会来救我,也能救大家。因为你说过,不论发生什么,你总会和我在一起!"学生从中可以明显地感受到身处逆境中的儿子阿曼达也很了不起,他深信自己的父亲,有着坚定的信念。

因此,教师就可以利用这段文字以"逆境中的儿子"为题指导学生写课堂练笔,要求学生抓住人物的动作、神态、语言、心理活动等展开想象,来描写阿曼达在逆境中的坚强,弥补课文空白,以照应课文后的"这对了不起的父与子"。这里的练笔设计巧妙地利用了课文的空白点,给了学生无限的表现空间。

学生写作时根据提示,通过人物的神态、动作、语言、心理描写,将人物的表现描述下来,"读""品""写"有机结合,融于一体。学生在思维和情感的震撼中领悟人物高尚的情操。这样的训练不仅让学生明白了文章在写什么,还学到了写作的方法,能力在不知不觉中又得到了提升。

(3)创"想象文本"。六年级下册契诃夫的小说《凡卡》一文的结尾这样写道:"过了一个钟头,他怀着甜蜜的希望睡熟了。他在梦里看到了一铺暖炕,炕上坐着他爷爷,耷拉着两条腿,正在念他的信……泥鳅在炕边走来走去,摇着尾巴……"作者以梦境结尾,似喜实悲,给读者留下了深刻的印象,更激起人们对凡卡命运的关注。究竟凡卡的愿望能不能实现,梦醒后迎接他的该是什么呢?一个个问号伴随着阅读蹦跳而出,这时可让学生发挥想象,为故事设计一个个新的结局,进行这样的创新练笔,学生的思维顿时能活跃起来。

像这类言有尽而意未尽的好课文应充分利用,因为文章省略号处、结尾处都仍有无限悬念,给学生留下想象回味的余地。教师可以在此处安排一些适当的练笔,引导学生顺着作者的思路或情感发展的方向发挥想象,对文本进行延伸,学生的灵性就会在这种思维创新的小练笔里飞扬起来。

4. 择佳作,促读写

读写结合的点虽多,但需要我们老师筛选斟酌,不是所有的读写结合点都适合,也不是所有的文本都适合用读写结合。不是为了写而写,而是为了更好地调动学生的学习积极性,促进学生在阅读中感知,在梳理文本内容中加深理解,提升情感,进而提高写作水平。

(1)“找准点”促“读”。五年级下册《临死前的严监生》一文,要想让学生真正感受到严监生的吝啬,必须引导学生细读文本,透过严监生的动作、神态,走进他的内心。在学习严监生的动作、神态的句子的时候,引导学生发现并思考,每次摇头、伸指头的动作一样吗?怎么不一样?你能体会到什么?学生通过对动作、神态细微变化的品读,就一步步体会到其心情的变化(失望—心急如焚—绝望)。这样一来,也为学生再现严监生当时的内心活动做好了铺垫,激发了学生的表达欲望,学生动起笔来也更加得心应手。教师在课堂上努力为学生创设表达的情境,让学生想要表达,乐于表达,只有这样才能真正做到“以读促写、以写促读”。

(2)“改文本”促“读”。在阅读教学过程中,为了促进学生更好地理解和把握文本内容,可以让学生变换一个文体来改写原文。比如五年级上册《古诗三首》的练习设计:“想象《秋思》中绘画的画面,把《秋思》改写成一个小故事。”又如六年级上册《伯牙绝弦》通过改编文本加深对文本所展示的人物、时间和内容的把握。

(3)“写感受”促“读”。情动于衷而发于外。有些课文蕴含着丰富的情感,有强烈的感染力,教师引导学生深入理解课文内容,感受作品中的人文情感,指导学生用自己的语言把各自独特的感受写出来,在学生入情入境中,与作者以及课文中的人物产生共鸣。

五年级下册《桥》是一篇感情浓厚的作品,文章塑造了老汉在洪水面前舍己救人的英雄形象。教师可结合课文的思想内涵布置这样一个练笔:洪水带走了老汉和他的儿子,几天后,人们回到了被洪水冲毁的家园,决定重修这座桥,在桥上刻下人们对老汉要说的话,请你结合课文替大家给老汉写几句话。

学生在语言文字的品读过程中对于老汉的不徇私情、舍己救人的惊人之举有话可说,这样的设计既延续了文本人文内涵,又结合情境训练了读写,学生在情感体验得到升华的同时,写作能力也得到了提高。因此我们教师要善于捕捉这种情感的蓄积点,引导学生及时练笔,将这种情感、感悟沉淀下来,久而久之就能凝结成学生的思想,化成言语实践的能力。

5. 重评价,追实效

草草收场的读写结合只是走个过场,教师对于学生的反馈没有进行有效的评价，使得教学环节没有实效，学生的呈现成果没有得到提升。因此，教师在设计随堂练笔时应留有必要的时间，尽量设计片段练习，如果写作的时间长，老师可安排学生写写某个段落或拟写纲要，总之要留足时间进行评价、反馈、交流与分享。

适时的交流、分享有利于鼓励学生的创作激情，帮助实现课堂教学中师生、生生之间的平等对话，更能发挥读写结合的功用，展现学生的即兴思维，培养学生的独创精神。

三、结语

从一定程度上来说，读和写的关系就是输入和输出的关系，就好像人体摄取营养、储存能量那样。读是写的基础，写从读中吸取养分。读和写是相互促进、相辅相成的两个方面。课堂上，教师要发挥读写结合的最大功效，促使读和写形成一体，保证读写结合的时间，教给学生读写结合的方法，恰当地选择读写结合的内容，充分发挥读写结合交流反馈的评价功能，只有这样才能实现语文阅读教学中读与写“1+1>2”的实效功能。

参考文献

[1] 中华人民共和国教育部.义务教育语文课程标准(2011年版)[M].北京:北京师范大学出版社,2012.

[2] 唐桂华.小学阅读教学中读写结合的教学策略研究[J].都市家教(上半月),2013(10):76.

[3] 欧雯.小学语文教学读写结合策略探究[D].上海:上海师范大学,2013.

(作者单位:岱山县衢山镇敬业小学)

小学语文课堂智慧理答的有效策略

王佳静

随着教学事业的发展，课堂已经不仅仅属于教师一人，现阶段的教学更加注重师生的互动，而互动的过程即为教师引导学生的过程。智慧理答不仅可以保证课堂活动的顺利开展，还可以启迪学生的思维，激发他们的探究欲望。要做到智慧理答，教师要善于捕捉时机，关注细节，从学生的认知角度出发分析问题，层层递进地对学生展开引导。智慧理答有利于教师构建高效的语文课堂，可是要做到这一点并不容易。本文主要对小学语文课堂教学中教师理答行为的现状、重要性以及策略展开研究和分析。

一、理答的重要性

理答指的是在教学活动中，教师在学生回答问题之后的理性回复和处理反应。课堂问答有四个环节：教师发问；教师等待学生思考问题整理答案；教师叫某位同学回答问题；教师对于学生的答案做出反应，可以简略写为发问、候答、叫答、理答。华东师范大学崔允漷教授认为，理答就是教师对学生回答问题后的反应和处理，是课堂问答的重要组成部分。理答既不等同于我们常说的评价，也不完全属于课堂对话，是指教师在课堂教学中对学生答问的结果及表现给予明确、有效的评价。

在小学语文课堂教学中，教师的提问和理答对于学生的学习有重要的意义和价值。首先是能够及时检验学生的学习情况；其次是强调教学重点（理答主要是针对教学重点进行提问和解答，通过课堂教学和理答两种不同方法来突出教学重点，加深学生的学习印象）；最后，学生和学生之间、老师和学生之间能够通过理答实现良好的沟通。要做到智慧理答，教师就要善于捕捉时机，关注细节，从学生的认知角度出发分析问题，层层递进地对学生展开引导。

二、小学语文课堂理答的现状

课堂理答有这样重要的价值，但目前小学语文课堂理答的现状却不容乐观。当前教师实施课堂理答存在的问题主要有以下几点。

1. 缺少明确指向。有的教师对课堂理答不重视，实施过程中流于形式，只是将它作为教学中的一个流程，匆忙完成后就进入下一个教学环节。教师用单一空洞的语言对学生进行简单的肯定或否定，学生知道对或错，却不知道错在哪里。

2. 缺少人文关怀。有的教师进行课堂理答只是为了让学生说出正确答案，以进入下一个教学环节。在这一过程中，教师过于专注获得正确答案，对回答错误的学生反应冷淡、不做评价，回答错误的学生不仅不知道自己错在哪里，还觉得自己被老师忽略了，自尊心受到伤害，削弱了对语文学习的积极性。

3. 缺少正面引导。教师没有及时地对学生的回答进行评价，会削弱回答正确的学生的积极性，让回答错误的学生失去学习的自信心，学生在语文课堂的积极性和求知欲被削弱。

4. 缺少客观公正。有的教师为了活跃课堂气氛、鼓励学生，无论学生回答得是否正确，都会盲目表扬。这种方式使学生难以获得客观正确的评价，不知道自己在学习方面存在哪些不足，不利于提高学生的学习成绩，同时也不利于良好学习习惯的养成，另外也会造成部分学生盲目自信。

5. 课堂理答程式化倾向严重。大部分教师在评价学生的过程中经常使用“你很棒”“你再思考一下”等这些习惯性词语。这样的评价其实对学生并没有太大的激励作用，因为教师讲得多了，学生听得多了，习以为常。教师在讲时可能脑子里正在想着下一个环节是什么，对于学生的回答并没有认真思考。而学生第一次听可能会很开心，听得多了，也就习以为常了，这些话也就失去了激励作用。这样的现象也揭示了我们小学语文教师在课堂理答过程中缺少情景化和个性化，离真正的高效的理答课堂还有一定的距离。

三、小学语文课堂理答的策略

1. 认真设计问题，重视理答预设

正所谓“不打无准备之仗”，要想成功上一节课，你需要有充分的准备。而这个准备就包括对于问题的设计以及理答的预设。在课堂教学中，教师的理答是学生回答的反馈，需要教师具有临场应变的能力，根据学生不同的回答选择适合的方式应对。尽管学生的回答是未知的，但是我们仍然能够在教学设计时进行预设。教师在教学设计的时候预设越详细、越周全，在课堂中面对学生各式各样的回答越能从容应对；反之，没有课堂理答的预设，就很难在课堂中进行有针对性的有效理答。

现在是信息时代，互联网上资料众多，许多新手教师欠缺自己的思考、琢磨，往往会在网上选择一些现成的教案，比如一些名师的上课教案。然而时代在发展，名师以前的教案未必适合现在，适合名师的也不一定适合新手教师。再者，学生是独立的个体，教师怎么能拿教案照本宣科呢？新手教师时常只顾着自己的教案，而忽略学生的回答，当学生的回答与自己的预设不符时，只会硬拉着学生回到自己的预设中来。归根到底，是教师不熟悉教案，没有做好理答的预设。

例如在统编教材一年级下册《小壁虎借尾巴》一课中，一位小朋友提出：“老师，小鱼、燕子、老牛它们的尾巴都有自己的用处，所以不能借给小壁虎，那小壁虎的尾巴有什么用呢？小壁虎说没有尾巴多难看啊，它的尾巴是用来好看的吗？”面对这个问题，我愣住了，我大概了解一些壁虎尾巴的作用，但是不敢确定，我不能把自己都不确定的答案告诉学生，但也不能忽视学生的问题。于是我告诉学生，让他课后去搜集答案，然后讲给其他同学听。出现这一问题，说明教师对教材还不够熟悉，没有做好充分的理答预设。

特级教师孙双金老师曾在一篇访谈中提到关于预设的看法，“我记得在年轻时上公开课备课，往往要二三十张纸，这是详案。当你的一个问题下去，学生可能有几种回答。如果学生这样答，我该怎么理答；如果学生那样答，我

该怎么理答。如果学生答得不够到位，我又该如何理答让他能够回答到点子上。当然，等你基本能预设学生的回答，能即时正确地进行理答，那么此时你就是一位有经验的教师了。”从孙双金老师对于理答预设的看法中不难看出，其对于问题的预设是他们如今能够轻松地驾驭课堂的重要原因。

年轻教师想要快速提高自己的教学能力，就要精心研读文本，准确把握目标，认真设计问题，重视理答预设，在备课时，不仅要备本课的内容，明确教学中的重难点，还要结合本单元的教学目标，还可以纵向比较，明确每一阶段学生的学习目标。

又如，在教学《要下雨了》这篇课文时，教师要拓展自然界哪些现象预示着天要下雨了。一个学生说：“我去外婆家看到蚯蚓在土地上爬，后来就下雨了。”这个学生看到了这一现象，但并不了解为什么会这样。教师肯定了他平时善于观察的好习惯，然后利用课前搜集的资料帮助学生答惑解疑。教师的讲解仿佛为学生打开了一扇科学的大门，学生对未知的世界更为好奇。

2. 锤炼问答技巧，实施有效理答

(1)必要的意义重复。学生回答问题的时候，如果学生的回答正确，教师就应该及时给予肯定。尤其是回答小结和归纳这类比较复杂的问题时，学生的回答非常好，这个时候教师采用意义重复的理答方式就会产生很好的效果。很多时候，教师不用重复学生回答的所有句子，就挑学生回答中最亮点的、最有新意的地方进行重复，这个重复就很有价值。教师重复学生的回答，这是对学生极大的肯定和鼓励，同时也在帮助其他学生整理和消化。当学生回答有问题时，大家却都没有听出来的时候，教师把有问题的地方重复一下，加上疑问的语气，其余的学生就会自然地思考这个有问题的地方，这也是训练学生思维的方式。

(2)适时地追问、反问。教学中，教师总希望学生的答案能够一语中的，但是往往很多时候，学生的答案并不能一下就切中要害，这个时候就可以考虑采用追问的方式进行理答。学生答题遇到困难时，教师也可以选择追问，让学生顺着新的问题方向进行思考，加上教师从旁指点，帮助学生明确思考方向。好的追问能够激发学生的学习兴趣，启发学生的思维发展，更是教师教学能力和课堂智慧的体现。

反问是一种灵活的理答策略，教师根据学生的回答情况反问学生，启发学生进行反思，让学生自己来发现自己回答中的不足之处。教师使用这样的形式比起直接否定评价学生的回答要来得委婉，不打击学生的学习积极性，同时也能直接将问题的症结告诉学生，引导学生针对问题进行再思考。教师采用反问的理答方式能够引起学生的注意，同时也有助于调节课堂气氛。

例如统编教材二年级下册《揠苗助长》这篇课文中，其中一个教学目标是让学生理解这则故事告诉我们的一个道理：违反事物发展的客观规律，急于求成，反而会把事情弄糟。“事物发展的客观规律”和“急于求成”这两点让二年级的学生了解有一定的难度。那么怎么降低这个难度呢？让学生理解事物发展的客观规律其实就是植物的生长规律，那么理解植物的生长规律对学生来说就比较简单。教师问：“小朋友们，什么能够帮助农民伯伯让他的秧苗快快长大呢?”学生会回答“阳光”“土壤”“水”“肥料”等。那么教师就可以追问：“我们刚刚说的这些其实都是为了遵循植物的——”“生长规律”(学生答)。这样就可以让学生理解植物的生长规律。对于“急于求成”“急功近利”的理解，教师可以转变提问方式，进行追问。教师提问：“如果禾苗没长大之前被拔出地面，会怎么样呢?”学生回答：“会死掉。”教师追问：“那为什么主人公会提前拔高禾苗?”学生答：“他想让禾苗长得快一点儿，快点儿长大，他太着急了。”借助这样比较浅显的提问、追问，学生就能比较轻松地理解这个寓言故事的内涵。

(3)恰当的非言语性理答。非言语性理答，既是一种教学评价行为，更是一种教学艺术。有时，一个眼神、一个微笑、一个大拇指、摸一摸孩子的头……都是有效的理答行为，不露声色、不着痕迹、恰到好处的非语言理答，少了无谓的“华丽点评”，少了教师的“才情展示”，此时无声胜有声，其激励效果有时会胜过言语表扬。

在低段的课堂中，非言语性理答比较常见。当学生能够正确地把句子读下来，教师给他一个大拇指或者鼓掌，能让他们信心大增，在接下来的学习中会更加地投入。有时，教师不需要语言，在他的书上打个五角星就是对学生最大的肯定。

3. 关注课堂气氛，创造理答机会

兴趣是学生学习的原动力，良好的课堂气氛能够有效地激发学生的学习兴趣，从而使学生主动、积极地参与到学习活动中。师生问答作为课堂教学活动中最重要的组成部分，对课堂的气氛有很高的要求，同时理答效果也受到课堂氛围的影响。

课堂教学中，我们追求的有效理答主要表现为以下几种类型：激励性理答（包括语言性和非语言性的表扬和鼓励）、发展性理答（主要包括探问、追问、转问、反问）、诊断性理答（对学生的回答给予肯定或否定的回答）、再组织理答（对学生的回答进行重新组织、概括）。

教师对于理答策略的选择会直接影响课堂的气氛和学生的情绪。多用肯定的诊断性理答能够提升学生学习的积极性，更多的情况下教师可以采用激励性理答的方法，鼓励学生自主思考问题、回答问题，调动学生的学习兴趣。同时，教师采用发展性理答策略的时候也要注意营造良好的氛围。

4. 注重理答反思，提高理答实效

课堂上的理答行为看上去好像千变万化，有些是在课堂上即时生成，让一线教师难以预料，然而，课堂上的理答其实是有规律可循的。这要求我们教师要注重课后的反思，归结出相对有用的经验。课堂理答的生成性特别强，所以教师在课后要及时地进行反思，不仅对理答行为，更要对理答效果进行反思。只有这样，教师才能知道没有达到预定目标是出现了什么样的问题，根据出现的问题寻找原因，有的放矢，下次遇到类似的状况，我们就能够随机应变。如果遇到自己暂时无法处理的问题，也应该反思并记录下来进行分析总结，这样才能够提升我们自身的理答技巧。

课堂理答是一门艺术，它充满智慧、情感、技巧，它能引领学生走出理解的误区，它能提炼一篇文章的文眼，也能给课堂带来精彩而有效的生成。理答在整个课堂教学中往往是最容易被忽视的一个部分，正因如此，教师才更需要加以关注，认真聆听学生的发言，关注他们的表现，予以不同形式的表扬，或肯定，或鼓励，或建议……只有善于理答，语文课堂才会更富灵气。

参考文献

[1] 陈伟. 构建属于小学语文的理答评价[J]. 语文学刊,2014(18):167-168.

[2] 朱宏军.追寻有效理答　打造智慧课堂——小学语文课堂有效理答策略的思考[J].小学语文教学,2012(1):6-7.

(作者单位:岱山县桂花中心小学)

思维导图在小学高段阅读课堂中的应用

虞姬娜

新课程改革倡导“核心素养”的培育，其所推出的“三维目标”旨在培养“真实的学力”。课堂是培养核心素养的主阵地，但是目前我们的不少课堂还与新人才培养的目标相脱节，我们的小学语文课堂也不例外。步入小学高年级，语文课堂学趣索然、交流寡淡的现象并非少见。

一方面，这种现象是由学生方面的客观因素造成的。这个年龄阶段的孩子正处于青春期的萌芽状态，自尊有余，自信不足，惧怕出错，不敢轻易发表看法，因此，课堂出现冷场的现象就不足为奇了。

另一方面，这种现象是由教师方面的主观原因造成的。课堂上不加整合的碎片化教学内容，一成不变的课堂组织形式、提问方式，会让学生丧失学习期待。久而久之，学习变得被动，失去了自主建构的意愿和能力，故而课堂失去了激情。

因此，将“思维导图”这一学习策略引入阅读教学，促使教师去精心地整合教学内容，设计课堂提问，部署学习活动，通过转变学习方式来调动学生的学习兴趣，使他们从被动学习转为主动学习，从浅层学习迈向深层学习，从知识学习的记忆者转变为能动建构的思考者。自从引入思维导图，阅读课堂的面貌确实有了较大的改变。思维导图以其明确的学习任务、集中的学习内容、简化的学习方式以及创新发散的思维体验等多种优势吸引了学生，提高了学生的参与热情，课堂效果良好。

以人教版六年级下册第五单元的专题阅读教学为例开展思维导图的应用实践活动。该单元共有四篇文章，分别是《跨越百年的美丽》《千年梦圆在今朝》《真理诞生在一百个问号之后》《我最好的老师》。这四篇文本都以“科学精神"为主题编组在一个单元里的,并在写法上有共同之处,都借用了具体事例来反映科学精神,来说明科学研究的道理。根据第五单元的单元导语中提到的"把握主要内容""体会科学精神和含义""学习用具体事实说明道理的写法"这三个重点,笔者初步设计了以思维导图为支架,带动单元整组协同式教学的构想,以下就是单元整组教学的简案(见图 4-11)。

"科学精神"单元整组教学简案

阅读层次:初读——→精读——→阅读—拓展
课堂类型:单元整组导读—文本个性阅读—读写(说)结合
教学目标:了解内容—体会科学精神—学会借事实说道理
学导策略:思维导图

图 4-11 "科学精神"单元整组教学简案

从简案中可以看出,笔者以阅读能力训练的层级为纲设计了整组教学的总体框架、目标层次,并给每一种课型设计了指向单元目标的研读主题,并辅以思维导图作为教学媒介带动整个单元的协同学习。下面从阅读能力训练的不同层面来看看思维导图在阅读教学中的实际应用及课堂效果。

一、思维导图让阅读更全面

1. 教学构想

单元是将教学内容有机地、模块式地进行组织而构成的,因此一节单元导读课中既要有教学内容的整合,又要有教学方式的整合。此单元的导读课要让学生在初读整个单元四篇文本的基础上了解每篇文本的大意,梳理出众多事例,建立事例与其背后科学精神的联系,从而丰富对科学精神的表层理解。因此,导读课要紧扣单元重点,通过对"事例"及其对应的"科学精神"这些信息的提取来展开整体性的表层阅读。这样就明确了初读的方向,提高了单元导读的效率。

据此,笔者设计一张单元导读思维图,要求让学生先自读,浏览课文,从文中找出具体事例,标明相应科学精神(用词或短语概括)。再进行小组讨

论，共同补充完成这张思维导图，最后在组际展示中解读图意，再带动交互讨论（见图 4-12）。

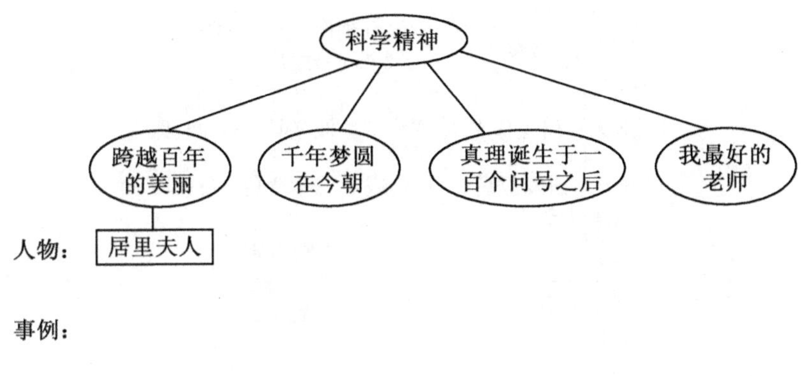

图 4-12 “科学精神”思维导图

2. 课堂情境

自读时，学生从四篇课文中找出事例，对其背后的相应科学精神进行一一对应，由于这次任务指向非常明确，学生缩小了信息搜索的范围，有利于他们对有效信息进行快速、全面的捕捉。小组讨论制图时，同时也是激烈的质辩环节，每个组员都反复翻阅文本来支持自己给出的关键信息，比任何时候都读得仔细、全面。

组际交流中，学生通过比对各组的思维导图，发现有一处存在“歧异”——《千年梦圆在今朝》这篇文本中几个事例的排列结构出现了两种情况：一种是并列式的横向组合；另一种是递进式的纵向结构。教师顺势将两张典型思维图贴上黑板（见图 4-13、图 4-14）。利用这一“歧异”现象引导学生主动去对比回读《千年梦圆在今朝》和《真理诞生于一百个问号之后》这两篇文本，学生通过对比联结发现，原来《千年梦圆在今朝》一文是按照时间顺序来叙述的，事例也是按照时间顺序列举的，意在呈现历代航天科研工作者代代相承、锲而不舍的科研精神。学生制图时，就应该遵循文本的叙述思路纵向推进式地排列事例。

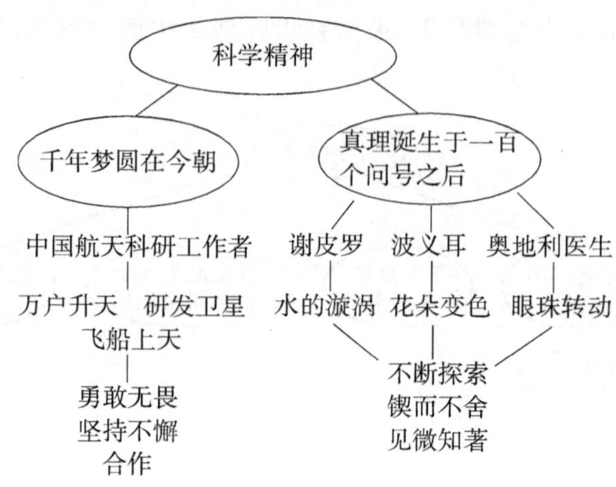

图 4-13 并列式横向组合

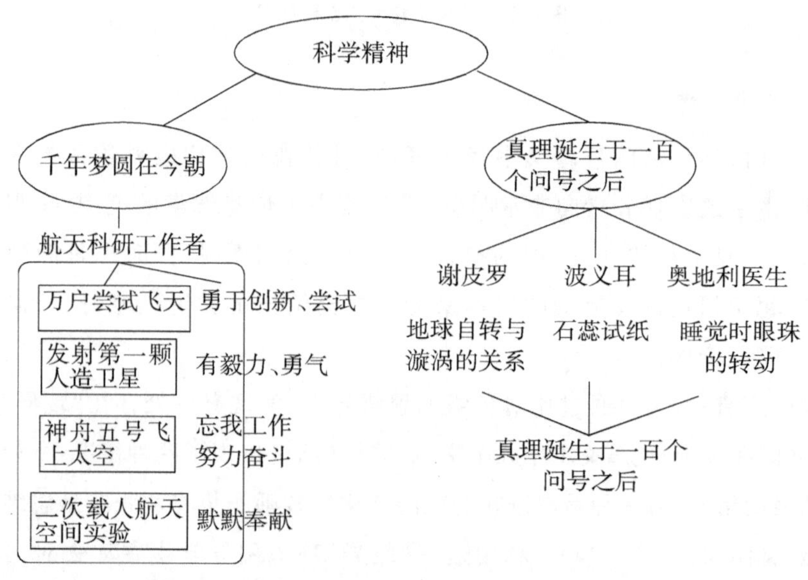

图 4-14 递进式纵向结构

3. 应用效果

佐藤学说："倘若是能够觉察'事件'，教学就不是所定计划完成的，而是在不断探索意图与计划之间的'歧异'之中学习的可能性。在这种'歧异'中形成的学习就像编织织物一样展开。"思维导图能将学习个体之间的歧异显

性而且放大,促发学生在比对中建立内容与内容之间、内容与经验之间的积极关联和建构,从而生发出更多新的知识。就像在这个案例中,学生对科学精神的理解就更全面了,同时领悟了同主题文本还可以运用不同的表达形式。思维导图中呈现的真实差异驱动学生进行重点文本的多重阅读,展开针对疑点的再度讨论,实现认知结构的再度调整,尽可能地减少了学生在知识和认识上的纰漏。

二、思维导图让阅读更深入

1. 教学构想

这单元四篇文本中,《跨越百年的美丽》是一篇比较有内涵和深意的精读文本,以“美丽”为主线,从“容颜美”“ 精神美”和“人格美”三方面(或“内在美”“ 外在美”两方面)来写居里夫人内外兼具的美。笔者认为,深入体会“美丽”的丰富内涵,是学生阅读理解时的重点,也是教学的难点。因此,设计以“美丽”为核心的思维导图意在借图助推学生能动阅读,去研读相关事例及写作者感受的句段,并思考居里夫人的美丽体现在哪些地方,概括梳理后完成思维导图,让它带着学生追根溯源感受人物魅力,领悟表达效果。

2. 课堂情境

这次,笔者不提供思维导图的模型,而是让学生自主设计。学生除了关注具体事例外,还特别关注了作者表达感想的句子,其中一处是描写镭的句子:“这点美丽的淡蓝色的荧光,融入了一个女子美丽的生命和不屈的信念。”这一处描写该属于哪个角度的美呢?有人在图中把它归到外表美里面(A)。有一小组经过讨论在图中另辟出了一个“成果美”,将“美丽的火焰”归于此(B)。但在组际研讨中,这个问题的争议再次发酵。各组经过一番热烈的讨论后,基本认同这样一种观点:镭是居里夫人锲而不舍的科学精神和执着不屈的信念换取的成果,镭发出的“美丽的淡蓝色的荧光”也是居里夫人可贵精神的物化,这是一种象征的写法(C)。教师在他们讨论的基础上顺势提升,引导领悟题意:“跨越百年的美丽”其实就是指居里夫人高尚的品格和科学精神跨越百年、千年、万年，都永放光芒(D)。

3. 应用效果

这不仅仅是一场热闹的讨论，其实我们还应看到一场自主能动、逐步推进的思维运动。思维导图推动下的学习过程就像剥笋，从自主学习(A)—小组讨论(B)—组际交流(C)—导学提升(D)，经过层层推进，我们看到学生的阅读思维逐步接近文本的本意(美丽的深意)、作者的初衷(对科学家的无上崇敬)。

精读环节使用思维导图的好处就在于，首先能推动学习共同体很快聚焦重点进入议论的情境。议论是激活儿童提出质疑、思考判断的一种自主性探究，儿童自主性、主体性的协同关系从议论中就开始了。更重要的是，思维导图还能将学生提出的观点和讨论的过程可视化，这样，当讨论僵持不下、来回兜圈子的时候，便于讨论者从图中回溯讨论过程、生成的新信息，继续找回头绪，逐步推进思维，让师生间、生生间的应答逐步从浅层发展到了深层，思维也逐步从低阶认识迈向高阶认识。

三、思维导图让阅读与拓展更对接

1. 教学构想

《真理诞生于一百个问号之后》这篇文本结构清晰，逻辑严谨(确立观点—列举事实—证实道理)，是学生初步接触观点性表达的领路之作。不仅如此，其中列举的三个事例也是表达清晰，章法规整，是训练语言逻辑的典范之作。心理学的阅读研究表明，即便是再短小的文章，其阅读也是一种牵涉文章背后某种意义信息之关联的复杂过程。从某种意义上说，阅读是以来自作者的表象(文本)作为“经线”，和以来自读者的阅读活动作为“纬线”交织而成的织物。而思维导图能将这“纬线”和“经线”之间的关联清晰地梳理、呈现。以下就是《真理诞生于一百个问号之后》一文的阅读思维导图(见图 4-15)。

上图所示，预设了借助思维导图来梳理文本的结构，链接拓展阅读，学习表达思维，迁移运用等读写实践活动，让文本阅读与其他相关的学习活动环环相扣。毋庸置疑，此图能很好地将这些丰富的实践活动整合，从而以图为载体，落

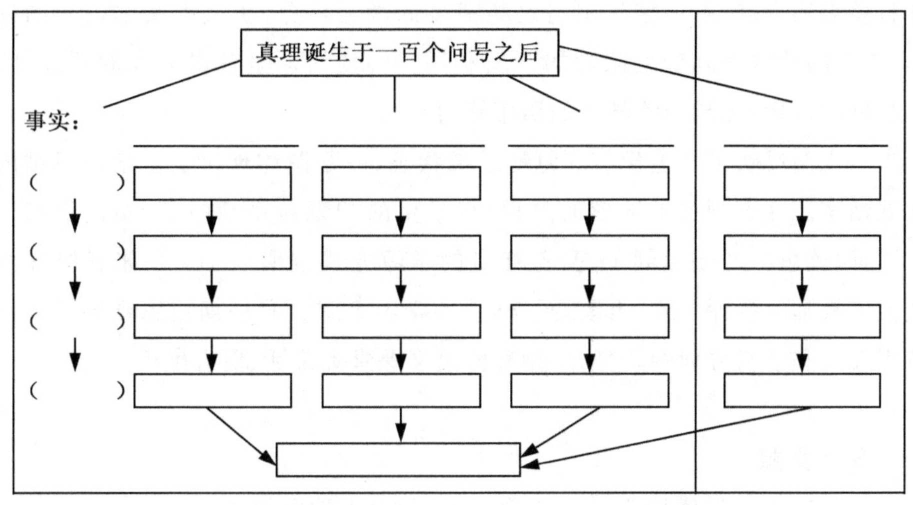

图 4-15 《真理诞生于一百个问号之后》思维导图

实本组单元中"把握主要内容""体会科学精神和含义"和"学习用具体事实说明道理的写法"这三个学习重点。

2. 课堂情境

学生先细读文本，概括梳理出三个事例的叙述思路，填在并列结构的桥状思维图（前三列）中，再对比三个事例发现表达上的共同之处，并提炼出事例叙写的一般规律"偶然发现—提出问题—反复实践—得出结论"。学生在领悟表达方法的同时，巩固了对"锲而不舍、见微知著"的科学精神的体会。随后，学生展开丰富的同题材事例拓展阅读，并学习文中叙述思路将阅读材料进行重构、表达。学生将课外事例的叙述提纲写在图中第 4 列，有的填"瓦特从烧水时壶盖跳动—引发思考—请教大人、反复观察—发明蒸汽机"，还有的填"牛顿看到苹果从树上掉落—推想地球的引力作用—反复试验—发现万有引力"……从所举事例中可见学生领悟了"见微知著"的科学精神，学会了表达方法的迁移运用。

3. 应用效果

从这一课中，我们看出这张思维导图实实在在将"文本阅读—写法领悟—拓展阅读—效法表达"这一系列的学习活动都串在了一根链条上，以文本特质为触发点，不断衍生出与之相衔接的学习任务，扩大了文本内容的外延，文本的价值得到最大限度的开发利用。阅读活动呈现出极大的延展性，逐步落实目标，逐步训练学生的语用能力。

一张图反映了学生学习的原初思维状态，一张图体现了学生学习思维的发展动态。在读画思维导图的过程中，学生的知识体系清晰了，阅读积累丰富了，阅读思维严谨深刻了，受益终身的学习方式也形成了。一张思维导图改变了教师的备课方式，也改变了学生的学习方式。我们期望思维导图能持续引发教和学两方面的转型，期望高段语文课堂更鲜活、更有生机。

参考文献

[1] 钟启泉.读懂课堂[M].上海：华东师范大学出版社，2015.

[2] 钟启泉.课堂转型[M].上海：华东师范大学出版社，2018.

（作者单位：岱山实验学校）

思维导图在小学高段语文教学中的运用

余　峰

思维导图，又称为心智图，是一种可视化思维工具。直白地说，思维导图就是帮助我们思考、厘清条理和思路的思想线路图。它的表现形式简单，却成效显著，具有很强的应用性。思维导图采用的是图文并重的表现形式，帮助我们确立指向明确、路径清晰的思维路线。小学生的心智正处于发展初期，对于语言文字的感悟还不够敏锐，语文经验和生活经验都相对匮乏。将思维导图引入小学语文课堂能够极大地促进学生思维能力的发展和思维品质的提升，不仅可以激发学生的想象力和创造力，而且还能提高学生的读写能力。小学语文教师如果能够将思维导图有效地运用在教学当中，正确指导学生使用思维导图，帮助他们理解和掌握思维导图的使用方法，就必定能有力地挖掘学生的内在潜能，训练学生养成良好的思维习惯，更好地达成教学目的。为此，笔者梳理出思维导图在小学高段语文教学中的几种主要用法，并附实例说明。

一、梳理文章结构

1. 枝状图的横向梳理

枝状图长得像树枝一样，它由主题引发各级分支，进行深入思考，构成一张枝状的思维导图。枝状图既可以帮助学生温习课文，打开创作思路，也有助于学生制订计划、摘录笔记、开展合作学习等。

人教版小学语文三年级上册第23课《美丽的小兴安岭》是一篇写景的记叙

文，讲述了我国东北小兴安岭一年四季的美丽景色和丰富物产，表达了作者热爱祖国大好河山的感情。整篇文章的内容比较庞杂，三言两语是说不清的。然而通过绘制枝状图，我们就能逐步厘清文章的脉络，层层递进地了解叙写的具体内容，从而对小兴安岭的美产生更加全面和深入的认识(见图 4-16)。

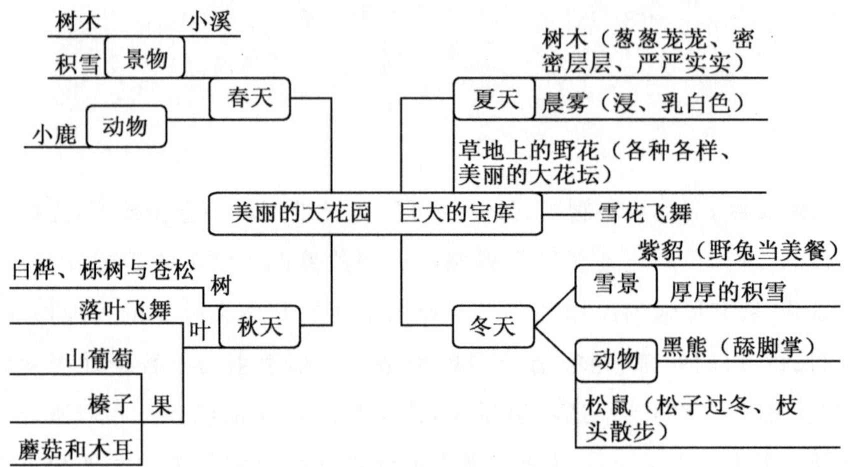

图 4-16 《美丽的小兴安岭》思维导图

2. 流程图的纵向梳理

流程图主要是用来表示思考或工作的次序，它是由方格和箭头组成的，每一格表示一个步骤。第一格就表示第一步，箭头则表示方向，第二格就表示第二步，依此类推。流程图能帮助学生梳理要点，确定写作的步骤，做到条理清晰、思路明确。

人教版小学语文五年级下册第 12 课《半截蜡烛》是一个短小的剧本，反映的是发生在第二次世界大战期间法国某城市的故事。这篇课文的主要人物是伯诺德夫人一家，伯诺德夫人把一份秘密文件藏在半截蜡烛里，全家人为了保护情报和德国军官斗智斗勇，情节曲折，扣人心弦。这个斗智斗勇的过程，我们可以借助流程图来梳理。我们可以先找出伯诺德夫人一家和德国军官围绕半截蜡烛展开斗争的句子，概括出关键词语，再确定它们之间的先后关系，最后用箭头进行连接。这样，跌宕起伏、一波三折的故事情节就直观地呈现在了我们眼前(见图 4-17)。

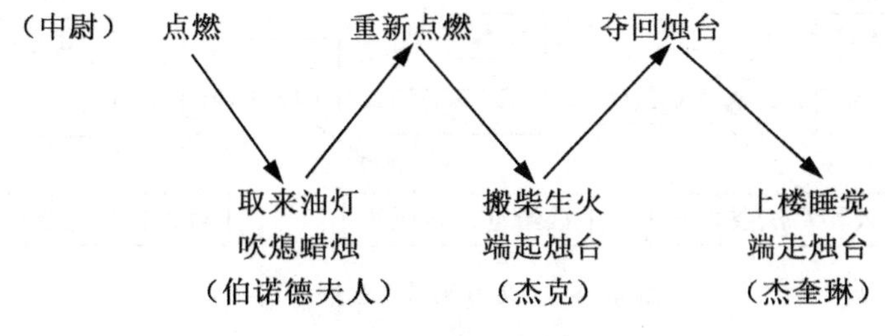

图 4-17 《半截蜡烛》思维导图

二、比较事物异同

1. 双重气泡图的直观比较

双重气泡图能帮助我们更好地理解两种事物的相同和不同之处，在语文阅读中，更多的是把它作为比较两篇课文的工具。不仅如此，它也是我们平时写作的一大帮手。

人教版小学语文三年级下册第五单元习作要求："这次习作，要在口语交际的基础上，用一两件事，写写父母对自己的爱，也可以写发生在自己和父母之间别的感人的事，要表达真情实感。写完以后，读给爸爸、妈妈听，请他们提提意见，再认真改一改。"

人教版小学语文五年级上册第六单元的习作要求："世上最爱你的人就是你的父母。可是，在生活中，有没有你不理解父母或者父母不理解你的时候？让我们借这次习作的机会，和他们交流、沟通吧！你可以从以下几方面考虑习作的内容：你曾经有过不理解父母的时候，但通过一些事情，体会到了父母的爱；你可以对父母提出一些建议，比如，请他们改进教育方法，或劝说他们改掉不好的习惯；你想和父母说的其他心里话。不论写什么，都要敞开心扉，写出你最想对爸爸妈妈说的话，表达自己的真情实感。写完以后，读给爸爸妈妈听，和他们交换意见。"

借助双重气泡图来梳理和归纳这两篇习作的要求，我们便能一目了然地知晓这两次习作的着力点和侧重点，从而使自己的写作更具有针对性（见图4-18）。

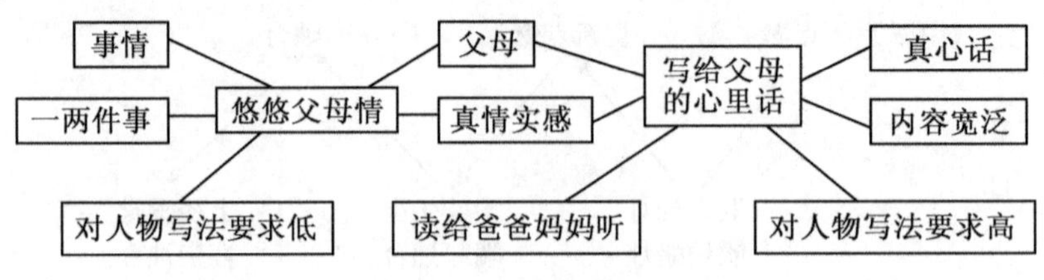

图 4-18 “父母的爱”思维导图

2. 桥型图的类推比较

桥型图是一种用来进行类比和类推的思维导图。通过绘制桥型图可以清晰地发现内容之间的特点与关系，让思维更加清晰化、图像化。桥型图可以帮助学生更好地厘清思维，整理知识，提高阅读能力。

人教版小学语文四年级上册第四组课文“作家笔下的动物”由四篇文章组成——《白鹅》《白公鹅》《猫》《母鸡》。这四篇课文都表达了作者对动物真正的喜爱和真诚的赞美，但是每篇课文中动物性格不一，作家的表达方式和语言风格各有特点。学习本组课文的时候，可以借助桥型图对四篇课文做整理与对比，清楚它们的相同之处与不同之处(见图 4-19)。

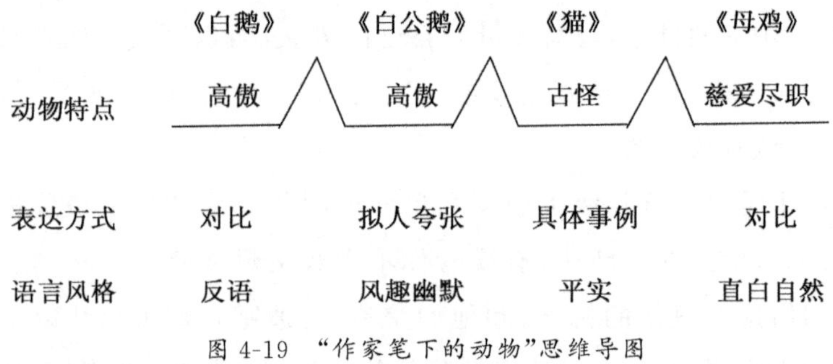

图 4-19 “作家笔下的动物”思维导图

三、训练思维能力

1. 圆圈图的多重联想

圆圈图主要用于把一个主题展开来联想或描述细节。它有两个圆圈，里面的小圆圈是主题，而外面的大圆圈里放的是和这个主题有关的细节或特征。绘制圆圈图时，绘图者通常把思考的中心词写在小圆圈内，关于中心词

的联想写在两个圆圈之间，联想出的关键词可以是文字，也可以是简单的图片。圆圈图特别适合帮助学生发散思维，给予学生更多的写作灵感。

在日常学习中，学生之间也可以利用圆圈图来考查对方的知识储备。一个学生在两个圆圈之间填入和中心词有关的提示信息，可以先出示几个关键词，如果对方答不出来，再逐个出示剩下的词语，直到对方说出正确答案为止(见图 4-20)。

图 4-20 “猜一猜我是谁”思维导图

2. 气泡图的发散思维

气泡图有一个中心主题，然后用线段发散出很多气泡，每条线段是一个维度，每个气泡是一个创意，都和中心点有关联。气泡图是培养学生归纳、描述事物特征能力的利器，可以帮助学生厘清文章思路，提高概括能力，还可以发散思维，进行丰富的想象。

人教版小学语文六年级上册第一单元的习作要求：“请你把自己想象成大自然中的一员，你可以把自己当成一种植物或一种动物，也可以当成一种自然现象；想想它们在大自然中是怎样生活或变化的，想象它们眼中的世界是什么样子的，并融入自己的感受写下来。”为了使学生有东西可写，首先要做的就是打开学生的写作思路，在确定主题之后尽可能多地联想到和主题有关的一切事物，并选择最合乎主题的关键词写下来。比如说，有学生选择“动物”作为自己习作的主题，他打算把自己想象成一头野猪。这时，我们就可以借助气泡图来确定写作的主要内容，梳理写作的大致思路(见图 4-21)。

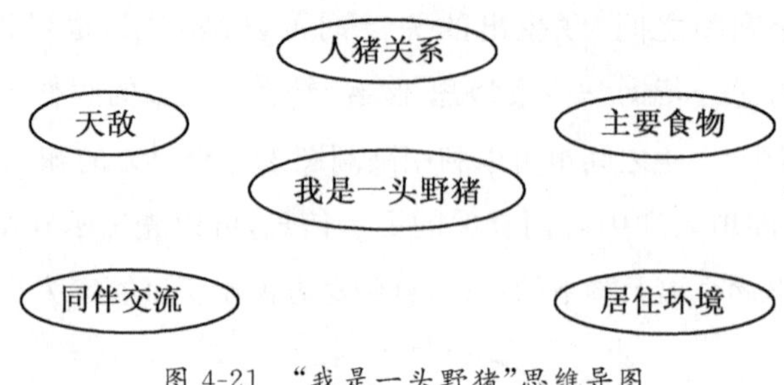

图 4-21 “我是一头野猪”思维导图

3. 树状图的分类思考

树状图是学会分类思考的最佳方法，它就像一棵树一样可以分门别类地把事物有条不紊地列出来。借助树状图，我们可以对事物进行分类，对信息进行整理、分组，还能总结中心意思，抓住细节。

人教版小学语文六年级上册第 21 课《老人与海鸥》讲述了一个真实的故事，表现了“海鸥老人”吴庆恒和海鸥之间真挚深厚的情谊。通过绘制树状图我们不难发现，课文的前半部分写了老人与海鸥相伴的事，通过老人喂海鸥、呼唤海鸥的名字、与海鸥亲切地交谈的具体事例，表现了老人对海鸥无私的爱；后半部分写了海鸥悼祭老人的情景，通过海鸥们在老人的遗像前翻飞盘旋、肃立不动、大声鸣叫等悲壮的画面，展现了海鸥对老人的那份令人震撼的情。借助树状图，找到文章的中心意思，分清细节，我们对一篇文章的构思就更加清晰了（见图 4-22）。

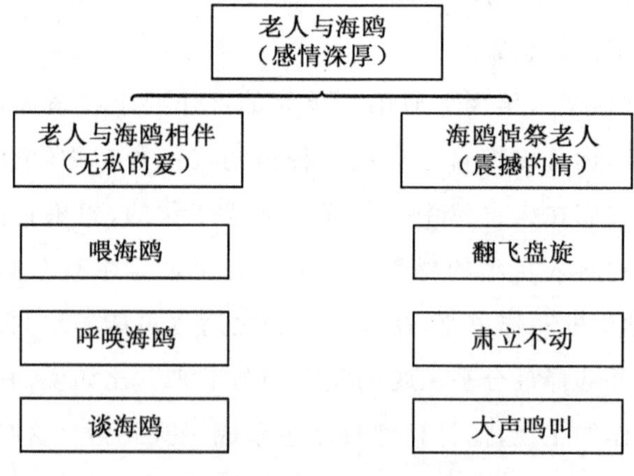

图 4-22 《老人与海鸥》思维导图

四、梳理事物特点

表格图虽然看上去有点儿普通，也比较常见，但是它有个最大的优势，就是能将记录的内容一目了然地呈现出来。表格图既能用来表示事物的属性特征和事物的异同，也能用来总结整理学习收获。

人教版小学语文五年级上册第 11 课《新型玻璃》是一篇科普类文章，课文介绍的玻璃都是高科技产品，具有独特的功能。通过绘制表格图，我们就能清楚明白地将文中所介绍的玻璃的特点和作用梳理出来。借助这样一幅表格图我们就能一目了然地了解每一种新型玻璃的特点和作用，知道每一种新型玻璃的功能都是与众不同的(见表 4-6)。

表 4-6 《新型玻璃》思维导图

名称	特点	作用
夹丝网防盗玻璃	金属丝网接通电源，跟报警器相连	用于重要建筑、场馆等的防盗
夹丝玻璃	坚硬、藕断丝连	用在高层建筑安全可靠
变色玻璃		
吸热玻璃		
吃音玻璃		

五、厘清因果关联

双重流程图主要是用来表示事物相互之间的因果关系，一边表示原因，一边表示结果。小学语文教材里有些课文当中存在着两条或两条以上的人物活动线，双重流程图可以帮助我们厘清它们之间的关系以及因果关联，从而更好地把握课文整体或重点段的内容。

人教版小学语文六年级上册第 14 课《鹿和狼的故事》是一篇说明文，讲述了 20 世纪初，美国总统罗斯福因为发布了一项错误的命令，导致凯巴伯森林生物链不平衡而引起的巨大后果。课文的最后两个自然段，学生理解起来有一定困难，通过绘制双重流程图，就能使学生清楚明白地理解“人类对动物的片面认识有时会导致严重的错误”这个深刻的道理(见图 4-23)。

“这与人们对狼和鹿的认识似乎是相悖的。童话中，狼几乎永远担着欺负弱小的恶名，如，中国‘大灰狼’的故事和西方‘小红帽’的故事。而鹿则几乎总是美丽、善良的化身。狼是凶残的，所以要消灭；鹿是善良的，所以要保护。罗斯福保护鹿群的政策，就是根据这种习惯看法和童话原则制定的。”

“凯巴伯森林中发生的这一系列故事说明，生态的‘舞台’上，每一种生物都有自己的角色。森林中既需要鹿，也需要狼。仅仅根据人类自身的片面认识，去判定动物的善恶益害，有时会犯严重的错误。”

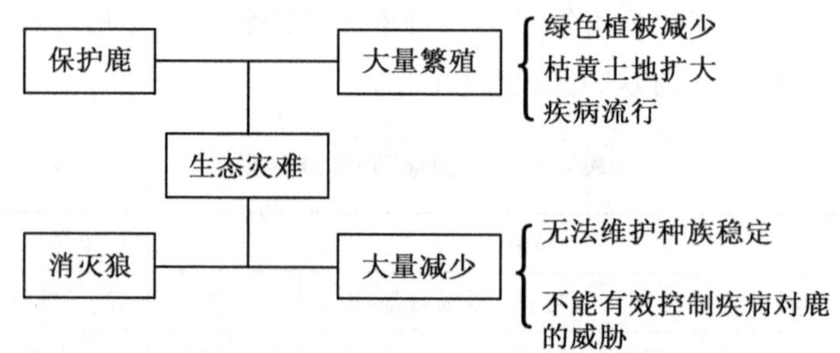

图 4-23 《鹿和狼的故事》思维导图

当然，在小学语文教学中更加成熟地运用思维导图，实现思维导图在小学语文课堂中的常态化，还需要教师在长期深入的教学实践中做进一步的分析、思考和完善。真正切实地将思维导图落实到教学过程当中，更好地提升小学语文的教学效果，需要教师和学生的共同努力。

参考文献

[1] 陈建霞.论思维导图在语文教学中的应用[J].湖北广播电视大学学报，2008(5)：148-149.

[2] 王亚芸，周小蓬.思维导图：提高语文教学效率的有效工具[J].江苏教育研究，2016(1)：73-76.

(作者单位：岱山县衢山镇敬业小学)